양웅(揚雄): 어느 한대(漢代) 지식인의 고민

편집위원
조남호(국제평화대학원 대학교 교수)
강신주(연세대학교 강사)

지은이 : 이연승
서울대학교 종교학과에서 학부 및 대학원 석사과정을 졸업하고 국립 대만대학교 철학연구소
에서 동중서에 대한 연구로 박사학위를 받았다. 주요논문으로는 「동중서 연구사의 검토와 새
로운 방향 모색」, 「중국사상사 연구방법에 대한 소고」 등이 있고, 저서로는 『중국 한국과 세
계』(공저)가 있다.

중국철학 해석과 비판
양웅(揚雄) : 어느 한대(漢代) 지식인의 고민

초판 제1쇄 인쇄 2007년 4월 9일 초판 제1쇄 발행 2007년 4월 16일
지은이 이연승
펴낸이 지현구 **펴낸곳** 태학사 **등록** 제406-2006-00008호
주소 경기도 파주시 교하읍 문발리 파주출판도시 498-8
전화 마케팅부 (031) 955-7580~2 편집부 (031) 955-7584~90 **전송** (031) 955-0910
홈페이지 www.태학사.com **전자우편** thaehak4@chol.com
인쇄 신일문화사 **제본** 문원문화사

ⓒ 이연승, 2007
값 17,000원

ISBN 978-89-5966-143-5 94150
ISBN 978-89-7626-864-8 (세트)

태학사

중국철학

해석과 비판

양웅(揚雄):
어느 한대(漢代)
지식인의 고민

이연승

중국 철학 해석과 비판 총서를 발간하며

오랫동안 중국 한자 문명권의 영향 속에서 살았던 우리에게 중국 철학은 우리 삶과 사유의 중요한 부분으로 기능했었다. 그러나 이제 그것은 아련한 추억으로 멀어져가고 있다. 우리는 지금 세계적 자본주의의 시대에 살고 있으며 따라서 서양문명권의 영향 속에서 살고 있기 때문이다. 이런 상황 속에서 왜 우리는 지금도 중국의 많은 철학자들과 만나야만 하는가? 그것은 역설적이게도 그들이 이제 우리에게 충분히 낯설어졌기 때문이다.

이런 낯설음과 거리감은 중국문명뿐만 아니라 우리 조상들의 삶과 사유에 대해서도 마찬가지로 작동한다고 할 수 있다. 우리의 조상들은 중국의 정치적, 문화적 영향력으로부터 자유롭지 않았기 때문에 중국 철학에 대해 비판적 시각을 유지하지 못했었다. 반면 지금 우리는 중국 철학에 대한 충분한 낯섦과 거리감 속에서 살게 되었다. 과거의 조상들이 투철한 자기반성을 통해서 보편적 사유를 일구지 못했다고 탓하지는 말자. 조상들이 한자 문명과 중국 철학에 대해 비판적 자세를 유지하지 못했다면, 우리도 자본주의와 서양문명에 대해 비판적 자세를 유지하지 못하고 있기는 마찬가지이기 때문이다.

바로 여기에 때늦게 중국 철학을 숙고해야만 하는 이유가 있다. 조상들의 삶과 사유를 직·간접적으로 지배했던 중국 철학, 지금은 너무나 낯선 중국 철학이 우리의 숙고와 반성으로 다시 친숙해질 때, 우리는 비로소 자신이 몸담고 있는 자본주의와 서양문명을 비판적으로 바라볼 수 있는 실마리도 얻게 될 것이다. 오직 자신의 삶과 사유가 낯설어질 때에만, 우리는 그것을 반성할 수 있는 거리를 확보할 수 있는 법이다.

이제 우리가 중국 철학을 다시 숙고하려고 하는 이유는 분명하다고 할 수 있다. 우리는 우선 조상들이 행하지 못한 중국 철학에 대한 비판적 자세를 견지하려고 하며, 그 다음 이런 비판적 자세를 통해서 현재의 우리 삶과 사유를 비판할 수 있는 철학적 입장들을 확보하려고 한다. 우리의 이런 노력이, 한반도라는 작은 땅에서 한국어라는 독특한 언어를 사용하면서 살아왔던 그리고 앞으로도 살아갈 사람들에게, 냉철한 비판 정신과 아울러 긍정적인 삶의 전망을 제공했으면 하고 기대해 본다.

조남호, 강신주

저자의 말

꽤 오래 전에 양웅의 사상에 관심을 가지고 석사논문을 작성해본 일이 있었다. 당시엔 한문도, 중국어도, 일본어도 해독 자체가 어렵고 낯설어서 이런 저런 자료와 연구서를 읽고 이해하여 짜깁기하는 것만으로도 나름의 성취감을 맛보았던 기억이 새롭다. 이제 많은 시간이 지나 다시 양웅을 만날 기회를 가지게 되었다. 한정된 자료를 가지고 펼치는 상상 속의 양웅은 여전히 풀리지 않는 부분도 있지만 그때보다는 선명히 보이는 부분도 있다. 나아진 것도 별로 없다는 자괴감과 더불어 이제는 적어도 스스로 양웅을 만나고 평가한다는 약간의 자부감도 있어서 괴로우면서도 동시에 즐거운 작업이었다.

책의 구성에 대하여 몇 가지 말씀을 독자분들께 드리고 싶다. 양웅이라는 사람이 아마도 많은 이들에게 그리 익숙하지 않을 것이라는 생각에 1장에서는 양웅에 대하여 상상할 수 있는 자료를 비교적 상세하게 나열하고자 하였다. 이로써 양웅에 대하여 비로소 조금 호기심을 가질 수도 있을 것이고 어쩌면 조금 더 깊이 이해하게 될 수도 있을 것이라

기대한다. 모든 미스테리가 풀릴 수도 있는 것은 아니며 반드시 풀려야 하는 것은 아니니 여전히 확연히 이해되지 않는 면은 그대로 추측의 영역에 남겨둘 수밖에 없었다. 2장과 3장에서는 한대의 공통적인 문제의식인 천인과 고금의 문제에 대한 양웅의 사고를 정리해보았다. 젊었을 때 고향인 촉 땅에서 동향의 선배인 사마상여의·사부를 모방하며 별다른 학문을 접하지 못했던 양웅이 나이 서른 혹은 마흔이 되어 비로소 경사에 가서 맛보았던 지적인 충격과 이로 인한 지적인 욕구는 황제에게 봉급을 받지 않고 오로지 학문에 매진할 수 있게 해줄 것을 원할 정도로 대단한 것이었다. 이러한 학문적 성과가 우주와 역사에 관한 다양한 사색으로 나타난 흔적을 따라가 보았다. 4장에서는 누구에게나 가볍지 않은 주제인 운명, 즉 당시의 용어로는 명(命)이라는 문제에 대하여 양웅이 어떻게 바라보고 있는가 하는 것을 대체로 연대순으로 찾아서 정리해보았다. 이 모든 학문적 성과가 드러난 작품이 바로 5장에서 다루는 『태현경』인데, 사실 직접 만나기 어려운 책이므로 한대의 역학(易學)이나 상수역(象數易)에 대하여 관심이 있는 독자가 아니라면 최초의 한두 절을 제외하고는 조금 지루할 수도 있을 것이라 생각한다. 『태현경』은 분명히 『주역』을 모방한 점서이지만 점서로서의 효용성보다는 『태현경』 자체의 구성과 그 저작의 의도 자체에 훨씬 더 유의미한 정보를 담고 있는 것이 분명하다.

끝으로, 이 책을 쓰도록 기회를 마련해주셨을 뿐 아니라 다듬어지지 않은 원고를 꼼꼼히 읽고 지적해주셨던 조남호, 강신주 두 분의 기획자

선생님과 태학사의 변선웅 편집이사님께 머리 숙여 감사의 마음을 표하고 싶다. 기획의 의도를 제대로 충족시키지 못했음을 잘 알고 있지만 공부를 한 단계 더 심화하도록 면려해주시는 계기로 삼고자 한다.

차 례

揚雄

들어가는 말

1. 한대(漢代) 사상 연구의 빈약함

기존의 중국사상사나 철학사 등에 등장하는 한대(漢代)의 인물은 400여 년이라는 장구한 시간에 비하여 그리 많지 않다. 난세가 영웅을 낳듯이 시대가 위대한 사상가를 배출한다고들 하는데, 그렇다면 한대는 사상적인 영웅이 탄생하기에는 부적합한 시기였던 것일까? 다수의 국가들이 분열과 병합을 거듭해가던 춘추전국시기에 제자(諸子), 즉 수많은 사상적 마스터들이 활동했던 것을 생각한다면 심각한 분열의 국면이 수습되어갔던 진한시대는 사상적 영웅이 탄생하기 부적합한 시기란 말인가? 이제껏 널리 읽혀오던 중국사상사나 중국철학사 분야의 대표적인 연구서들 가운데에서 한대 사상을 비중 있게 다룬 책은 단 한 권도 없다. 대체로 중국 전통적 사상의 절정은 첫째 선진의 제자학과 둘째 불교와 도교의 가르침을 유교의 체계 내로 성공적으로 융합해냈던 송명이학, 이 둘 정도였다는 일반적인 인식과 더불어 한대에는 어떠한 창조적인 사상도 사상가도 나타나지 않았다는 인상을 가져왔던 것이 사실이다. 한대의 사상이란 기껏해야 찬란한 제자학을 작위적으로 혼합하려 한 결과라거나 한대의 모든 문화는 음양오행 사상으로 뒤덮여 있었으며 그에 바탕을 둔 황당한 천인상관설이니 재이설이니 하는 것이 난무했다거나 하는 인상이 일반적이다. 이런 평가가 전적으로 틀리다고는 할 수 없겠지만 문제는 현상에 대한 기술과 가치평가를 완벽하게 분리할 수는 없다고 하더라도 지나치게 양자가 뒤섞인 서술은 자칫 역사적인 사실을 직시하지 못하게 만든다는 것이다. 물론 역사적인 사실이 후대에 의미 있게 전달되는 역사가 되기 위해서는 문헌이든 유물이든 자료에 의존하여 형성되기 마련이고, 하나의 사건 자체는 일회적인 사건일지라도 후대에 기억되는 역사적 사실이 되어가는 과정은 중층적이며 진행형일 수밖에 없다. 하지만 무엇이 보다 있는 그대로의 사실에 가까운가 하는 것은 여전히 모든 이들의 관심이 아닐까? 이렇게 본다면 한대의 사상과 사상가들의 진면목에 접근하는 것은 이미 사라져 버렸거나 후대에 여러 경로를 거쳐 중층적으로 이루어진 원전 자료들의 문제가 야기하는 난점들 외에도 오랫동안 고착되어온 편견과 강력한 고정관념들을 다시 헤집고 되돌아가야 하는 고충이 뒤따른다.

일례를 들어보자면, 한대의 사상가로 꼽히는 이들에 대한 인상은 대개는 『한서』에 그려진 것을 통하여 형성된 것이지 직접 그들의 저작을 읽어서 형성된 것이 아니다. 더 심각한 것은 후대의 유명한 대학자의 입에서 나온 말에 의하여 그 인격과 학문이 평가되어 구체적인 내용을 알기도 전에 이미 그 사상사적인 의미가 매겨지고 박제되어 버렸다는 사실이다. 한대의 대표적인 사상가로 꼽히는 동중서(董仲舒)와 왕충(王充)이라는 두 인물이 각각 전한과 후한을 대표하는 인물로 평가되는 것은 결코 이들이 당시의 가장 영향력 있는 사상가이기 때문이 아니다. 다만 20세기에 들어와 서구의 '철학'이라는 학문을 접하면서 중국의

'철학'을 연구하고자 했던 이들에게 이들이 선택되어 이들 인물과 사상에 철학사적인 의미가 부여되었던 것이다. 개략적으로나마 이들에 대한 기존의 일반적인 인식에 대하여 이야기해보자. 많은 연구서에서 동중서의 건의를 무제가 받아들여 오경박사제도를 확립하고 유가사상이 한대의 국가 지배이념으로 확립되었다고 기술하고 있지만 동중서는 단한 번도 한조의 정책에 직접적으로 영향력을 발휘할 만한 거물급 인사였던 적이 없었다. 심지어『한서』「예악지」에서는 예악전장제도의 개혁을 촉구하는 동중서의 제1대책문의 일부 내용을 실은 후에 "이 당시 무제는 사방의 오랑캐를 정벌하고 오직 무공에만 전념하여 예의(禮儀)나 문절(文節) 따위에 신경을 쓸 겨를이 없었다"고 덧붙이고 있으니 동중서가 무제에게 그리 비중이 있던 인물이 아니었음이 드러난다. 또한 천인상관설, 음양재이설을 동중서 사상의 핵심으로 서술하는 경우도 종종 있지만『사기』와『한서』를 조금만 뒤적여보아도 그것은 동중서의 사상이라기보다는 대부분의 한대 지식인들이 공유하던 사상이었음을 알 수 있다. 오히려 동중서 사상의 특징을 지적한다면, 그러한 천인상관설이나 음양재이설을『춘추공양전』의 해석에 도입하여 한대의 경학적 세계관이 형성되는 데 일조했다고 하는 사실에서 발견할 수 있다.

한편 '과학'과 '미신'이라는 개념을 가지고 동중서와 왕충을 각각 한편에 귀속시키면서 극과 극의 사상적 경향을 가졌다고 발언하는 경우도 종종 접하게 되는데 이는 한때 중국에서 유물주의와 유심주의의 대립으로 중국사상사를 재편성하고자 했던 흐름의 연장선상에서 사고하는 까닭이 아닌가 싶다. 그러나 왕충이 한대의 사상가 가운데 가장 많이 언급하면서 존경의 염을 표한 사람은 바로 동중서였으며, 왕충은 동중서에게 사상적인 적대감을 표시한 적이 단 한 번도 없다. 과학과 합리주의의 대명사처럼 평가되었던 왕충은 사람의 명(빈부귀천)이란 선천적으로 결정되어 바꿀 수 없는 것이며 골상(骨相)을 보면 한 사람의 본성과 운명을 알 수 있다고 했다. 또한 군주의 덕으로도 어찌할 수 없는 정해진 국가의 운명이 있으니 이는 오직 시수(時數)에 따른 것이라 했고, 재이와 상서를 국운의 표징으로 받아들였다. 이러한 사실들을 보면 왕충은 과학과 합리를 높이 평가하는 근대인과 가깝다기보다는 동중서와 훨씬 더 유사한 사고방식을 가지고 있음을 충분히 알 수 있다. 우리의 관념으로 미신이니 과학이니 하는 깃발을 꽂아봐야 그것은 별로 설명해주는 바가 없다. 오히려 그런 깃발을 꽂고 편안해하는 나의 습관적 사고를 되돌아보게 해줄 수 있을 뿐이다. 문제는 우리가 얼마나 한대인들의 사유에 가까이 다가가 그들의 세계관을 재구성해내고 그들의 가치관을 가늠해볼 수 있는가 하는 것이다. 그들은 어떤 경우에 희노애락의 감정을 느꼈고, 어떤 형태의 삶을 이상적이라 여겼으며, 무엇을 문제로 여기고 해결하고 싶었는가? 이러한 것을 어느 정도 공감할 수 있을 때 비로소 한대의 사상가들과 대화를 시작할 수 있으며, 그러기 위해서는 그들이 살았던 시대적 상황, 사상계의 흐름을 보다 사실적으로 그려낼 수 있어야 할 것이다.

2. 양웅에 대한 기존의 일반적 평가

본서에서 다루고자 하는 양웅(揚雄, 기원전 53~기원후 18)은 시대적
으로나 사상적으로 마치 동중서(약 기원전 198~약 기원전 106)와 왕충
(기원후 27~약 기원후 97)을 연결하는 가교와 같은 위치에 놓인다. 그
러나 양웅은 사상가라기보다는 한대의 대표적인 문학 양식인 사부(辭
賦) 작가로서 더 잘 알려져 있었고 알려져 왔다. 그가 고향인 촉 땅에서
경사로 올라가 성제(成帝)로부터 관직을 얻게 되었던 것 역시 그의 사
부에 대한 재능 덕분이었다. 수·당 시대 이래로 널리 읽혔던 소명태
자의 시문 선집인『문선(文選)』에도 양웅의 사부는 여러 편 실려 있고,
중국의 가장 오랜 시문 평론서인 유협의『문심조룡(文心雕龍)』에도 양
웅과 그의 작품들이 수차례 언급되고 있다. 뿐만 아니라『한서』「양웅
전」역시 그의 일생에 대한 기사보다는 사부작품의 내용이 반 이상을
차지하고 있다. 이렇게 양웅의 문학적 성과가 높이 평가받는 것과는 달
리 그의 사상을 담고 있는『태현경』은 이미 양웅 당시부터 그 난해함
으로 인하여 잘 읽히지도 않았고 심지어 조롱거리가 되기도 하였다고
하며 기껏해야『주역』을 모방한 창의성이 결여된 기이한 술수류의 서
적으로 여겨진다.『법언』역시 그 자체의 사상적 성격을 규명하려 하

기보다는 『논어』의 모방품 정도로 취급되어 별다른 주목을 받지 못해 왔던 것이 사실이다. 양웅이라는 인물의 이해에서 늘 언급되는 것이 바로 그와 왕망(王莽)과의 교분관계로서, 이로 인하여 지조 없이 일신의 안일과 영달만을 꾀한 변절자의 그림자가 덧붙여지는가의 여부다. 이것이 자명한 것이면 논란의 대상이 되지 않을 텐데 경사에 나아가 성제에게 사부를 바쳐 황문랑(黃門郎)이라는 관직에 제수된 후 성제·애제·평제 이렇게 전한 말의 세 황제를 거치면서 친분이 두터웠던 동료들의 급격한 신분상승과 영달과는 달리 그는 십 년 가까이 한 번도 관직이 바뀌질 않았고 조용히 학문을 닦는 데 몰두하였던 자취로 인하여 평가가 일정하지 않은 것이다. 양홍니엔(楊鴻年)의 『한위제도총고(漢魏制度叢考)』에 의하면 양한을 통해 황문랑을 지냈던 자는 총 42인으로, 대개는 공주(公主)의 가문 사람들이나 후비, 외척들이었고 독특한 재주나 황제의 환심을 얻은 자들이 포함되어 있어 황문랑이란 지위 자체는 낮은 것이었지만 다른 시랑(侍郎)에 비해 높은 지위로 인식되었고 출사의 기회가 많았던 독특한 직위였다. 양웅이 황문랑에 제수된 후에 외척 왕망(王莽)이나 종실 유흠(劉歆) 등과 함께 황문랑에 제수되었으니 그가 세 황제를 거치면서도 관직이 높아지지 않았던 것은 오히려 이상한 일이었던 셈이다. 그의 내면의 욕망이 어떠했는지는 명확히 그려낼 수 없지만 왕망과 왕망의 신(新)에 대한 양웅의 태도를 단순히 변절이다 아니다 하는 잣대에서 논할 것이 아니라 전한 말의 특수한 역사적 상황으로 들어가서 숙고할 필요가 있다.

양웅의 사상에 대한 기존의 대표적인 평가는 다음의 두 가지다. 첫째, 그의 사상은 유가와 도가사상을 절충시켰다는 것인데, 이 자체는 양웅 사상의 특징이라고는 할 수 없다. 왜냐하면 유가와 도가의 절충이란 이미 황로학의 형성기로부터 발견되는 경향으로, 진한지제와 한대의 사상가들에게서는 흔히 발견되기 때문이다. 양웅만의 특징을 지적하고자 한다면 그의 『태현경』에 나타나는 사상이 『주역』과 『노자』의 사상을 절충, 융합시킨 결과라는 것이다. 이는 재론의 여지가 없이 분명하며 우리에게 필요한 것은 그 결합의 양상을 이해하는 것으로서, 이에 관하여는 『태현경』을 본격적으로 고찰하면서 자세히 살펴볼 것이다. 더불어 양웅이 『주역』의 체제를 모방하여 『태현경』을 저작했다는 사실 자체에 대하여 어떻게 이해하는 것이 합당한지 하는 문제 역시 다각도로 고찰해보아야 할 것이다. 그가 경서 가운데 『주역』을 가장 높이 평가하였고 양웅 자신이 『주역』 십익(十翼)의 저자라고 굳게 믿고 있었던 공자를 성인으로 높이 숭앙하였던 것을 떠올려본다면 그가 『태현경』을 저술하였던 의도가 공자와 『주역』의 권위를 전복하고자 하는 것이 아니었음은 쉽사리 짐작할 수 있다. 그렇다면 왜 그는 『주역』에 주해를 다는 작업을 하지 않고 또 하나의 『주역』인 『태현경』을 저술했던 것인가? 이에 관하여는 우리의 상식을 가지고 함부로 판단할 일이 아니라 양웅이 처했던 상황과 당시의 학문적 과제를 통하여 이해하도록 해야 한다. 둘째, 펑여우란의 『중국철학사』는 양웅을 왕충과 함께 금문경학의 괴이하고 신비스러운 주장을 일소하고 유가 학설을 음양가 학설로부터 분리시키는 역할을 한 고문학파로 이해하고 있는데, 펑여우란의 영향력이 워낙 막강하므로 양웅을 고문학에 귀속시키는 흐름은 지속되어왔다. 필자가 생각하기에 이 평가는 정확하지 않을 뿐 아니라 펑여우란이 도대체 어떻게 이런 말을 하게 된 것인지 어디에서도 근거를 찾기 어렵다. 이는 한대의 금문학과 고문학의 성격과 범위에 대한 근본적인 이해와도 관련되어 있는 것으로서 간단히 시비를 가릴 수 있는 것은 아니다. 이와 관련된 것으로 양웅은 미신을 타파하고 재이설이나 참위설을 부정한 사상가라는 이해도 아주 일반적인데, 양웅은 재이를 언급하며 상서를 올린 적도 있으니 이 역시 쉽게 단정할 수는 없는 문제다. 무엇보다도 양웅은 경학으로 인하여 관리의 길에 들어섰던 것이 아니므로 가법과 사법을 중시했던 한대 경학의 그 어떤 하나의 경전이나 한 스승의 이론을 고수할 이유가 없었고 금고문의 논쟁에 말려들 이유도 없었다. 이에 관하여는 『법언』에 보이는 양웅의 학술사에 대한 이해를 다루면서 언급해볼 것이다.

3. 한대적 사유의 형식과 내용

　유학사에서 한대는 흔히 듣는 '한당의 경학'이라는 말에서도 알 수 있듯이 경학이 형성, 발전된 시기다. 피시루이(皮錫瑞)의 『경학의 역사(經學歷史)』에서도 전한대는 경학이 융성한 시대, 전한 말에서 후한까지는 경학이 극성한 시대라고 명명하고 있다. 펑여우란은 삼천 년에 달하는 중국철학의 역사를 자학시대와 경학시대 둘로 구분하였는데 그 분기점은 바로 전한 시기다. 한대로부터 경학시대가 시작되어 청말까지 이어졌다는 것이다. 보통 송학과 한학을 동시에 언급할 때는 사상성이 풍부한 송학에 비하여 한학은 독창적인 사고가 부족하고 사법(師法)과 가법(家法)에 따라 오직 장구나 훈고에만 충실한 성향을 띠는 것으로 여겨진다. 이 견해들은 공히 한대를 경학의 시대라고 말하고 있다. 분명 경학이라고 하는 것은 한대 사상의 중요한 장(field)이 되었으며 그 내용과 형식상의 특징을 이루고 있다. 그렇다면 한대 사상의 주된 문제의식은 무엇이라고 할 수 있을까? 필자는 그것을 천인지제(天人之際)와 고금지변(古今之變)에 대한 추구라고 답하고 싶다. 바꾸어 말하면 우주와 역사의 문제다. 또 달리 말하자면 우주 안에 인간을, 그리고 역사 안에 현재를 정초시키는 것이라고 할 수 있다. 음양오행적 사고는 이러한 문제의식을 담는 틀 혹은 조직 원리의 역할을 했고 천인상관적 사고는 이러한 문제의식이 전개되는 배경이 되었다. 앞서 필자가 말했듯이, 이는 결코 동중서라는 한 사상가의 사상적 특징을 이루는 것이 아니다. 어느 시기의 사상가라도 우주와 역사에 대한 관심이 없을 수 없겠지만,『순자』「성악편」의 "옛 일에 대하여 잘 말한 것은 반드시 오늘날에 대하여도 징험이 있고, 천사(天事)에 대하여 잘 말한 것은 반드시 인사(人事)에 대하여도 징험이 있다(故善言古者必有節於今, 善言天者必有徵於人)"라고 한 말은 한대의 사상계에서 지속적으로 되울리는 캐치프레이즈였다. 예를 들면, 천인삼책(天人三策)이라 불리는 무제의 책문에는 "듣자하니 하늘에 대하여 잘 말하면 반드시 사람에게도 증험이 있고 옛날에 대하여 잘 말하면 반드시 오늘날에도 증험이 있다"고 하면서 "하늘과 사람의 감응(天人之應)"에 대하여 질문을 하였고, 동중서는 이에 대하여 천인상관(天人相關)이나 천인감응(天人感應)의 도리를 들어 대책문을 작성했다.『사기』의 빈약한 「동중서전」에 몇 군데 자구를 수정하여 중간에 이 천인삼책을 집어넣은『한서』의 「동중서전」에서 마치 무제가 동중서의 책문이 특별히 마음에 들어 그에게만 계속 조책을 내린 듯한 서술도 있지만 조책문의 내용 자체는 이미 여러 사람에게 내린 것임을 알려주는 문구가 있다. 이 책문에 답한 사람은 여럿이었고, 책문으로 미루어보아 천인상관, 천인감응 등의 관념이 모든 답안에서 다양한 형태로 전개되었으리라는 것은 자연스럽고도 명백한 사실이다.『황제내경·소문(素問)』의 「기교변대론(氣交變大論)」에도 "황제가 말하기를, 내가 듣건대 하늘을 잘 말한 것은 반드시 사람에게도 응함이 있고 옛 일을 잘 말한 것은 반드시 지금에도 효험이 있으며 기(氣)를 잘 말한 것은 반드시 사물(物)에도 드러난다고 한다"는 구절이 있다. 사마천이 「보임안서(報任安書)」에서 자신의 『사기』라는 저작은 "하늘과 사람간의 관계를 궁구하고 과거와 지금의 변화에 통달하며 일가로서의 언설을 이루고자(究天人之際, 通古今之變, 成一家之言)" 하는 것이라고 했던 말은 사마천 개인의 희구라기보다는 모든 한대인들의 공통적인 관심을 응축시킨 그 시대의 표제어라고 할 수 있다. 물론 음양오행론이나 천인상관적 사고방식은 한대에만 영향력을 발휘했던 것이 아니라 선진 시대부터 청대에 이르기까지, 혹은 심지어 지금까지도 중국적 사유의 특성을 이루는 뿌리 깊은 유산이다. 그러나 이 같은 사고방식에 바탕을 둔 '천인지제'와 '고금지변'의 원리에 대한 추구는 분명 한대인들, 특히 전한대인들에게는 독특한 시대적 과제이자 문제의식이었다.

그렇다면, 양웅 일생의 학문은 위와 같은 한대 사유의 형식과 내용이라는 문제로 바라보면 어떻게 말할 수 있을까? 앞서 말했듯이 사부가로서 더 알려졌던 양웅은 젊은 날 사마상여를 흠모하고 그를 모방하여 사부 짓는 일에 몰두하였다고 한다. 그러나 경사에 진출한 이후 그는 일종의 지적인 충격을 받으며 점차 당시의 가장 중심적인 문제의식인 천인(天人)과 고금(古今)에 대한 다양한 담론을 접하고 당시의 가장 권위 있는 학문이었던 경학을 흡수해갔다고 생각된다. 그렇게 추측할 수 있는 이유는 바로 그가 황문랑이 되고 난 후에 성제에게 청하여 3년간 휴직하여 녹을 받지 않고 학문에만 전념할 수 있도록 해달라고 했던 일이 있었을 뿐 아니라 또 사부의 기능을 회의한 이후 보다 깊은 사색의 세계로 빠져들게 되었다는 자서전의 내용 때문이다. 양웅의 저작이 모두 경학의 형식만을 띤 것은 아니지만 그의 주된 저작인『태현경』은 『역경』의 형식을, 그리고『법언』은『논어』의 형식을 모방한 것이며 그의 저작에는 수많은 제자서와 사서들이 등장하지만, 그 가운데 특히 『춘추』를 즐겨 인용하고 있다. 그의 저작에 담긴 사유의 내용은 역시 우주와 역사의 문제를 선회하고 있으며 그 안에서 살아가는 지식인의 운명에 대하여 끊임없이 사색하고 있었음을 알 수 있다. 따라서 양웅의 사상은 한대적 사유의 한 전형을 보여주고 있다고 말할 수 있는데 이는 앞으로 우주와 역사에 대한 그의 사유가 어떻게 경학적으로 구현되었는지를 살펴봄으로써 확인할 수 있을 것이다. 또 이렇게 접근할 때 비로소 양웅의 사상이 한대사상사에서, 나아가 중국사상사 전체에서 어떠한 의의를 가지는가 하는 것을 올바로 이해할 수 있다.

4. 본서의 구성

　본서는 아직 우리에게 다소 낯선 감이 있는 사상가 양웅에게 한 걸음 다가서기 위한 것으로서 필자는 되도록 성실하게 양웅의 시대 속에서 양웅의 사상을 이해하고자 하였다. 달리 말하면 비판적으로 바라보고 평가하기보다는 우선 양웅의 모습을 그 시대를 배경으로 하여 한 번 그려내 보고자 했다.

　제1장에서는 양웅에 대한 자료와 그로 인하여 형성된 양웅의 다양한 이미지들을 살펴볼 것이다. 양웅만큼 그 인품이나 저작에 대하여 극단적인 평가가 엇갈려 있는 사람도 드물 정도인데, 양단의 시비를 가려서 그 한 편에 서거나 적당히 뒤섞기보다는 도대체 그런 평가의 근거와 배경이 되는 사료 자체가 어떻게 이루어진 것인지, 또 평가를 내렸던 사람들의 사상적 입장을 살펴보면서 양단의 평가를 숙고해보는 것이 필요할 것이다. 이어 양웅의 저작에 대한 간략한 고찰을 덧붙일 것이다.

　제2장에서는 우주론에 대한 양웅의 사색을 그가 남긴 단편적인 언급들을 조합하여 구성해보고자 한다. 양웅은 논문을 쓰듯이 자신의 우주론을 펼쳤던 것이 아니지만 우주의 구조에 관한 논의와 우주의 생성에 관한 논의로 나누어 그의 사고를 더듬어보면 그는 양자에 대하여 충분

히 고려하고 있었음을 알 수 있다. 지금의 학문 분류틀로 보자면 우주론에 관한 논의는 자연과학에 속하는 것이나 전한의 뛰어난 지식인들과 문인들은 천체 구조의 이해에 바탕을 둔 다양한 천문 현상들과 이를 수리적으로 조직화하여 이루어지는 역법에 대하여 일가견을 가지고 있었다. 왜냐하면 앞서 언급했듯이 천인지제라는 문제는 한대의 지식인들이 몰두한 주제였고 우주론에 대한 사색은 천인지제의 다양한 상관성을 바탕으로 전개되었기 때문이다.

　제3장에서는 역사에 대한 양웅의 다양한 사색을 살펴보는 것으로, 앞에서 했던 용어로 말하자면 고금지변을 비롯한 당대의 역사적 현실에 대한 양웅의 이해를 재구성해보려는 시도다. 우선은 인류 사회가 어떻게 전개되어왔는지에 대한 양웅의 논의를 통하여 그의 역사관 및 자신이 처한 시대에 대한 진단을 알아보고 그 과정에서 양웅과 신(新) 왕조의 관계를 다시 한 번 살펴보고자 한다. 양웅이 『춘추』에 대하여 금문학파로서 『춘추공양전』을 전공했다거나 고문학파로서 『춘추좌전』을 전공했다거나 하는 기록은 없지만 『춘추』에 조예가 깊었다는 것은 충분히 알 수 있을 정도로 그의 저작에는 『춘추』와 관련된 기사가 많이 남아 있다. 또한 양웅은 양주나 묵적의 이단으로부터 정통적인 공자의 학통을 지키고자 하는 학문적 사명감을 표현했던 맹자에 스스로를 비하면서 『맹자』에 대하여도 남다른 관심을 보이고 있다. 따라서 그는 맹자를 공자의 학문적 적통이라 여기며 자신이 맹자의 뒤를 잇는다는 생각으로 당시까지의 학술과 학자들에 대하여 비판을 가하고 있다. 이를 통하여 한 학자로서 양웅이 스스로의 학문을 어떻게 이해하고 있는지

를 살펴보고자 한다. 마지막으로 인류 역사의 전개나 학술사에 대한 주장은 어떠한 이상적인 사회상의 제시로 이어지는지를 알아보아야 할 것이다. 그가 이상적이라고 생각하는 사회는 어떠한 것인지, 또 유자라면 마땅히 어떠해야 하는지 하는 이상적인 모습과 거기에 도달하는 방법도 더불어 알아볼 것이다.

제4장에서는 양웅이 일생 동안 놓지 않았던 주제라고 생각되는 운명에 대한 양웅의 사색을 살펴볼 것이다. 누구보다도 풍부한 문학적 감수성과 광연한 사고력을 가진 양웅이 말을 더듬는 사람이었다고 하니 그는 태생적으로도 운명이라는 주제에 친숙할 수밖에 없었는지도 모른다. 어느 시기를 살던 사람이든 자신의 시대는 소용돌이처럼 느껴질 것이고, 상대적으로 평온한 시기를 살았던 사람이라 해도 분명 그는 자신이 속한 시대를 격변기라고 이야기할 것이다. 사마천과 동중서는 전란의 소용돌이도 없었고 유례없이 국력이 신장되었던 전한 무제기를 살았던 사람들임에도 불구하고 지식인이 때를 만나지 못하여 탄식하는 내용을 담은 「사불우부(士不遇賦)」를 남겼다. 양웅 또한 자신의 사부 속에서 이들과 유사한 심경을 종종 드러냈을 뿐 아니라 인간의 운명을 점치는 점서 『태현경』을 저술했으니 운명에 대한 양웅의 사색을 그려보는 것은 양웅을 이해하는 데 적절한 통로가 되리라 생각한다.

위와 같은 운명에 대한 사색과 우주론에 대한 사색을 경학적으로 표현한 것이 바로 제5장에서 다루는 『태현경』이다. 양웅이 굳이 『주역』의 구조를 전체적으로 뜯어고치면서 새로이 『태현경』을 지었던 배경과 의도는 과연 어떤 것이었을까? 단적으로 말하자면 그것은 천지자연의 이치를 보다 잘 반영하는 점서를 만들기 위한 것이었다. 물론『태현경』은 그 자체로 이 우주와 천지만물이 그 자체로 질서정연하게 운행되고 있을 뿐 아니라 한 제국의 다양한 예악전장제도 역시 그 질서와 조화를 유지하고 있음을 드러내주는 종합적인 인문적 캘린더를 제공하고 있다는 것만으로도 의미가 있다. 하지만 그것이 왜 하필『주역』의 구성을 모방하였을까 생각한다면, 역시『주역』이라는 경서가 가진 장점을 흡수하면서도 당시의 역학이 부딪친 문제를 해결하여 사람들이 쉽게 이해할 수 있는 점서를 제공하는 것이 양웅의 의도였을 것이다.

양웅은 우주 천지의 구조와 생성과정에 대한 탐구, 고금의 인간 역사의 다양한 변화에 대한 탐구, 그리고 그 안에서 살아가는 인간의 운명에 대한 사색을 바탕으로 하여, 자신의 운명과 앞날을 점치고자 하는 인간의 희구를 반영한『태현경』을 창작해냈다. 나가는 말에서는 위와 같은 양웅의 사상 전반에 대한 종합적인 평가를 내려 보고, 왜 이러한 양웅에게서 한대적 사유의 전형을 발견할 수 있다고 말하는지를 밝혀보고자 한다. 끝으로 이 글을 쓰면서 참고하며 도움 받았던 연구들을 소개할 것이다.

제1장
겹쳐진 그림 속의 양웅

우리는 역사를 어떻게 인식하고 기억하게 되는 것일까? 특히 그 중에서도 사상사, 그 중에서도 고대 사상사의 경우 우리는 어떻게 고대사를 '안다'고 할 수 있는 것일까? 대체로 그것은 우연히(운 좋게 혹은 나쁘게) 전해지고 우연히 발견된 문헌들과 앞선 연구자들의 판단과 기술, 발굴된 유물과 그에 대한 '권위 있는(?)' 해석 등을 토대로 우리의 상상력을 발휘하여 청사진을 떠올리며 그것을 문자화하는 작업을 거쳐 인식하고 기억하게 되는 것이 아닐까? 많은 대형 화폭들 혹은 영상 화면들 속에 우뚝우뚝 솟아있는 인물들, 그 천재적인 사상가들에 대하여 우리는 어떻게 안다고 여기면서 호오의 감정을 가지게 되는 것일까? 『사기(史記)』이래 『명사(明史)』에 이르는 25사(史)라는 역대의 정사(正史)를 가져왔던 중국문화권의 경우, 우선 정사에 기록되어 있는 전기(傳記)와 사상가 자신의 저작들, 그리고 동시대인과 후대인들이 그를 어떻게 평가해왔는지 하는 것이 가장 중요한 일차적인 자료가 될 것이다. 그러나 이러한 자료 역시 이미 특정 시대 특정 공간에서 특정한 입장에 있던 특정인의 관점에 의하여 구성된 것이니 곧이곧대로 객관적인 정보를 제공해준다고 받아들일 수는 없다. 다양한 시공간을 통해 수많은 관점에서 그려졌던 그림들 가운데 일부가 운 좋게 나의 눈에도 들어온 것일 뿐이다. 따라서 양웅이라는 전한 중후기의 사상가를 그려보고자 할 때에도 우선은 그에 대한 상상을 가능케 하는 자료들을 살펴보아야 한다.

양웅에 대하여 상상을 전개하고자 할 때 유의해야 할 점은 『한서』에 남아 있는 그의 전기가 역사가의 손에서 이루어진 것이 아니라 그 자신의 손에서 이루어졌다는 사실이다. 이런 경우, 전기는 그의 일생을 객관적으로 보여주는 면도 포함되어 있겠지만 그보다는 오히려 그가 자신을 어떻게 인식하고 있었는지, 나아가 그 자신을 어떻게 다른 이들에게, 혹은 후대인들에게 인식시키고 싶었는지를 전해주는 기록이다. 제1절 '양웅의 자화상'에서는 『한서』 「양웅전」을 통하여 양웅 자신이 전해주는 그의 생애와 사상에 대하여 가능한 한 객관적으로 이해해보고자 한다. 양웅의 경력, 인품이나 학문에 대하여는 매우 엇갈린 이해가 있어 왔는데 이런 면을 판단할 때, 우리는 얼마 남아 있지 않은 자료에 의존할 수밖에 없고 이 가운데 『한서』 「양웅전」은 매우 비중 있는 자료다. 자서전이므로 비교적 객관성이 떨어질 것이라는 예상을 하게 되지만, 바꾸어 생각하면 자서전이기 때문에 오히려 양웅에게 접근하도록 해주는 생생한 기록이자 통로라고 할 수도 있다. 제2절에서는 「양웅전」에 있는 반고의 찬(贊)을 고찰함으로써 양웅보다 조금 후대의 반고가 양웅 당시의 배경을 스케치하며 묘사한 양웅의 모습을 살펴보고자 한다. 양웅 사상이 가지는 역사적 의미를 정확히 규정짓는 것이나 당시 사상계의 전반적인 지도를 파악하는 것은 후대인들의 몫이며 그런 의미에서 우리는 역대의 양웅 이해 및 평가들을 통해 양웅의 자화상을 다양한 각도에서 재조명해보아야 한다. 따라서 제3절에서 양웅에 대한 중요한 역대의 평가를 살펴볼 것이다. 이러한 평가들 역시 특정 시기의 특정한 사상적 분위기 속에서 이루어졌다는 사실에 유의하면서 양웅에 대한 이해의 역사, 그 속에서 양웅의 이미지를 다시금 상상해보고자 한다. 고대 사상이나 사상가를 대상으로 할 경우, 자칫 왕성한 상상력의 발휘는 상상력이 빈약한 것보다 더 위험할 수도 있으므로 적절히 제어 되어야 할 것이다. 제4절에서는 어쩌면 중국어문학을 연구하는 이들에게는 익숙한 자료일 수 있지만 일반인들에게는 별로 알려지지 않은 양웅의 『방언』이라는 저작에 대하여 생각해보려 한다. 『방언』 자체의 성격과 의의보다는 양웅이 『방언』을 쓰기까지의 과정, 이 저작에 대한 그의 태도 등을 위주로 양웅의 정밀한 탐구자다운 면모를 그려낼 수 있다고 생각하기 때문이다. 제5절에서는 전해지는 그의 작품들을 간략히 소개하고자 한다. 중국 도서에 대한 전통적 분류방법인 경(經) · 사(史) · 자(子) · 집(集)에 따라 그의 작품을 나열해보면 그가 평생 얼마나 학문과 저술에 몰두하여 살았는지가 저절로 드러나 한 폭의 그림이 이루어질 것이다. 엄밀히 말하자면 양웅의 자화상 역시 필자가 상상하는 양웅의 자화상이고, 그 이후에 이어지는 역대의 양웅화 역시 필자가 상상하는 양웅 인물화들에 불과하다. 그러나 이러한 여러 장의 그림들 속에서 중첩되며 나타나거나 혹은 언뜻 비치는 양웅의 일면을 우리가 발견할 수 있기를 바란다.

1. 양웅의 자화상
—『한서』「양웅전」속에 나타난 양웅의 모습—

[가] 양웅의 자는 자운이며 촉군의 성도 사람이다. …… 나(양웅)는 어려서부터 배우는 것을 좋아하였고 책을 읽을 때는 한 구절, 한 글자의 의미에 매달리지 않고 대의를 알고자 할 뿐이었으며 두루 넓게 독서하여 읽지 않는 것이 없을 정도였다. 나는 사람됨이 단순하고 소탈하였고, 말을 더듬어 시원스럽게 말할 수 없었으므로 말없이 깊이 생각에 잠기는 것을 좋아했다. 또, 청정무위하고 바라는 것이 적어 부귀에 급급하지 않고 빈천을 슬퍼하지 않았으며, 품행을 단정히 하여 당대에 이름을 떨치고자 애쓰지 않았다. 가산이 불과 금 열 근을 넘지 않았고, 쌓아둔 곡식 한 단 없었지만 여전히 편안하고 화락하였다. 천성적으로 도량이 크고 성철(聖哲)의 책이 아니면 좋아하지 않았으며, 마음에 들지 않으면 부귀를 얻는다고 해도 하지 않았고 일찍이 사부 짓는 것을 좋아하였다.

揚雄字子雲, 蜀郡成都人也. …… 雄少而好學, 不爲章句, 訓詁通而已, 博覽無所不見. 爲人簡易佚蕩, 口吃不能劇談, 默而好深湛之思, 淸靜亡爲, 少耆欲, 不汲汲於富貴, 不戚戚於貧賤, 不修廉隅以徼名當世. 家産不過十金, 乏無儋石之儲, 晏如也. 自有大度, 非聖哲之書不好也 ; 非其意, 雖富

貴不事也. 顧嘗好辭賦. 『漢書』 卷87上 「揚雄傳」

앞서 말한 정사 속의 전기 역시 사가에게 주어진 사료를 통해 재구성된 것인데 그런 의미에서 볼 때, 사마천은 매우 신중하게 사료를 수집, 선별했다고 한다. 그리하여 반고(班固)가 『한서』를 쓰면서 무제(武帝) 이전의 사료에 대하여는 많은 부분 『사기』의 기록에 의지했으며 특히 역사적 인물에 대한 논찬(論贊)도 대개는 사마천의 시각을 따르곤 했다는 것은 잘 알려진 사실이다. 사마천은 각 편의 끝 부분에 '태사공왈(太史公曰)' 이라고 되어 있는 짤막한 논찬을 두어 역사적인 사실(historical facts)과는 구분되는 역사가의 판단과 비평을 구분하여 보여주고 있는데, 이는 『좌전(左傳)』이나 『국어(國語)』에 보이는 '군자가 말하기를(君子曰)'이라는 말과 유사한 것이다. 『사기』는 통사(通史)이고 『한서』는 단대사(斷代史)라는 중대한 차이가 있음에도 불구하고 『한서』는 그 체례 역시 많은 부분 『사기』를 모방하고 있고, 사마천의 '태사공왈'을 '찬왈(贊曰)'로 바꾸었을 뿐 논찬 형식도 그대로 채용하고 있다. 바로 이 '찬왈' 서두의 "양웅의 자서에서 이렇게 말했다(雄之自序云爾)"라는 말로부터 『한서』의 「양웅전」이 자서전임을 알 수 있으며, 또 어디까지가 양웅 자서의 문장인가 하는 문제도 여기에서 기인한다. 이 구절에 대해 왜 현대에 이르기까지 역대의 학자들이 서로 다른 견해를 개진해왔는가 하는 것을 이해하려면 우선 「양웅전」의 구조를 알 필요가 있다. 따라서 「양웅전」의 전체적인 틀을 먼저 살펴보기로 하자.

「양웅전」은 『한서』에 실린 한 개인의 전(傳)치고는 상당히 긴 편이다. 따라서 안사고(顏師古)가 「장양부(長楊賦)」 이하를 나누어 상·하권으로 하였으니 분권에는 별 의미가 없고 내용에 따라 크게 12단락으로 나누어 볼 수 있다. ①상권의 첫 부분은 앞에서 본 내용으로, 중간에 생략한 것은 양웅의 출신, 즉 그의 조상들의 이야기와 촉 땅에 정착하기까지의 집안 내력에 관한 이야기다. 자전에는 기록되어 있지 않으나 이하의 내용 이해를 돕기 위하여 양웅이 선제(宣帝) 감로(甘露) 원년, 즉 기원전 53년에 태어났다는 것은 밝히는 것이 좋겠다. 그 다음에 이어지는 것이 「양웅전」의 대부분을 차지하는 사부(辭賦)들의 나열인데 「반이소(反離騷)」·「감천부(甘泉賦)」·「하동부(河東賦)」·「교렵부(校獵賦)」의 순으로 전문을 나열하면서 각각의 사부 앞에 그 작품을 지었던 배경이나 동기 등을 소개하고 있다. ②먼저, 같은 촉(蜀) 출신인 사마상여(司馬相如)의 사부(辭賦)를 흠모하여 그의 사부를 항상 모방하였다고 한 후, 굴원에 대한 자신의 생각과 감정을 담은 작품들, 즉 「반뇌수(畔牢愁)」·「광소(廣騷)」를 지었으나 너무 길어서 싣지 않고 「반이소」만을 싣겠다고 한 후에 그 전문(全文)을 실었다. ③성제(成帝) 재위 시에 양웅의 사부 작품이 사마상여의 작품과 구별이 되지 않을 정도로 비슷하다 하여 어떤 자가 양웅을 천거하였다. 바로 이즈음 성제는 감천궁(甘泉宮)의 태치(泰畤)와 분음(汾陰)의 후토(后土)에서 후사를 기구하여 교제(郊祭)를 거행하였는데, 양웅은 이에 「감천부」를 지어 풍간(諷諫)하였다는 설명에 이어 그 전문이 실려 있다. 다음 단락에서 다시 한 번 양웅은 감천궁의 화려한 아름다움과 조소의(趙昭儀)에 대한 총애를 풍간하는 의도가 「감천부」에 들어가 있음을 밝혀 말했다. ④같은 해에 성제는 후토(后土)를 제사하고자 신하들을 이끌고 황하를 건너 분음에 도착하여 제사를 마치고 사방의 지역을 둘러보며 당우(唐虞) 시절을 떠올렸다. 양웅은 옆에서 이를 보면서 '물가에 임하여 대어를 낚으려면 돌아가 어망을 엮는 것만 한 것이 없다'고 여겨 돌아와 「하동부」를 지어 바쳐 성제에게 권간(勸諫)하였다고 한 후에 역시 그 전문을 실었다. ⑤ 그해 12월 성제가 상림원으로 수렵을 갔는데 양웅도 동행하였다. 양웅은 성제의 사냥이 사치스러움을 들어 옛 성왕들, 즉 요·순·성탕·문왕 등이 사냥했던 의도와 부합되지 않음을 지적하고자 「교렵부」를 지었다고 하며 그 전문을 실었다. 여기까지가 상권이며 이어 하권의 내용이 이어진다.

⑥다음 해(전대흔의 고증에 따르면 성제 원연(元延) 3년, 즉 기원전 10년), 성제의 유렵(遊獵)을 위해 농민이 수확할 수 없었던 상황을 호소하기 위하여 「장양부(長楊賦)」를 지었다고 하며 그 전문을 실었고, ⑦ 이어 서한 말 애제(哀帝) 시기에 혼란을 틈타 부귀영달에 주력하는 주변 인물들과는 대조적으로 양웅은 『태현(太玄)』을 짓고 자수(自守)하는 태도를 지켰다. 그러나 남들은 이를 비웃어 말하므로 이에 대하여 「해조(解嘲)」라는 작품을 지었다고 설명한 후 「해조」의 전문을 실었다. 여기까지가 주로 양웅의 사부를 나열한 부분으로, ②에서 ⑦까지는 각 작품의 전문을 싣고 있으므로 전기적 성격보다는 양웅의 사부들을 의도적으로 부각시킨 듯한 느낌이 든다. 그의 행적에 대하여는 별로 알려

주는 바가 없이 오히려 문학적 성취만을 드러내고 있기 때문이다. ⑧그 후에 이어지는 내용은 이러한 사부가 미사여구만을 늘어놓으면서 그 본래적인 기능인 풍간의 역할을 하지 못한다는 것을 자각하였다는 것 이다. 신선설을 좋아하던 무제에게 풍간을 하기 위하여 사마상여가 「대인부(大人賦)」를 바쳤으나 오히려 무제는 더욱 황당하게 스스로 신 선이 되고자 했던 예를 들면서, 사부에 대하여 스스로 한계를 느끼고 더 이상 사부를 짓는 것을 그만두었다고 한다. 이 부분은 「해조」의 전 문을 싣기 전에 들어가면 더 적합했을 테지만, 앞에서는 자신이 부귀영 달과는 무관하게 자수하며 학문의 세계에 침잠했었다는 것을 이야기했 고 여기에서는 사부에 대한 생각에 근본적인 변화가 생겼음을 강조하 고 있다. 양웅이 젊어서부터 몰두했고 그를 경사로 이끌어 황문랑에 제 수될 수 있게 해주었던 사부는 그에게 무엇보다도 풍간이라는 정치적 기능을 하는 도구로 이해되고 있었다. 그런데 실제 그러한 역할을 하지 못한다는 것을 깨닫고 사부 짓기를 포기하였으며 사고의 방향을 전환 하게 되었다는 것이고, 이것이 앞서 말한 자수하는 태도, 즉 내면적으 로 수렴하는 생활방식을 지니게 된 이유였다는 부연설명이기도 하다. ⑨그리하여 양웅은 점차 우주의 이치를 사색하게 되었고 그 결과 81수 (首)로 이루어진 『태현』을 지었다고 하며 이 『태현』의 구조를 개략적 으로 설명하였다. 이 부분은 마치 『태현』의 서문 격으로, 분량은 짧지 만 내용은 『주역』의 「계사전」 혹은 「설괘전」의 성격과 유사하다. ⑩ 그런데 사람들이 『태현경』을 보고 알기도 어려워 배우고자 해도 배우 기가 어렵다고 하니 그 어려움에 대하여 변명하는 「해난(解難)」을 말미에 붙여 두었다. ⑪양웅이 쓴 자서(自序)의 마지막 단락은 왜『법언』이라는 작품을 쓰게 되었는가 하는 동기를 설명하는 내용이다. 제자(諸子)가 성인의 가르침을 거스르고 경서와 부합되지 않는다는 것을 느끼고『논어』를 모방하여『법언』을 짓게 되었는데 너무 분량이 많아서 그 강목만을 기록해두겠다고 하며『법언』각 장의 개요를 나열하였다. 여기까지가 양웅의 자서이며, ⑫이어지는 내용은 반고의 논찬인데 이 논찬의 첫머리가 바로 앞에서 말했듯이 "贊曰, 雄之自序云爾"라는 말로 시작된다. 이어서 반고가 양웅의 삶을 다시 한 번 짤막하게 정리하면서 양웅의 관력(官歷)과 저술가로서의 생애·천록각(天祿閣)에서의 투각 사건의 전말·양웅의 만년 등이 기술되어 있고 마지막으로 환담(桓譚)의 양웅에 대한 찬미에 가까운 평가가 실려 있다.

　"贊曰, 雄之自序云爾"를 사이에 두고 있는 전기문(傳)와 비평문(贊)에 대하여, "양웅의 자서에서 이렇게 말했다"는 것은 이어지는 찬의 내용을 가리킨다고 보아 찬만을 양웅의 자서라고 보는 학자도 있지만 대다수의 학자들은 앞에서 기술해왔던 전기의 내용을 가리키는 것으로 보아 전기 부분만을 양웅의 자서라고 여긴다. 이에 대한 안사고(顏師古)의 주에 "『법언』강목(綱目)의 앞에서부터 모두 양웅의 자서(自序)에 있는 문장이다(自法言目之前, 皆是雄本自序之文也)"라고 되어 있어 약간의 혼선을 빚기도 하지만, 반고의 말이 무엇을 의미하는가를 해결하는 것은 크게 어렵지 않다. 왜냐하면『한서』의「사마천전」에 "사마천의 자서에서 이렇게 말했다(遷之自敍云爾)"라는 표현이 있는데 이 말의 앞 문장 전체가『사기』의「태사공자서」가 그대로 인용된 것이기 때문이다. 따라서 이를 미루어 판단하자면, 당연히 『법언』의 서(序) 역시 양웅 자신이 쓴 것이며, 찬의 내용만이 반고가 쓴 부분이 된다. 더구나 전과 찬은 성격상 차이를 보이는데 일반적으로 예상하는 전기문과는 달리 양웅의 전은 그 자신에 대한 정보를 그리 많이 알려주지 않으며 상권의 「반이소」·「감천부」·「하동부」·「교렵부」, 하권의 「장양부」·「해조」·「해난」 그리고 『법언』의 서(序)가 전기문 전체의 약 80% 정도를 점한다. 이러한 비중으로 볼 때, 사부가 더 이상 풍간의 기능을 발휘하지 못한다는 것을 자각했다고 고백하는 ⑧의 내용을 어떻게 받아들여야 할 것인가 하는 문제는 비교적 복잡하다. 이 대목에서 양웅은 사부를 더 잘 지으면 풍간의 기능을 다 하리라는 것이 아니라 사부 자체에 대하여 한계를 느낀 것이라고 말하고 있다. 그런데 만년의 작품인 『법언』「문명(問明)」편에는 다음과 같은 말이 있다.

맹자는 자기 문 앞을 지나면서 자기의 방까지 들어오지 않는 사람을 미워하였다. 어떤 자가 묻기를 "선생님(양웅)께서도 미워하는 사람이 있습니까?" 하자, "나의 화려한 꽃만 줍고는 소중한 열매를 먹지 않는 자다."(孟子疾過我門而不入我室. 或曰, 亦有疾乎. 曰, 撫我華而不食我實).

그런데 현존하는 『법언』의 가장 오래된 주해인 이궤(李軌)의 주는 여기에서 그가 말하는 꽃과 열매가 과연 무엇인가에 대하여 각각 양웅의 사부와 『법언』·『태현』 등의 사상서라고 규정하고 있으며, 그 후에도 줄곧 그렇게 이해되어 왔다. 물론 양웅 자신에 의하여 분명하게 제시되지도 않은 이 단편적인 구절을 지나치게 천착할 필요는 없을 것이다. 그러나 만약 기존의 이해를 받아들인다면, 꽃이나 열매는 모습은 다르지만 결국 같은 뿌리에서 나는 것이고, 꽃이 불필요하다고는 말할 수 없다. 자서에 나타난 그의 작품을 시기적으로 살펴보면, 사부는 모두 성제기에 이루어진 것이고 애제기가 되면서 사상성이 강한 저작으로 선회했다는 사실이 분명히 드러난다. 이때 비로소 사부의 한계를 느꼈다는 것이다. 따라서 정말 양웅이 사부를 더 이상 짓지 않게 되었던 데에는 특수한 계기가 있을 것이고, 그게 아니라면 사마상여의 「대인부」가 가져왔던 역효과를 알고 있었음에도 불구하고 성제에게 네 편의 사부를 지어 올렸던 것이다. 또, 만년에 쓴 자서의 대부분을 자신의 사부로 채웠다는 것 역시 이해하기 쉽지 않다. 여기에서 우리는 양웅이 애초에 왜 사부를 지었는지를 파악할 필요가 있다.

이전에 촉도(蜀都)에 사마상여(司馬相如)라는 사람이 있었는데, 그가 짓는 부는 매우 광원하고 문채로 가득하며 또 온화하며 전아하였다. 양웅은 그를 매우 찬미하였다. 양웅이 매번 부를 지을 때마다 사마상여의 작품을 모방하였고 그것을 모범으로 삼았다(先是時, 蜀有司馬相如, 作賦甚弘麗溫雅, 雄心壯之, 每作賦, 常擬之以爲式).『漢書』「揚雄傳」

그런데 이 사마상여는 바로 중국 문인의 생활방식의 전형을 성립시킨 인물이라고 하는 점에 주의해야 한다. 그 전형이란 문인이면서 동시에 관료라는 것으로, 사마상여는 무제 때에 오직 그의 문재로써 관료가 되었다. 그러나 무제 시기와는 달리 이미 성제 시기에는 사부로써 관로에 들고자 하는 자들이 매우 늘어났으며 양웅은 40여 세가 되어 비로소 사부로써 황문랑(黃門郎)의 지위에 오를 수 있었다. 그 후 한두 해 만에 사부 네 작품을 상주했다는 것은 당시 강력한 외척이었던 왕씨 집안의 권세가 그를 지지해주고 있었던 것과, 그보다 더 중요한 것은 성제 자신이 문학과 음악 등을 즐겼었다는 사실이 중요한 배경이라고 생각된다. 그러다가 애제기가 되자 왕씨의 독점적인 권세가 무너짐과 동시에 애제는 성제기의 궁정 분위기를 완전히 바꾸어버렸고, 무제 이래 존속되어왔던 악부관(樂府官)까지 폐지하였다. 이를 보면 애제는 악부니 사부니 하는 것을 그다지 중시하지도 좋아하지도 않았던 것 같다. ⑦ 부분에는 애제기의 권세를 잡은 외척을 비롯한 몇몇 인물들이 황제를 능가하는 권능을 누렸지만 양웅은 삼세(三世, 즉 성제·애제·평제) 동안 관을 옮기지 않았다는 말이 있는데, 이렇듯 관록에 그다지 관심이 없었던 양웅이지만, 그가 사부를 더 이상 짓지는 않았다는 것은 문자 그대로 홀로 사색에 침잠하였다기보다는 그 이후로는 주로 직언으로 상서(上書)를 올리는 방식을 택했다는 뜻이다.

이와 같은 사정을 종합해볼 때 사부란 양웅에게 정서적인 활동이라기보다는 정치적 수단이라는 의미에 가까웠다. 그래서 사부를 좋아했던 성제기에는 사부를 통하여, 사부를 좋아하지 않았던 애제기에는 사부가 아닌 정치적 주장이 직접 드러나는 작품을 통하여 정치적 활동을 했던 것이라 생각된다. 『법언』을 완성한 후에 「양웅전」이 이루어진 것이므로 양웅은 아주 만년에 자신의 생애를 돌이켜보면서 자서를 쓴 것임에도 불구하고 그는 자신의 입신을 보여주는 관료로서의 경력이나 교우관계 등에 관하여는 거의 언급하지 않고 주로 사부나 『태현』, 『법언』 등을 위주로 하여 자서를 구성하고 있다. 물론 자서 전체는 그의 삶의 흐름에 따라 구성되어 있긴 하지만 자신의 사부와 문장들을 통하여 자신의 삶을 말하고자 하였으며, 이는 바로 양웅이 자신의 문학적, 사상적 성취를 삶의 자취로 남기기를 원했던 것임을 짐작케 해준다. 결국 양웅은 자신의 행적으로 자신의 삶을 보여주기보다는 문장가로서, 저술가로서의 자화상을 그려서 자신의 삶을 남기고자 한 셈이다.

2. 양웅 자화상의 배경 스케치
-『한서』「양웅전」에 있는 반고 논찬-

　[나] 왕망의 시기, 유흠과 견풍은 모두 태부를 지냈다. 왕망은 부서로
써 천명을 받았다고 하여 스스로 천자의 지위에 올랐으므로 즉위한 후
에는 부서를 진상하는 것의 근원을 두절시켜 그가 제위에 오른 사실을
보다 신비스럽게 꾸몄다. 그러나 견풍의 아들인 견심과 유흠의 아들 유
분이 다시 상서의 일을 진헌하였다. 왕망은 견풍 부자를 주살하였고 유
분을 변방으로 내쫓았다. 무릇 이 사건에 관련된 사람은 모두 체포하였
고 상주할 필요도 없었다. 이때 양웅은 천록각에서 서적을 교정하고 있
었는데 이 안건을 심리하는 사람이 와서 양웅을 체포하려 하자 양웅은
벌을 면치 못할 것이라 여겨 천록각에서 뛰어내려 거의 죽을 뻔하였다.
왕망은 이 말을 듣고 "양웅은 평소에 정사에 관심이 없는데 이 일에서
무엇 하러 심리하는가?" 하였다. 사람을 보내어 비밀리에 이 일의 원인
을 알아보니 유분이 일찍이 양웅에게 기이한 옛 문자를 만드는 법을 배
운 적이 있었지만, 양웅은 유분이 부명을 진상한 일을 모르고 있었다.
왕망은 더 이상 양웅의 죄를 묻지 말도록 명하였다. 그러나 경사에서는
이 일을 두고 다음과 같은 말이 만들어졌다. "적막하게 지냈으나 (결국

사건에 연루되어) 누각 아래로 뛰어내렸고, 청정하기만을 구하나 부명이 만들어졌다.(사람들이 부명을 만든 것을 모르고 있었다.)"

王莽時, 劉歆、甄豐皆爲上公, 莽旣以符命自立, 卽位之後, 欲絶其原以神前事, 而豐子尋、歆子棻復獻之. 莽誅豐父子, 投棻四裔. 辭所連及, 便收不請. 時雄校書天祿閣上, 治獄使者來, 欲收雄, 雄恐不能自免, 乃從閣上自投下, 幾死. 莽聞之曰 : 「雄素不與事, 何故在此 ?」 間請問其故, 乃劉棻嘗從雄學作奇字, 雄不知情. 有詔勿問. 然京師爲之語曰 : 「惟寂寞, 自投閣 ; 爰淸靜, 作符命.」『漢書』 卷87上「揚雄傳」

앞에서『한서』「양웅전」의 전(傳)과 찬(贊)의 내용이 성격상 차이를 보인다고 했는데, 그것은 전에는 전기적 자료가 거의 결핍되어 있는데 찬에는 오히려 양웅의 삶에 대한 연대기적인 기록이 충실하여, 그의 관직생활이나 궁정에서의 중요한 사건, 그의 교우관계나 그의 행동 등에 대하여 정보를 제공하는 자료를 포함하고 있는 점을 지적하여 말한 것이다. 따라서 반고의 찬은 양웅의 자화상에 비교적 상세한 배경을 제공해주고 있다. 특히 다음 절에서 다룰 역대의 엇갈린 평가의 단초를 제공해주는 것은 대부분 이 찬의 내용이다. 찬 가운데 하필 위의 내용을 선택한 것은 양웅 평가에서 가장 민감한 부분인 왕망과의 관계를 언급하는 부분이기 때문이다. 반고의 서술을 통하여 양웅의 왕망에 대한 태도를 짐작하고자 한다면 반고의 입장을 어느 정도 이해할 필요가 있다.

반고는 후한의 안정기, 태평기를 살았던 인물로서 그의 대표적인 사부 작품인 「양도부(兩都賦)」는 한조(漢朝)를 찬양하는 대한사상(大漢思想)으로 충만한데, 이 같은 경향은 동시대의 인물인 왕충에게서도 분명히 드러난다. 반고가 부친의 유고를 정리하면서 『한서』를 쓰고 있을 때 어떤 사람이 사사로이 국사(國史)를 찬수한다고 조정에 고하여 심사를 받은 적이 있었다. 이때 경사로 보내진 그의 원고를 보고 명제(明帝)는 반고가 한조의 덕을 선양하고자 하는 뜻이 있음을 알고 오히려 반고를 경사의 교서부로 보내고 그를 난대령사(蘭臺令史)로 임명하였다. 난대란 한대의 황가에서 도서를 수장하던 곳이면서 동시에 학술연구기관의 역할도 하던 곳이었다. 얼마 후 미완성의 『한서』를 완성하라는 명제의 명을 받고 반고는 이 작업에 집중하게 되는데, 이런 상황에서 반고가 왕망 개인이나 그의 개제사건에 대하여 어떤 입장을 가질지는 명약관화한 일이다. 그런데 반고에게 양웅은 매우 존경할 만한 학자였고, 『한서』 서전(敍傳)의 기록에 의하면 양웅은 일찍이 반씨(班氏) 일가와도 교유가 있던 사람이었다. 따라서 그는 양웅의 정치적 입장, 특히 왕망과의 관계에 대하여 객관적인 시각에서 기술하기가 어려웠으리라 생각된다. 이런 추측을 뒷받침해주는 것은, 반고의 찬에서 양웅을 길이 아유(阿儒)로 낙인찍히게 만드는 두 작품, 즉 양웅이 왕망의 신(新) 왕조를 찬미하는 「극진미신(劇秦美新)」과 혈통적으로 한(漢)과 신(新)을 이어주는 원제의 왕황후(王皇后)를 기리는 「원후뢰(元后誄)」를 지었다는 사실을 전혀 언급하지 않았다는 사실이다. 「극진미신」은 진나라의 혹정을 비난하고 왕망의 신나라를 찬미하는 글로 『문선(文選)』에 실림으로써 역대 많은 이들이 읽고 양웅을 비판하는 근거가 되었으며 「원후뢰」의 뢰(誄)라는 것은 공덕을 칭송하며 조의를 표하는 일종의 문체 형식이므로 이 두 문장은 양웅이 왕망 정권과 밀접했다는 사실을 여지없이 드러내주는 결정적인 근거가 된다. 또한 양웅은 경사에 도달한 후 오랜 동안 황문랑의 지위에 머물다가 왕망의 찬위(簒位) 시기에 대부가 되었으므로 '왕망의 대부'라는 말 자체가 양웅을 폄하하는 의미를 담곤 하는데, 이에 관하여도 반고는 최대한 담백하게 묘사하고자 애쓰고 있음을 찬의 다음 구절에서 알 수 있다.

성제·애제·평제의 삼 세를 거치면서 왕망과 동현은 모두 삼공이 되고 그 권세가 군주를 능가할 정도여서, 그들이 추천하는 인물들은 발탁되지 않는 자가 없었으나 양웅은 삼 세를 거치면서도 관직이 오르지 않았다. 왕망이 왕위를 찬탈한 후, 사인들은 상서의 출현이나, 왕망이 하늘로부터 천명을 받았다는 학설을 이용하여 그 공을 노래하고 덕을 찬양하였다. 이렇게 제후로 봉해지고 벼슬이 높아지는 자들이 매우 많았지만 양웅은 봉후도 없었고, 다만 하나의 관직에 너무 오래 있었다는 이유로 대부로 전임되었다. 그가 권세나 이익에 대하여 담박한 것이 이와 같은 정도였다(當成·哀·平間, 莽·賢皆爲三公, 權傾人主, 所薦莫不拔擢, 而雄三世不徙官. 及莽簒位, 談說之士用符命稱功德, 獲封爵者甚衆, 雄復不侯, 以耆老久次轉爲大夫, 恬於勢利乃如是).

반고의 이 같은 묘사는 양웅 자서의 ⑦ 부분에 있는 "애제 시기 정명(丁明)·부안(傅晏)·동현(董賢)은 조정에서 권세를 마음대로 부렸으며, 이들에게 따라 붙었던 사람들은 이로 인하여 집안을 일으키고 이천석(二千石) 급의 관직에 이르곤 하였다. 이때 나 양웅은 『태현』을 쓰고 있었으며 이로써 내적인 평정함을 유지하였고 담박한 마음으로 무위하였다"는 대목을 상기시킨다. 그리하여 양웅이 결코 왕망에게 밀착했던 아유(阿儒)가 아님을 주장하는 사람들은 곧잘 이 두 구절을 들어 증명하고자 하였다. 여기서 우리는 두 가지 문제를 나누어 생각해야만 한다. 하나는 양웅이 왕망과 정말 정치적 노선이 유사했으며 그리하여 친밀한 관계를 형성했는가 하는 사실적인 문제이고, 두 번째는 이에 관한 가치판단적인 문제다. 즉, 왕망의 대부였다는 것이 전한 말의 한 지식인으로서 정말 파렴치한 짓이고, 역사에 부끄러운 일인가 하는 것이다. 양웅을 옹호하는 많은 연구자들은 가치판단적인 문제로부터 자유롭지 못하여 애써 양웅을 반(反)왕망적인 태도의 선봉에 세우거나 혹은 전혀 정치적 현실에는 무관심하고 방관적인 입장을 취하면서 학문세계에만 몰두했던 듯이 말하곤 하지만,『한서』의 몇몇 기록에 나타난 양웅은 반드시 그렇지만은 않다. 따라서 우선은 양웅의 정치적 태도를 평가하는 입장에서 떠나 당시에 양웅이 어떤 일을 하고 어떤 일을 겪었는지를 알아보자.

양웅 자신이 말한 바와 같이, 애제(기원전 6년~기원전 1년 재위) 시기에 그가 권세를 좇지 않고 『태현』을 쓰며 담박하게 자신을 안으로 지켰던 것은 당시 외척 집단들의 정세에 비추어 보면 매우 사실적인 묘사일 뿐 아니라 단순히 반고가 말하듯이 양웅이 권세에 무관심하기만

한 인물임을 전해주는 것은 아니다. 왕씨나 정씨·부씨는 모두 외척들이었는데 늘 그렇듯이 황제와의 친밀 정도에 따라 외척의 권세는 늘 변화하게 마련이고, 따라서 이들은 상호 심각한 갈등관계에 놓이게 된다. 원제(기원전 48~기원전 33 재위)가 태자를 세울 때, 애제의 부친인 정도공왕(定陶恭王) 유강(劉康)은 성제(기원전 32~기원전 7 재위)가 태자가 될 당시 가장 유력한 경쟁자였다. 원제는 아들 유오(劉驁 : 후에 성제가 됨)가 술 마시기를 즐기고 연회를 좋아한다 하여 그다지 유능하다고 평가하지 않았고, 정도공왕을 다재다능하다 여겨 총애하였으며 심지어 태자를 폐위하고 그를 태자로 세우고자 하였을 정도였다. 그러나 시중(侍中)이었던 사단(史丹)의 공으로, 왕봉(王鳳 : 元后였던 王政君의 아우)을 선두로 하는 성제 계열이 결국 승리를 거두게 되었는데 성제가 이십여 년 제위에 있는 동안 유씨(劉氏)의 왕조는 이미 왕씨(王氏)의 왕조가 되었다고 할 만큼 왕씨 종족의 권세는 확장되었다. 그런데 기원전 7년 성제가 병사하자 정도공왕의 아들인 유흔(劉欣)이 같은 해 제위에 오르게 되었으니 그가 바로 애제(哀帝)다. 이때부터 점차 왕씨 집단은 위기에 몰리고 애제의 외척인 부후(傅后)와 정희(丁姬)의 집단이 권력을 얻게 되었다. 따라서 ⑦에 실린 양웅의 말은 오히려 양웅과 왕씨 집단의 관계가 매우 밀접했음을 반증해주는 자료가 될 수도 있다. 즉, 양웅은 왕씨 집단이 위기에 처해 있던 애제의 시기에 자수(自守)했다고 말했을 뿐, 성제나 평제의 시기에 자수했던 것은 아니고 이는 왕씨 집단과의 관계에서 본다면 너무나 당연한 일이었을지도 모른다.

반고가 찬에서 말하기를 양웅이 마흔이 넘어 처음으로 경사에서 임

관하도록 추천해주었던 사람은 당시의 대사마거기장군(大司馬車騎將軍)이었던 왕음(王音)이었다고 한다. 이에 관하여는 일찍이 기록상의 오류가 있었으리라는 지적이 있었다. 왜냐하면 왕음은 기원전 15년, 양웅이 38세일 즈음 이미 사망했으므로 마흔이 넘어서 처음 촉(蜀)을 떠나 경사에 가게 되었던 양웅을 천거한 자가 왕음일 수는 없다는 것이다. 따라서 '마흔이 넘어서가 아니라 서른이 넘어서'일 것이라고 추측하기도 하는데 이를 뒷받침해주는 것은 그가 경사에 온 지 일 년이 넘을 즈음 「우렵부(羽獵賦)」를 지어 바쳤고 황문랑에 제수되어 왕망, 유흠과 나란히 서게 되었다는 찬사의 기록이다(薦雄待詔, 歲餘, 奏羽獵賦, 除爲郎給事黃門, 與王莽·劉歆並). 왕망이 황문랑의 지위에 오른 것은 성제 양삭(陽朔) 3년, 즉 기원전 22년의 일이며, 기원전 16년에 왕망은 사성교위(射聲校尉)를 거쳐 신도후(新都侯)로 승진하게 된다. 양삭 원년(기원전 24)은 양웅이 30세가 되는 해이고 더구나 왕음이 거기장군이 된 것은 양삭 3년 이후의 일이다. 이런 상황으로 보면 '마흔이 넘어'를 '서른이 넘어'라고 고치는 것이 합리적일 것 같다. 그런데 숫자를 잘못 기억하는 것보다 이름을 잘못 기억할 가능성이 적다는 이유로 왕음이 맞다고 한다면 40세가 아니라 30세라고 봐야 할 것이라는 주장이다. 그런데 이렇게 할 경우, 또 다시 문제가 되는 것은 "일 년이 넘을 즈음 「우렵부」를 지어 바쳤고" 라는 대목인데 왕음의 사망과 「우렵부」를 주상한 것 사이에는 4년이라는 시간적 간격이 있다는 것이 문제다. 더구나 양웅의 자서에는 어떤 이가 자신을 추천했다는 말 이후에 곧바로 성제가 막 교사(郊祀)를 지내려 했다는 말이 이어지므로 30세가 넘어 상경한 것이라면 곧바로 사부작품을 지어 헌상했다고 하기에는 시간적으로 너무 거리가 있다. 그래서 혹자는 왕음이 아니라 왕근(王根) 혹은 왕상(王商)이라는 사람일 것이라고 추측하기도 한다. 이 가운데 왕근일 가능성이 가장 높다고 주장할 만한 이유가 몇 가지 있다. 첫째, 양웅의 자서에 의하면 양웅은 성제에게 부(賦) 네 작품을 바치고 난 후 얼마 되지 않아 삼년 간의 봉록을 포기하고 독서에 침잠하고자 하였다고 한다. 양웅은 그의 부에서 거침없이 풍간을 하였고 이러한 풍간이 성공적으로 성제에게 받아들여졌던 것인데, 한대 조정의 상황에 비추어보면 직언이나 풍간은 유력한 정치적인 지지자의 보호가 없다면 힘든 일이며 따라서 왕근이 사망했던 기원전 8년 이후에 양웅은 더 이상 부(賦)를 통한 풍간을 포기하고 학문 세계로 침잠했을 가능성이 크다.

둘째, 『한서』「오행지」에는 애제 시기에 양웅은 이심(李尋)이라는 자와 손을 잡고 주박(朱博)이 승상이 되는 것을 막은 일이 기록되어 있다. 애제 건평(建平) 2년(기원전 5)에 어사대부 주박은 승상으로, 소부(少府) 조현(趙玄)은 어사대부로 임명하고자 하였는데, 황제가 전당(殿堂)에 들어 제수하려고 할 즈음 종이 울리는 듯한 큰 소리가 울려와 전당 안의 대소 관료가 모두 듣게 되는 일이 발생했다. 그리하여 황제가 황문시랑이었던 양웅과 이심에게 이 일에 대하여 묻자, 이심이 『홍범』을 이용하여 그 날 승상이나 어사대부를 제수하는 일이 부당함을 고하고, 마땅히 스스로 사퇴하지 않는다면 일 년이 채 못 되어 그들 자신이 하늘의 징벌을 받게 될 것이라고 하였다. 양웅 역시 비정상적인 북소리는 청력 상실의 징조라고 하면서 주박이 용맹하고 과단성이 지나치며,

뛰어난 권모로 권력을 취하니 장군이 되기엔 적합하나 승상이 되기엔 부적합하다고 하며 흉악하고 조급한 노기가 있을까 두렵다고 하였다. 결국 그 해 8월, 주박과 조현은 반란죄를 도모했다고 하여 주박은 자살하고 조현은 겨우 사형을 면했다.

이 사건은 액면 그대로 말하자면 한대에 흔히 볼 수 있는 재이설(災異說)의 정치적 이용이지만 그 원경을 따져보면, 양웅과 이심은 모두 왕근이 추천하여 황문랑이 된 자들이니 정치적으로도 모두 왕씨 집단과 가까운 계열의 인물들이었다. 주박 역시 왕씨 일가에서 추천하여 승진을 거듭했던 자였으나 애제 시기에 왕씨 집단이 잠시 실권하자 그는 재빨리 부씨, 정씨 집단과 손을 잡았으니 왕씨 집단에 대하여는 일종의 반역자인 셈이었다. 이러한 주박에 대하여 양웅이 이심과 더불어 재이설을 이용하여 정치적으로 피해를 입힌 것은 어쩌면 왕씨 일가의 입장을 드러내 준 것이며, 그가 정치적으로 완전히 무관심한 것은 아니었음을 알려준다. 물론 위에서 열거한 사건들로 인하여 양웅 스스로 자신을 천거했던 인물이라고 한 왕음이 왕근의 오류라고 단정할 수는 없다. 다만 가장 가능성이 높은 추정이라 여길 뿐이다. 이렇듯 그가 상경한 시기가 '30세 넘어'이든 '40세 넘어'이든 모두 결정적인 반증의 자료가 있다. 어떠한 엄밀한 고증도 결국은 심증이 작용하여 결론지을 수밖에 없는 좋은 예가 될 것이다.

반고는 양웅이 왕망의 찬위 시기에 대부가 된 것은 단지 하나의 관직에 너무 오래 있었다는 이유였다고 하면서 양웅이 권세에 무관심한 사람이라는 결론을 이끌었지만, 당시의 상황에 비추어보면 황문랑에서 대부가 된다는 것은 흔히 있을 수 있는 일이 아니었다. 양웅은 성제, 애제, 평제 삼세 동안 계속 황문랑에 머물다가 왕망이 한의 제위를 찬탈한 바로 그해, 즉 건국(建國) 원년인 9년에 중산대부가 되었는데 황문랑이 400석의 등급에 해당된다면 중산대부는 2,000석이라는 등급에 해당되며 당시의 직급으로 따지자면 단번에 6급을 뛰어넘은 승진이었던 셈이다. 바로 이 일이 있은 2년 후, 양웅이 천록각에서 투신했던 투각(投閣) 사건이 발생하는데, 위의 발제문 [나]의 내용을 통해 알 수 있는 사건의 전말은 다음과 같다.

왕망 시기에 견풍과 유흠은 태부를 지냈는데 이들의 아들인 견심과 유분이 부서(符瑞)에 관한 일을 진헌하였던 것이 사건의 발단이다. 당시 왕망 자신은 부서를 이용하여 천자의 지위에 올랐으므로 또 다시 부서를 사용하여 새로운 천명을 날조하는 것에 대한 위험을 느꼈을 것이다. 따라서 자신이 천명을 받아 천자가 되었음을 한층 신비화하여 공포한 후, 더 이상 부서를 진상하지 못하도록 금지하였으므로 또 다시 부서를 언급한 것은 일종의 반역죄에 해당되었다. 이에 왕망은 견풍 부자를 주살하였고 유분 역시 사형만 면해주고 변방으로 내쫓았으며 이 사건에 연루된 자들을 모두 체포하였다. 이때 천록각에서 서적을 교정하고 있던 양웅을 체포하러 사람이 오자 양웅은 죄를 면치 못하리라 여기고 천록각으로부터 뛰어내려 거의 죽을 뻔하였다. 왕망은 이 말을 듣고 "양웅은 평소에 정사에 관심이 없는데 이 일에서 무엇 하러 심리하는가?" 라고 말하고는 사람을 보내어 비밀리에 이 일의 원인을 알아보니 유분이 일찍이 양웅에게 기이한 옛 문자를 만드는 법을 배운 적이 있었지만, 양웅은 유분이 부명을 진상한 일을 모르고 있었다. 따라서 왕망은 더 이상 양웅의 죄를 묻지 말도록 명하였다.

반고가 찬에 기록한 바로는 왕망이 양웅의 체포는 불필요하다고 여겼다는 것과 결국 양웅의 죄과를 묻지 않고 자유롭게 해주었다는 것이다. 이에 비추어 볼 때, 양웅이 왕망으로부터 정치적 압박을 받았다거나 양웅이 왕망을 정치적으로 지지하지 않았다거나 하는 견해는 결론을 이끌어내는 데는 무리가 있다. 그 후 양웅은 병을 이유로 관직에서 물러났다가 13년 다시 왕망의 대부로 불림을 받았으며 바로 이 시기에 양웅은 「극진미신」과 「원후뢰」를 쓰게 된다.

이와 같은 사실을 통하여 필자는 적어도 양웅은 그의 정치적 생애를 시작하는 순간부터 18년 그의 생애를 마감할 때까지 왕근·왕망을 비롯한 왕씨 일가와는 상당히 밀접한 관계를 유지했으며 이를 의심할 근거는 발견하기 어렵다고 생각한다. 여기까지는 주로 역사적 사실에 관한 문제였고, 이에 관하여 어떻게 평가할 것인가 하는 것은 또 다시 당시의 상황을 두루 고려하면서 판단할 문제다. 필자도 위에서 왕망이 신(新)을 건국한 것에 대하여 한(漢)의 제위를 찬탈했다고 기술했지만 이는 객관적인 기술은 아니다. 과연 15년간 지속되었던 신(新)의 존재는 마땅히 지속되어야 할 유한(劉漢)에 대한 찬탈로 보아야 할 것인가? 전한 말의 정치적, 사회적 상황에 직면한 한 진정한 유자에게 과연 유씨의 한조가 절대적인 가치일 수 있었겠는가? 또한 왕망이라는 인물을 어떻게 평가할 것인가? 왕망이 사리사욕으로 흐르지 않고 어리석을 만큼 원칙적인 태도로 유가의 신념을 제도적으로 실천하고자 했던 인물이라면 비록 그의 개혁이 실패했을지언정 한자 문화권의 많은 지식인들은 관념적인 이상주의자에게 오명을 씌우지는 않았을 것이다. 그리고 그와 밀접했던 양웅에게도 역시 오명을 씌우지는 않았을 것이다. 그러나 이미『한서』와『후한서』라는 두 정사 속의 왕망은 돌이켜 볼 여지가 없을 만큼 치졸한 인물로 그려져 있다. 다시 유씨의 후한 왕조가 건립된 이후의 왕망은 여지없이 찬탈자일 수밖엔 없다. 그렇다면 왕망에 대한 사료 자체를 비판적으로 고려해야만 할 것이며 이와 관련된 양웅을 평가하는 시각도 우리는 거리를 두고 바라볼 수 있어야 할 것이다.

양웅의 자전이나 반고의 찬에는 드러나지 않지만『법언』이나『한서』의 다른 부분들, 그리고 동시대, 혹은 조금 후대의 문헌에서 드러나는 양웅의 생애와 관련된 사실들을 조금 보충해보고자 한다. 우선, 그의 가정사에 관하여는 앞 절에 실은 발제문 [가]의 내용 외에는 더 알려진 바가 없다. 그저 단편적인 것이긴 하나 그의 둘째 아들이 그가 45세 때 (대략 기원전 9년) 세상을 뜨자 애통해 하며 촉으로 돌아가 장례를 후하게 치렀다는 말이 환담의『신론(新論)』제10편「식통(識通)」에 보인다.

상경 이전의 젊은 시절 촉 땅에서 양웅은 잠시 촉의 현자이자 은자였던 엄군평에게 나아가 배웠다고 한다.『법언』에는 엄군평을 칭송하는 내용만 있을 뿐 나아가 사사하였다는 내용은 없지만『한서』의「왕공양공포전(王貢兩龔鮑傳)」에는 엄군평의 소박한 삶과 박학함을 칭송한 뒤에 바로 양웅이 어려서 그를 따라 공부하였다(揚雄少時從遊學)고 하였고, 상경한 후에도 수 차례 조정의 고위관료나 현자들에게 엄군평을 칭송하였다는 말이 있다. 성제가 제위에 있던 거의 마지막 해 즈음하여 그가 성제의 명을 받아 「조충국송(趙充國頌)」을 지었으며 「주잠(酒箴)」
을 지어 성제에게 풍간하였던 일이 『한서』 「조충국전(趙充國傳)」과
「진준전(陳遵傳)」에 각각 보인다. 위에서 말한 재이 상소사건은 애제
즉위 다음해의 일로 양웅이 대략 49세 정도 되었을 무렵의 일이다. 그
가 동료들의 빠른 승진에는 눈을 닫고 자수하면서 『태현경』을 썼다고
한 시기는 대략 그가 52세가 되던 해, 기원전 2년 즈음이라 추정된다.
그러나 바로 다음 해에 양웅은 애제에게 흉노 선우(單于)가 와서 조공
하겠다고 사자를 보냈을 때 공경(公卿)들과 상의하여 거절하기로 한 결
정을 되돌리고자 애제에게 상주하였고, 이것이 받아들여져 비단 오십
필과 황금 열 근을 하사받았다는 기록이 『한서』 「애제기」에 보인다.
이를 보면 분명 양웅이 외부적 현실의 세계에 둔감한 자가 아니며, 비
록 담담한 마음으로 『태현경』을 쓰고 있었다고는 하나 역시 정사로부
터 눈을 돌리고 있던 것이 결코 아니었음을 알 수 있다. 이 사건 후에
애제는 25세의 나이로 붕어하고 다음해 양웅의 나이 54세, 서력기원 원
년에 평제가 즉위하고 왕망은 태부(太傅)가 되고 안한공(安漢公)이라는
호를 더하게 된다. 그 후로 왕망은 점차 권세를 떨치며 정적들을 제거
해 나가지만 동시에 유교의 이념에 따른 개제를 시행하기도 한다. 평제
원시(元始) 3년, 왕망은 자기 딸을 황후로 만들고 다음 해에는 재형(宰
衡)이라는 칭호를 더하면서 명당·군옹과 영대를 세우고 천하의 통경
지사(通經之士)들을 불러들였다. 원시 5년에는 급기야 평제가 시해당하
는 일이 발생하고 선제의 현손인 세 살짜리 꼬마를 황태자로 세웠는데
그의 호가 유자(孺子)였다. 9년은 바로 신나라의 시건국(始建國) 원년이

고 이 해에 유자영(孺子嬰)을 폐위하여 정안공(定安公)으로 삼았다.

이즈음에 62세의 양웅은 『법언』을 저술하였다. 투각사건은 바로 다음해의 일이니 양웅은 63세에 죽을 뻔하다가 왕망의 은혜를 입어 목숨을 부지한 채 그 다음해에 병을 핑계로 자리에서 물러났던 것이다. 13년 다시 황태후가 붕어하게 되자 양웅은 대부로 불림을 받고 나아가 황태후를 위한 애도사인 「원후뢰」를 쓰고 이듬해인 14년에는 왕망의 신 나라를 찬미하는 「극진미신」을 썼다. 이 문제에 대하여는 제3장의 제5 절에서 다시 다루기로 한다. 그로부터 삼 년 후 바로 죽기 직전에 양웅은 『방언』의 저술을 대체로 마무리하게 되었던 것 같다. 18년, 71세의 나이로 양웅이 세상을 떠나자 그의 제자 후파(侯芭)는 분묘를 만들고 '현총(玄塚)'이라 이름 붙였다고 한다. 왕충의 『논형』「안서(案書)」편에는 "양웅이 『태현』을 짓자 후포자(=후파)가 (양웅의 뜻에) 따라 그것을 널리 알렸다(揚子雲作太玄, 侯鋪子隨而宣之)"라는 말이 있다. 그리하여 혹자는 양웅을 이렇게 높이 숭경했던 제자 후파가 바로 양웅의 『태현』을 경의 지위로 높이는 역할을 했으리라 짐작하기도 한다. 그럼, 다음 절에서 양웅에 대한 극단적인 역대의 평가를 살펴보도록 하자.

3. 역대의 양웅화 둘러보기
- 역대의 엇갈린 평가 -

[다] 양웅은 『태현』을 지어 현(玄)이란 천(天)이요, 도(道)라고 하였다. 성현들이 법도와 사물의 이치를 만들 때, 모두 천도를 이끌어내어 이를 근본으로 삼아 이로 인하여 우주만물과 왕정과 인사의 법도를 부속시킨다. 그러므로 복희씨는 이를 역(易)이라 했고, 노자는 이를 도(道)라고 했고 공자는 이를 원(元)이라 했으며 양웅은 이를 현(玄)이라고 하였다.

揚雄作玄書, 以爲玄者天也道也. 言聖賢著法作事, 皆引天道以爲本統, 而因附屬萬類, 王政人事法度. 故宓羲氏謂之易, 老子謂之道, 孔子謂之元, 而揚雄謂之玄. 『新論』「閔友 第十五」

[라] 양웅은 스스로 얻은 바가 없다. 그러므로 그 말이 쓸데없이 수다하여 맺고 끊는 바가 없으며 머뭇거리며 과단성이 없다. 그는 인성에 대하여 논하기를, "사람의 성(性)에는 선악이 혼재해 있으니, 그 선한 바를 닦으면 선한 사람이 되고 악한 바를 닦으면 악인이 된다"고 하였다.

揚子, 無自得者也, 故其言蔓衍而不斷, 優游而不決. 其論性則曰, 人之性也善惡混, 修其善則爲善人, 修其惡則爲惡人.『程氏遺書』제25권

[마] 양웅(의 사상)은 전부 다 황로의 사상이다. 나는 일찍이 양웅은 아주 무용하며 정말로 썩은 유자라고 말했다. 그는 결정적인 곳에서는 황로의 사상으로 들어가 버릴 뿐이다. 「반이소」에서 노자『도덕경』의 말을 나열한 것을 보아도 이 사람에게는 더 말할 만한 것이 없음을 알 수 있다. 그 자신이 목숨도 내려놓을 수 없는데 어떻게 다른 일을 이해할 수 있을 것인가?『법언』을 보아도 그의 논지는 명쾌하지 않고 과단성이 없다. 그 사람됨을 보자면, 그의 견식은 전부 다 낮고 그의 말은 극히 어리석으니 정말 우습구나. 순자와 양웅을 왕통과 한비 두 사람과 같이 논할 수 없다.

揚雄則全是黃老. 某嘗說, 揚雄最無用. 眞是一腐儒. 他到急處, 只是投黃老. 如反離騷幷老子道德之言, 可見這人更無說. 自身命也奈何不下, 如何理會得別事? 如法言一卷, 議論不明快, 不了決, 如其爲人. 他見識全低, 語言極獃, 甚好笑! 荀揚二人自不可與王、韓二人同日語.『朱子語類』제137권

한 사상가의 인품·성격·습관·취향 등은 그의 저작이나 저작에

나타난 사상을 이해하고 평가하는 데 어떤 영향력도 미치지 않아야 할까? 아니 그럴 수 있을까? 실제가 어떠하든 당위적으로 어떠해야 마땅한가? 이는 사상가나 사상가를 연구하는 학자들에게는 근본적인 의문일지도 모른다. "군자는 그 말로 인하여 사람을 천거하지 않으며 그 사람됨으로 인하여 그의 말을 폐하지 않는다"(子曰, "君子不以言擧人, 不以人廢言")라는 공자의 말씀은 과연 어떤 상황에서 발언된 것일까? 이 말씀 역시 기술적인 발언인지 당위적인 발언인지, 혹은 풍자적인 발언인지 우리는 이 발언의 맥락을 정확히 알 수가 없다. 글자 그대로 이해한다 해도 우리는 적어도 공자님께서 간신배 같은 인간의 말도 받아들이라고 말씀하시지는 않았으리라 상식적으로 판단한다. 자신의 사고와 사회적 발언의 내용을 끊임없이 위반하는 사람들의 말을 말 자체로 평가해야 마땅한가? 말로는 분명 진정한 유자의 도리를 주장했음에도 불구하고 그가 일신의 안위만을 꾀하였다면 그의 학문에 대하여도 저절로 경멸감을 깔고 대하게 될 것이다. 한 지식인의 사상을 평가할 때 그의 삶의 내용을 관련시키는 것이 정당하든 그렇지 않든, 고대의 사상가들에 대하여는 속수무책으로 긴밀하게 그의 인격과 사상을 연결하여 논하지 않을 수 없다. 그나마 얼마 남지 않은 그의 행적이나 말을 통하여 그의 삶을 그려보고 그와 관련하여 그의 사상을 이해하게 되며, 역으로 그의 사상 전반을 재구성하여 단편적인 그의 말을 이해하거나 그의 삶의 단면을 그려내기도 한다. 선후야 어찌되었든 사상가의 삶과 그의 사상에 대한 이해는 상호 막대한 영향을 미칠 수밖에 없다.

이러한 과정에서 우리는 어떤 인물에 대하여든, 어떤 사상에 대하여든 기본적으로 호오의 감정을 바탕에 깔고 판단하게 되므로, 싫든 좋든 인정할 수밖에 없는 역사적인 영향력이나 사상적 성취 등에도 불구하고 늘 평가는 양단으로 나뉠 수밖에 없는지도 모르겠다. 이러한 현상은 양웅에게도 아주 두드러지게 나타난다. 몇몇 연구자들이 지적하듯 정주(程朱)의 평가를 기점으로 하여 전후가 매우 극단적인 차이를 보이고 있다. 정주 이전에는 양웅에 대한 비판을 거의 찾아볼 수가 없었는데, 정주의 비판 이후로 양웅에 대한 비판적 언설이 눈에 띈다는 사실 자체도 매우 의미 있는 것이라고 생각된다. 우선은 양웅과 동시대 혹은 조금 후인 후한의 사상가들이 양웅을 어떻게 보고 있는지를 살펴보자.

발제문 [다]의 내용은 양웅과 거의 동시대인인 환담(기원전 40~기원후 32)의 견해로, 본래『후한서』「장형전(張衡傳)」의 주에 나오는 것인데, 엄가균(嚴可均)의『전상고삼대진한삼국육조문(全上古三代秦漢三國六朝文)』중의『전한문(全漢文)』에 수록된 집일본『신론』에는 제15편「민우(閔友)」에 실려 있다. 필자가 판단하기에 환담의 이 말은 양웅에 대한 최고의 평가에 해당되는데 그 이유는 양웅의 경지를 복희씨나 노자・공자 등의 성현들과 나란히 보고 있기 때문이다. 반고의 논찬에도 양웅이 세상을 떠나자 몇몇 사람들이 환담에게 양웅의 저서가 후대에 전해질 것인가를 물었는데, 환담은 반드시 전해질 것이라고 확언하면서 사람들은 동시대의 것의 귀함을 잘 인식하지 못하기 때문에 양웅의 저작이 위대하다는 것을 알아보지 못할 뿐이라고 하였다. 환담은 양웅의 저서는 그 뜻이 지극히 깊으며 논의하는 바는 성인의 뜻에 어긋나지 않는다고 덧붙이고 있으므로, [다]에서 여러 성인들과 양웅을 같이 나열한 것은 그저 우연한 일이 아니다. 그런데 양웅의 『태현경』이 후세에 전해질지 어떨지 하는 것은 당시로서는 꽤 화제 거리가 되었던 모양이다. 같은 반고의 논찬 안에는 유흠이 양웅에게,

헛되이 자신만 힘들게 하는구나! 지금 학자들은 이록(利祿)에 관심이 있을 뿐이고 『주역』조차 알지 못하는데 『태현』과 같은 것이야 어떻겠는가? 나는 후인들이 그저 간장 단지를 덮는 데에 쓸까 봐 걱정이다(劉歆亦嘗觀之, 謂雄曰, 空自苦! 今學者有祿利, 然尚不能明易, 又如玄何. 吾恐後人用覆醬瓿也).

라고 했다는 말이 실려 있다. 그리고 논찬의 제일 마지막 부분은 양웅이 세상을 떠난 지 40여 년이 되었는데 『법언』은 널리 읽히지만 『태현경』은 그리 세상에 드러나지 않고 있다는 말로 끝나 있다. 또한 반고의 논찬에는 "당시의 유자들 가운데 혹자는 양웅이 성인도 아니면서 경(經)을 지은 것이 마치 춘추시대 오월의 군주가 왕을 칭했던 것과 마찬가지이니 주살할 만한 죄라고 비평하였다"는 말도 있다. 양웅 자신이 스스로 『태현』을 경이라고 했는지는 확실하지 않은데, 적어도 그의 자서를 통해서는 그런 흔적이 전혀 보이질 않는다. 오히려 이 기사를 통하여 우리가 확인할 수 있는 것은 후한 무렵에 『태현』이라는 저작이 이미 경(經)이라고 불리기도 했다는 사실이다. 이는 왕충의 말에서도 드러나는데 왕충은 양웅에 대하여 매우 높이 평가하여 『논형』「초기(超奇)」편에서 말하기를,

양성자장은 『악경』을 지었고 양웅은 『태현경』을 지었는데, 이처럼 정밀한 사고를 하고 심오한 큰 도리를 궁구하려면 성인에 가까운 재능이 아니면 이룰 수 없다. 공자는 『춘추』를 지었고 두 사람은 각기 『악경』과 『태현경』을 지었으니, 이른 바 비범하게 공자의 궤적을 밟고 공자와 같이 거론될 만한 크고 아름다운 재능을 가진 자들이다(陽成子長作『樂經』, 揚子雲作『太玄經』, 造於眇(眇)思, 極賾冥之深, 非庶幾之才, 不能成也. 孔子作『春秋』, 二子作兩經, 所謂卓爾蹈孔子之跡, 鴻茂參貳聖之才者也).

라고 한 후, 환담이 양웅에 대하여 "한왕조가 일어난 이래 이만한 사람이 없다"고 한 일을 두고 환담은 정확하게 재능의 고하를 나눌 수 있는 사람이라고 칭찬하였다. 후한의 또 다른 사상가이자 천문학자였던 장형(張衡 : 78~139) 역시 양웅의 『태현경』을 매우 좋아하였고 또 높이 평가하여, 이는 오경(五經)과 비길 수 있는 것이라고 하였으며, 한조가 세워진 지 200년 만에 얻은 책이니 다시 200년 후에 이 『태현경』은 반드시 널리 읽히게 될 것이라고 하였다. 이런 단편적인 찬사만 남아 있어 그들이 『태현경』의 어떤 면을 높이 평가하고, 왜 양웅의 사상적 경지를 성인에 비하고 있는지 정확하게는 알 수 없지만 후한대에 양웅을 높이 평가한 이들은 모두 그의 『태현경』에 대하여 찬사를 쏟아내고 있다. 지금은 일실되어 전해지지 않지만 후한의 송충(宋衷)과 오(吳)의 육적(陸績)은 각각 『태현경』에 주해를 남겼다고 하며, 육적의 「술현(述玄)」이라는 글은 진(晉) 범망(范望)의 『태현해찬(太玄解贊)』이라는 주해서에 남아 있는데 여기에서 육적은 양웅이 『태현경』을 저술한 것은 성인과 그 의취를 같이 한다고 극찬하였다.

당대에 이르자 양웅은 보편적으로 존숭을 받는 선현으로 여겨진 듯하다. 그러나 유독 『태현경』 때문이라기보다는 그의 문학적 재능과 성과로 인한 것으로, 왕발(王勃)·노조린(盧照隣)·이백(李白)·두보(杜甫) 등 당대(唐代)의 유명한 시인들의 찬사를 받았는데 추측컨대 『문심조룡』과 『문선』이 널리 읽히면서 그의 문장이 널리 알려졌기 때문이 아닌가 한다. 당 중·후엽의 한유(韓愈)는 도통설을 세우면서 말하기를 요·순·우·탕에서 문·무·주공에게로 이어진 유교의 도가 공자에게로, 공자에게서 다시 맹자에게로 이어졌으나 맹자에서 도통은 단절되었고, 그 후에 순자와 양웅은 이단과 정도를 가리고자 했으나 그 논의가 순정하지 못하여 유교 정통의 도를 계승하지 못했다고 하였다. 그러나 양웅을 도통의 계보에서 평가하고 있으니 이것이 비난이 아니라는 것은 그의 다른 문장인 「순자를 읽다(讀荀)」에서 양웅을 준 성인으로 높이 평가하고 있다는 사실을 통해서도 확인할 수 있다. 북송시대로 접어들어서도 손복(孫復)이나 석개(石介)에 의하여 양웅은 요순의 도, 공맹의 도를 잇고 있는 옛날의 성인대유(聖人大儒)라고 칭송되었다. 『태현집주』를 남겼던 사마광은 "공자 이후에 성인의 도를 아는 자는 양웅이 아니면 누구겠는가?"라고 하면서 양웅이야말로 진정 위대한 유자라고 하였으며 그를 맹자·순자와 나란히 혹은 더 높이 평가하였다. 그와 정치적 입장이 달랐던 왕안석 역시 「양자 삼수(揚子三首)」라는 시 안에서 양웅을 극히 칭송하고 있다. 『송사』에는 원풍(元豐) 7년 5월에는 진주(晉州)

의 주학교수(州學敎授)였던 육장유(陸長愈)가 장계를 올려 맹자를 문선왕(文宣王)에 배향하고 순자·양웅·한유를 백(伯)으로 봉해달라고 하였으며 황제의 뜻을 받들어 그대로 시행했던 일이 기록되어 있으니 양웅의 지위는 이때에 극에 달했던 셈이다.

이렇게 성인으로까지 여겨졌던 양웅에 대한 평가가 급격히 하락했던 것은 앞서도 말했듯이 정자와 주자의 양웅 비판 이후의 일이다. 그렇다면 과연 정주의 양웅 비판론에서 관건이 되는 문제는 무엇인가? 첫째는 양웅과 왕망과의 관계이며, 둘째는 양웅의 성인 모방에 관한 것, 이는 모방에만 능할 뿐 그 자신의 고유한 사상적 독창성은 전무하다는 비판과도 연결된다. 셋째는 그의 인성론인 선악혼재설에 관한 것이고, 넷째는 양웅의 학문은 유가의 것이라기보다는 노장의 학에 근본을 두고 있다는 것이다. 이 가운데 가장 결정적인 것은 아무래도 첫 번째 문제다. 이에 대하여 정자가 이미 「극진미신」을 언급하면서 양웅의 처세에 과오가 있음을 지적한 것에 이어 주자는 『자치통감강목』에서 "한의 대부 양웅 생을 마치다(卒)"라고 쓰지 않고 "왕망의 대부 양웅 죽다(死)"라고 기록함으로써 아유(阿儒)로서의 양웅의 모습을 역사에 깊이 새겨준 셈이다. 양웅에 대하여 동정적으로 이해하는 학자들의 견해를 보면, 실은 양웅이 왕망에 반대했으며 그의 저작 가운데 행간에 왕망에 대한 비판을 감추고 있다고 하기도 하지만 이는 그다지 설득력이 없다. 또 쉬푸관(徐復觀)·장진택(張震澤) 같은 이는 본래 왕망이 제위에 오르기 전에는 아주 모범적인 유자의 도리를 실천했던 인물이므로 양웅이 왕망에 군이 반대할 이유가 없었다고도 말한다. 그러나 이 역시 그다지 설득력은 없다고 본다. 왜냐하면 양웅이 살아생전에 순수한 유가의 이념에 가득 찬 이상주의자로서의 왕망만을 목도한 것은 결코 아니기 때문이다. 왕망이 유자영(孺子嬰)의 섭정이 된 후에, 끝내 제위를 차지하고 신을 건국했을 때 왕망에게 따르지 않아 살해되거나, 벼슬하지 않고 스스로 도피한 절개 있는 사람들이 『한서』·『후한서』를 통하여 약 스무 명 정도 발견된다. 이들은 분명 자신의 절의를 위하여 일신의 안위와 영달을 포기한 인물들이며, 반면 양웅은 분명히 왕망에게 나아가 대부가 되었다. 이에 대하여 스즈키 요시지로(鈴木由次郞)는 이 시기에 양웅은 명예나 이익을 탐하는 대신 그저 낮은 관직을 지키며 『태현경』, 『법언』 등을 저술하여 후세에 남기고자 하는 커다란 목적을 가지고 있었을 것이라고 말하는데, 필자가 보기엔 그의 변명이 가장 현실적으로 가능성이 있는 듯하다. 결국 양웅은 조은(朝隱)의 길을 택했다는 것이다.

양웅을 무엇이라 변호하든, 정주(程朱)의 대의명분론에서 보자면 전한의 성제·애제·평제의 삼 세에 걸쳐 관직에 있었던 양웅이 왕망의 찬탈을 보았으면 의당 죽어 마땅한 것이며, 죽지 않더라도 당연히 관직에서 떠나야만 하는 것이다. 따라서 여전히 왕망의 치세 기간 동안 대부가 되었던 양웅을 도학자들의 공부의 목표인 성인과 같이 여기는 것은 물론이고, 그가 성인을 모방하여 저작을 남겼다는 것조차 용납하기 어려운 일이었을 것이다. 또한 송대의 도학자들에게는 맹자가 주장했던 인성론 이외의 다른 인성론은 양립될 수 없는 것이었으므로 선악혼재를 주장하는 양웅의 인성론 역시 커다란 문제였다. 그래서 정자는 "양웅은 사상의 규모가 좁기 그지없다. 도가 바로 성인데, 성에 대하여 말한 것이 이미 틀렸으니 또 무얼 얻은 바가 있겠는가"라고 하였다. 중화문명의 중심이 유가사상에 있으며 그것이 역대의 성인을 통하여 전해졌음을 그들 특유의 도통설을 통하여 강력하게 주장했던 송대의 도학자들에게 순수한 유가의 사상 이외의 다른 요소가 극명하게 드러난다는 것 역시 용인할 수 없는 것이었다. 따라서 이들에게는 양웅의 사상에 노장적, 혹은 황로적 색채가 있음을 지적하는 것 자체가 양웅 사상의 가치를 크게 폄하하는 것이 되어버린다. 이는 사상적인 결벽증 같은 것으로서 왜 다른 성향의 사상이 섞이면 무가치한 것인지 하는 것에도 실은 이렇다 할 근거가 없으며, 무엇이 순수한 것인가를 판단하는 것도 매우 주관적인 가치판단이 개입될 수밖에 없다. 송·명이학자들의 사상 안에 도교·불교의 영향을 받은 요소가 많이 내포되어 있다는 것은 이미 상식에 속하는 일이다. 그럼에도 불구하고 이들은 스스로 도교나 불교적 요소에 대하여 매우 예민하게 반응하였고, 그런 분위기 속에서 양웅 사상에 대한 폄하가 이루어졌다는 것을 잊지 말아야 할 것이다. 점차 경학이 경색되어 가면서 사상적 유연성과 독창성을 잃어가던 시기, 나아가 현학으로의 흐름을 준비하던 시기에는 노자의 사상을 융합한 것이 오히려 심오한 사유로 비쳤지만 유가의 정통성을 강조해야 하는 시대가 되자 의심할 만한 사상으로 비쳐졌던 셈이다.

4. 또 하나의 양웅화
―『방언(方言)』이라는 저작을 통해서 그려본 양웅―

[바] 제가 황문랑이 되었을 때 저는 스스로 상주하여 말하기를, 어려서 제대로 배우지를 못하였으나 마음으로 넓고 깊은 아름다운 글을 좋아하니, 원컨대 삼 년 동안 봉록을 받지 않고 휴직하여 일을 맡지 않으면서 마음껏 (책을 보고 연구하면서) 성취하는 바가 있고자 한다고 하였습니다. 허락하는 조서가 있었고, 봉록을 박탈하지 않았으며, 상서에게 명하여 필묵과 돈 육만 냥을 하사하셨고, 석실(석거각)에서 책을 볼 수 있게 되었지요. 이렇게 한 후 일 년이 지나 「수보영절용골지명시(繡補靈節龍骨之銘詩)」 삼 장을 지었는데 성제께서는 이를 흡족해하셨으며, 이로 인하여 저는 매우 득의하였습니다. 그러므로 온 천하의 상계와 효렴 및 내군의 위졸자가 모이면, 저는 붓을 잡고, 흰 칠을 한 목판을 가지고 그들에게 서로 다른 말들을 물어보았으며, 돌아와서는 곧 목판에다가 그것을 적어 놓았습니다. 그렇게 하여 지금에 이르기까지 이십칠 년이 되었군요. 그러나 말이란 교착하고 서로 달라서 다시 논하고 상세히 생각하여 모두 그것을 모아 그 의심나는 것을 이해하게 되었습니다.

雄爲郎之歲, 自奏, 少不得學, 而心好沈博絶麗之文, 願不受三歲之奉, 且休脫直事之徭, 得肆心廣意, 以自克就. 有詔可, 不奪奉, 令尚書賜筆墨錢六萬, 得觀書於石室. 如是後一歲, 作繡補靈節龍骨之銘詩三章, 成帝好之, 遂得盡意, 故天下上計孝廉及内郡衛卒會者, 雄常把三寸弱翰, 齎油素四尺, 以問其異語, 歸卽以鉛摘次之於槧, 二十七歲於今矣. 而語言或交錯相反, 方復論思詳悉集之, 燕其疑. 「答劉歆書」中.

양웅은 역대로 『방언』으로 평가받지는 않았다. 『한서』 「양웅전」에서도 양웅은 이 책을 전혀 언급하지 않았고 『한서』 「예문지」에도 양웅이 『방언』을 지었다는 기록은 없다. 후한 말 응소(應劭)가 『풍속통의(風俗通義)』의 서문에서 처음으로 양웅의 저작이라고 말했다고 하는데, 응소는 유흠이 양웅에게 준 편지인 「여양웅서(與揚雄書)」와 그에 대한 답문인 「답유흠서(答劉歆書)」를 인용하고 있는 듯하다. 이들 사이에 오갔던 서한은 동진의 곽박이 『방언(方言)』에 서문을 달고 주해를 한 책에 실려 있었다고 하는데, 송의 홍매(洪邁)는 몇 가지 이유를 나열하며 그 진위를 의심하기도 하였다. 대진(戴震)·노문초(盧文弨)·전역(錢繹)·왕선겸(王先謙)·왕궈웨이(王國維) 등 수많은 청대의 소학자(小學者)들은 응소의 견해가 옳다고 주장하였다. 「답유흠서」를 보면 주나라·진나라 시기에는 매년 추수 후에 정부에서 사람을 각지로 파견하여 민간가요·동요 등과 각 지방의 서로 다른 말들을 채집하여 조정으로 하여금 민정을 살필 수 있도록 제공했었다는 기록이 있다. 당시에는 유헌사자(輶軒使者)가 전국에서 방언 자료를 수집해 와서 석실에 보관했다고 하는데, 이때 아마도 어떤 세세한 규칙이 있었을 것이다. 이미 산실되어 어떤 형태였는지 알 수 없지만, 양웅은 이미 이루어진 작업의 기초 위에서 다시 조사하고 확인한 후에 분류, 정리하는 방대한 작업을 한 것이다. 『방언』은 매권의 분류에 대한 제목이 없지만 대체적으로 『이아(爾雅)』의 체례를 모방했다고 하는데 분명히 눈에 띄는 예만 들어 본다면, 제3권은 초목, 제4권은 의복, 제5권은 다양한 그릇·용기들(器具), 제8권은 금수, 제9권은 병기, 배와 마차(舟輿), 제11권은 파충에 관하여 다양한 방언들을 싣고 있다. 하나 혹은 몇 개의 동의어를 나열한 후 그 뜻을 설명하고, 다시 각 지역의 방언을 나누어 설명하는 식으로 기록되어 있다. 본문을 직접 조금만 살펴보자.

당(黨)·효(曉)·철(哲)은 모두 안다는 의미의 말이다. 초.지역에서는 당이라고 하거나 혹은 효라고 하고 제·송 지역에서는 철이라고 한다(黨, 曉, 哲, 知也. 楚謂之黨, 或曰曉, 齊宋之間謂之哲).「제1권의 처음 부분」

치마(裙)를 진·위 지역에서는 피(帔)라고 하고, 함곡관으로부터 동쪽의 지역에서는 혹자는 피(襬)라고 한다(裙, 陳魏之間謂之帔, 自關而東或謂之襬).「제4권의 처음 부분」

이렇게 각 지역의 말을 수록했던 것 외에 양웅은 『방언』에서 당시

통용되던 말에 대하여 다섯 가지로 분류를 하였다. 첫째는 통어(通語)라고 하여 지역의 제한 없이 공통적으로 사용되는 말이고, 둘째는 특정 지역의 말(某地語)로서 통행 범위가 비교적 좁은 방언이며, 셋째는 그보다 좀 광범위한 지역에서 통용되는 말(某地某地之間通語), 넷째는 방언 중에 남아 있는 고어 혹은 고방언(古今語 혹은 古雅之別語), 다섯째는 전어(轉語)라고 하여, 시대나 지역의 차이에 따라 음가에 변화가 생긴 경우다. 이런 분류를 보면, 양웅은 각 지역의 언어현상을 통하여 시간과 공간에 따른 언어의 변화를 인식하고 있었음을 알 수 있다. 그리하여 양웅의 『방언』은 한어 방언학의 기초를 다졌을 뿐 아니라 방언 연구의 우수한 유산이고 방언 지리학의 최초의 저작으로 손꼽힌다. 나아가 유럽의 경우, 방언의 중요성을 인식하고 수집하기 시작한 것은 18세기부터라고 하니 『방언』은 세계적으로도 가장 이른 방언학 저작인 셈이다.

그러나 한어학에 어두운 필자에게는 이런 사실보다 『방언』이라는 자신의 저술에 대한 양웅의 태도에 더 관심이 간다. 「답유흠서」에 보면 양웅은 당시 전국 각지로부터 경사에 왔던 지식인들과 병사들이 쓰는 각기 다른 말들을 조사하고 수집하는 노력을 27년간 지속하여 비로소 『방언』을 완성했다고 한다. 27년이라는 세월은, 양웅이 자서에서 말했듯이 40여 세가 되어 비로소 경사에 오게 되었다고 했고, 이 40여 세라는 나이가 대진(戴震)의 고증대로 43세라고 한다면 그가 71세로 사망하던 바로 그 해까지 끊임없이 이 일을 한 셈이 된다. 그렇다면 『방언』이야말로 양웅의 필생의 저작이라 할 수 있을 것이다. 「여양웅서」에는 양웅의 『방언』을 당장이라도 보고 싶어 하는 유흠의 진심어린 바람이 드러나 있는데, 이에 대하여 「답유흠서」의 마지막 부분에는 매우 힘겹게 이 요청을 거절하는 대목이 나온다. 아직 초고가 다 완성되지 않았음에도 불구하고 유흠이 막강한 권세로써 혹은 무력으로써 억지로 이 원고를 가지고 입궁하고자 한다면 "액사이종명(縊死以從命)"하겠다는 말이 나온다. 만약 이 문구를 양웅이 목을 매어 죽을 각오를 했다고 이해한다면, 자못 비장한 느낌이 들기도 하고 심히 과장되었다는 느낌이 들기도 한다. 그러나 그만큼 이 『방언』이라는 책에 대한 그의 의미 부여가 크다는 뜻이기도 하다. 장전쩌(張震澤)은 이 구절을 달리 보는데, 그는 앞뒤 문맥으로 보아 양웅이 목매어 죽겠다는 것이 아니라 『방언』이라는 책이 미완성된 채 끝나는 것은 마치 목을 매다는 것과 같다는 식의 비유라고 이해한다. 필자가 보기에도 이렇게 이해하는 것이 더 순통하게 느껴지며, 그렇게 본다면 목숨을 내거는 비장함은 사라지지만 여전히 양웅이 이 책을 매우 귀중하게 여긴다는 것은 변함이 없다. 즉, 아직 다 완성하지 못한 『방언』의 초고를 굳이 가지고 입궁하고자 한다면 어쩔 수 없이 이대로 중지할 수밖엔 없겠지만 조금만 더 시간을 허락한다면 유흠의 권면함을 경계삼아 노력해나가겠다고 하며 유흠의 밀사를 그냥 되돌려 보내는 것이다.

또 한 가지, 「답유흠서」에 보면 장백송(張伯松)이라는 자가 양웅의 부(賦)나 송(頌)은 좋아하지 않았으나 『방언』은 참으로 신기하다 여기고 평소에 양웅에게 말하기를 아버지(張吉)와 할아버지(張敞)께서 소학과 훈고를 좋아하신다고 하며 양웅에게 『방언』이 완성되지 않았더라도 이미 이루어진 부분만이라도 보여 달라고 부탁하였다고 한다. 그것을 보고 장백송은 "이는 해와 달처럼 찬란하게 하늘에 걸려 있어 영원히 없어지지 않을 책이로다" 라고 칭송하였다고 한다. 『논형(論衡)』 「제세(齊世)」편의 기록에 따르면 그는 양웅의 『태현』과 『법언』에 대하여는 상당히 냉담하여 한 번도 보려 하지 않았다고 한다. 물론 왕충이 지적했던 대로 동시대 사람이므로 그 가치를 알아보지 못하고 쉽사리 경시했을 수도 있다. 필자의 짐작으로는 『방언』이야말로 그 어떤 정치적 의도나 특정 이데올로기의 영향을 받지 않은 학술적 가치가 있는 저작이라는 점에서 양웅의 다른 저작과는 달리 보였던 것이 아닌가한다.

양웅에게는 『방언』 외에도 또 다른 언어·문자학적 저작인 『훈찬(訓纂)』이 있다. 반고의 찬에는 양웅이 자서(字書) 가운데 『창힐(倉頡)』보다 더 나은 것이 없다고 여겨 『훈찬』을 지었다는 말이 있는데, 이 저작은 일실되어 전하지 않는다. 아마도 양웅에게 언어와 문자에 대한 앎과 기록의 추구는 매우 중요한 삶의 한 축이었던 것으로 보인다. 필자는 『방언』의 참된 가치를 평가할 능력은 없지만 경사에 온 이래 죽을 때까지 지속적으로 이 작업을 해왔다는 것은 분명히 양웅의 중요한 일면을 보여주는 사실로서, 양웅을 떠올릴 때 반드시 기억되어야 하는 한 장의 그림이어야 한다고 생각한다.

5. 양웅의 저작에 대한 간략한 고찰

[사] 그(양웅)는 정말로 옛 것을 좋아하고 도를 즐겼으며 그의 마음
은 문장으로 이름을 이루어 후세에 이름을 남기기를 바랐다. 경서로는
『주역』보다 더 나은 것이 없다고 여겨 『태현』을 지었고, 전(傳)으로는
『논어』보다 더 나은 것이 없다고 여겨 『법언』을 지었다. 자서(字書)로
는 『창힐』보다 더 나은 것이 없다고 여겨 『훈찬』을 지었고, 잠은 『우
잠』보다 더 나은 것이 없다고 여겨 『주잠』을 지었다. 부(賦)는 「이소」
보다 더 심절한 것이 없다고 여겨 「반이소」와 「광소」을 지었다. 사(辭)
는 사마상여의 것보다 더 화려한 것이 없다고 여겨 4편의 부를 지었는
데 모두 사마상여의 부의 정화를 참고하였고 그것을 모방하여 그 언사
는 화려함의 극치를 이루었다. 그는 그의 내면에 심혈을 기울여 외부적
인 것을 구하지 않았다. 그 당시 모두 그를 홀시하였지만 유흠과 범준
은 그를 존중하였고 환담은 양웅을 남들과 비교조차 되지 않을 만큼 훌
륭하다고 평가하였다.

實好古而樂道, 其意欲求文章成名於後世, 以爲經莫大於易, 故作太玄,
傳莫大於論語, 作法言, 史篇莫善於倉頡, 作訓纂, 箴莫善於虞箴, 作州箴,
賦莫深於離騷, 反而廣之. 辭莫麗於相如, 作四賦. 皆斟酌其本, 相與放依

而馳騁云. 用心於 內, 不求於外, 於時人皆智之. 唯劉歆及范逡敬焉, 而桓
譚以爲絶倫.『漢書』「揚雄傳」贊

양웅은 일생 동안 지적인 호기심과 탐구심이 넘치는 사람이었던 것
같다.『방언』에 관한 그의 오랜 관심과 애정을 보면서도 짐작할 수 있
듯이 그는 자신의 저작에 매우 심혈을 기울였으며 심지어 정치적인 야
심, 입신양명에 대한 추구보다도 오히려 지식을 구축하고 그것을 저술
하는 것에 더 초점이 맞추어져 있던 생애라고 할 만하다. 그리고 실제
수많은 저작을 남겼다. 양웅의 저작은『수서』「경적지」이래 지금까지
도 한적의 분류방식으로 사용되고 있는 경(經)・사(史)・자(子)・집(集)
의 분류로 보자면 그 모든 곳에 골고루 분포되어 있다. 양웅의 시기에
는 아직 없었던 분류이긴 하지만 편의상 그의 저작을 경・사・자・집
으로 나누어 그 서지학적인 문제와 현존하는 자료들이 어디에 분포되
어 있는지를 중심으로 간단히 살펴보기로 하겠다.

　우선 경부에는 악류에『악(樂)』과, 소학류에『훈찬』・『창힐훈찬』・
『방언』의 네 종류가 속한다.『훈찬』과『창힐훈찬』은『한서』「예문지」
에 따로 수록되어 있으니 아마도 애초엔 서로 다른 책이었지만 서로 밀
접히 관련되는 내용이었으므로『수서』「경적지」이래 같은 책이라고
간주하게 되어『창힐훈찬』은 더 이상 서목에 보이지 않게 되었던 것
같다. 현재 집일서에 남아 있는 것을 보면, 마국한(馬國翰)의『옥함산방

집일서(玉函房山輯佚書)』에는 『훈찬편(訓纂篇)』 1권 14조가 집록되어 있고, 황석(黃奭)의 『황씨일서고(黃氏逸書考)』에는 『창힐훈찬(蒼頡訓纂)』 1권이 집록되어 있는데 역시 14조로서 마씨의 집일본 『훈찬편』과 내용은 완전히 일치하고 있다. 『방언』은 『유헌사자절대어석별국방언(輶軒使者絶代語釋別國方言)』이라고도 하며 앞서 보았듯이 「양웅전」에도 「한지」에도 『방언』이 일체 언급된 바 없고, 후한의 허신이 『설문해자』에서 『방언』의 설을 인용하면서도 양웅의 『방언』이라고 전혀 말한 바가 없었으므로 과연 『방언』이 양웅의 저작인지에 대하여 의심의 여지가 있었다. 그러나 성한(成漢)의 상거(常璩)가 지은 『화양국지(華陽國志)』에 "양웅은 전(典) 가운데 『이아』보다 더 바른 것이 없다고 여겨 (그것을 모범으로 삼아) 『방언』을 지었다"라는 말이 있어, 비로소 『방언』이 양웅의 저서로 인정받게 되었다고 한다. 이러한 우여곡절을 겪은 이유는 양웅이 『방언』을 완성하지 못한 채 다른 이의 손에서 마무리되었기 때문에 원고가 유전되면서 점차 증가되어갔던 데에 있었을 것이다. 지금 전해지는 『방언』은 13권이고 11,900여 자(字)이니 유흠의 「여양웅서」에 보이는 15권보다 권수는 적고 응소가 말한 바 9,000자보다 자수는 증가된 셈이다. 마지막으로 『악』은 「한지」에 수록되어 있고 「수지(隋志)」 이래 기재되어 있지 않으나 「수지」에 『악경』 4권이 보이며 저자의 성명은 밝혀져 있지 않다. 왕망은 원시(元始) 4년 『악경』을 제정했다고 하는데 당시 이를 만든 이가 한 사람이 아닐 것이며 따라서 왕충은 양성충(陽成衡)의 저작이라고 하였고 반고는 양웅의 저작이라고 하였던 것이다. 왕모(王謨)의 『한위유서초(漢魏遺書鈔)』에는 「금청영(琴淸

英)」1권 5조가 집록되어 있고 마국한의『옥함산방집일서』에는 「금청영」1권 6조가 집록되어 있는데 중복되는 것을 빼면 6개조이며 왕모와 마국한은 이 「금청영」이 양웅의『악』네 편 가운데 한 편이라고 한다. 마지막으로, 양웅이『맹자』에 주해를 했다는 설에 대하여 조금 언급하자면, 주이존(朱彝尊)이『경의고(經義考)』제232권에서 말하기를, "양웅 등의『사주맹자』는 「송지」에 14권으로 일실되었다고 하였다.『중흥예문지』에서는 양웅·한유·이고·희시자 네 사람이 주를 한 것이라고 하였다. 그러나 그 뜻이 낮고 보잘 것 없으니 아마도 의탁한 것이리라고 했다. 홍콩 중문대학 교수였던 류전작(劉殿爵)은 특히『방언』제3권의 27조로부터 47조에 이르는 것이 모두『맹자』를 풀이하고 있음을 일일이 밝힘으로써 양웅이『맹자』에 대하여 주해를 했을 일말의 가능성을 보여주고 있다. 그러나 양웅이 직접『맹자』에 주해를 했는지 알 수 있는 자료는 현재 남아 있지 않다. 그가『맹자』에 지대한 관심을 보였으며 맹자를 추존했었다는 사실은『법언』의 자료를 통해서 충분히 확인할 수 있으니『맹자』에 주해를 시도했을 가능성도 완전히 배제할 수는 없을 것이다.

사부에는『촉왕본기』·「주잠(州箴)」·「관잠(官箴)」·『속사기(續史記)』·『지록(志錄)』5종이 속한다.『촉왕본기』는 「양웅전」과 「한지」에 모두 언급이 없고 한대의 다른 책에서도 일체 언급이 없다. 그러다가 「수지」와『신당서』의 「예문지」에『촉왕본기』1권이 양웅의 저작이라고 기록되었다. 「송지(宋志)」에는 수록되지 않았으니 아마 송대에 이 책은 일실되었던 것 같다. 내용은 역사적인 기록이라기보다는 촉 지방의 신화·전설 등을 주로 기록한 것으로 혹자는 양웅의 저작임을 의심하기도 하였다. 양웅은 아마도 사부의 화려하고 과장된 필치로 촉지역의 신화·전설이나 전해오던 괴이한 이야기들을 기록했던 것 같다. 엄가균의 『전한문』에 『촉왕본기』 1권 26조가, 또 『옥함산방집일서보편(玉函房山輯佚書補編)』에 『촉왕본기』 1권 2조가 집록되어 있어 중복된 것을 빼면 모두 27개조다. 「양웅전」에 「주잠」에 대한 언급이 있고 『후한서』 「호광전(胡廣傳)」에 양웅이 "십이주이십오관잠(十二州二十五官箴)"을 지었는데 그 중 9잠은 전해지지 않는다는 말이 있다. 지금 『전한문』에 「주잠」과 「관잠」이 집록되어 있고 왕모의 『중정한당지리서초(重訂漢唐地理書鈔)』에 「십이주잠(十二州箴)」 1권이 집록되어 있다. 『속사기』에 관해서는 왕충의 『논형』 「수송(須頌)」편에 "사마천은 황제로부터 효무제까지, 양웅은 선제 이후부터 애제·평제까지를 기록하였다"는 말이 보인다. 또 유지기의 『사통(史通)』 「고금정사(古今正史)」편에 유향·유흠·풍상(馮商)·위형(衛衡)·양웅 등이 사마천의 『사기』가 끝난 이후를 엮어나갔고, 이 역시 『사기』라고 하였다는 말이 보이는데, 이 책은 일실되어 전하지 않는다. 『지록』이라는 책은 오직 양임방(梁任昉)의 『문장연기(文章緣起)』라는 책에서만 보일 뿐 누구도 언급한 바가 없는 책으로 역시 전하지 않는다.

자부에 속하는 것은 『태현』·『법언』, 그리고 「난개천팔사」 세 종류다. 「양웅전」에는 『태현』의 3방·9주·27부·81가·243표·729찬이 3권으로 나뉘어 있다고 했고, 또 수(首)·충(衝)·착(錯)·측(測)·리(攡)·영(瑩)·수(數)·문(文)·예(掜)·도(圖)·고(告) 11편이 있다고 되어 있는데 「한지」에는 19권이라고 되어 있으니 이 둘 사이에 이미 다름이 있는 것이다. 환담의 『신론』에는 『태현경』 3편, 전 12편이라 했으니 위의 둘과 또 다르다. 『사고제요』에서는 「한지」에 19권이라고 한 것은 장구(章句)를 합하여 말한 것인데 장구는 이미 일실되었기 때문이라고 하였지만 양웅이 스스로 장구를 지었는지의 여부는 「양웅전」으로는 확실하지 않다. 그 밖에 완효서의 『칠록』에는 "『태현경』 9권, 양웅 스스로 장구를 지었다"라고 했고 「수지」에도 "양웅 『태현경장구』 9권"이라고 되어 있다. 그러나 통행본으로는 진(晉) 범망(范望)의 주인 『태현경』 10권본과 송 사마광의 『집주태현경』 6권본의 두 가지가 가장 보편적이다. 현재 이용할 수 있는 가장 유용한 판본은 중화서국의 신편제자집성(제1집)에 실린 사마광의 『태현집주(太玄集注)』본이다. 류샤오쥔(劉韶軍)이 점교 작업을 하면서 역대의 판본을 대조하여 교정을 가했으며, 사마광의 『온국문정사마공문집(溫國文正司馬公文集)』에 실린 판본이 가장 오류가 적음을 발견했다고 말했다. 이미 사마광은 한대의 송충·오의 육적·진의 범망과 당의 왕애(王涯)의 주를 취했으며, 양웅 연구자들은 명대 섭자기(葉子奇)의 『태현본지(太玄本旨)』를 참고하곤 한다. 『법언』은 「양웅전」과 「한지」에 모두 13권이라고 기록되어 있다. 현행본으로는 진(晉)의 이궤(李軌)의 주해본인 『양자법언』 13권이 있고, 이를 기초로 청대의 왕영보(汪榮寶)가 상세한 교석을 가하고 여러 서적들을 통하여 의미를 해석한 『법언의소(法言義疏)』가 가장 완벽한 텍스트다. 「난개천팔사」는 「양웅전」이나 「한지」, 그 후대의 서지에도 보이지 않지만 『수서』 「천문지」에서 양웅의 『난개천팔사』를 인용하고 있고 『개원점경』에서도 역시 이를 인용하고 있다. 엄가균의 『전한문』에 집록되어 있다.

집부에 속하는 것으로는 그의 사부 12편과 시문 십여 편이 있다. 엄가균은 『철교만고(鐵橋漫稿)』에서 「반이소(反離騷)」·「광소(廣騷)」·「반뇌수(畔牢愁)」·「감천부(甘泉賦)」·「하동부(河東賦)」·「우렵부(羽獵賦)」·「장양부(長揚賦)」·「촉도부(蜀都賦)」·「핵영부(核靈賦)」·「태현부(太玄賦)」·「축빈부(逐貧賦)」·「주부(酒賦)」가 바로 「한지」에서 말하는 양웅의 부 12편이라고 말한다. 그 가운데, 「반이소」·「감천부」·「하동부」·「우렵부」·「장양부」 5편은 「양웅전」에 실려 있고, 「촉도부」·「태현부」·「축빈부」 3편은 『고문원(古文苑)』에 실려 있다. 『문선』에는 부 작품으로는 「감천부」·「우렵부」·「장양부」가 실려 있다. 「핵영부」는 전문이 남아 있지 않고 다만 『문선』의 주와 『태평어람』에 일부 인용되어 있을 뿐이다. 「주부」는 「주잠(酒箴)」이라고도 불리며 『한서』「진준전(陳遵傳)」에 그 전문이 인용되어 실려 있다. 그 밖에 「광소」와 「반뇌수」는 제목만 전할 뿐 어떤 책에도 인용된 바가 없다. 시문 십여 편 가운데 「해조(解嘲)」·「해난(解難)」 두 편은 「양웅전」에 실려 있고, 「조충국송(趙充國頌)」은 『한서』「조충국전」에, 「상서간물허선우조(上書諫勿許單于朝)」는 『한서』「흉노전」에, 「대조문재이(對詔問災異)」라는 문장은 『한서』「오행지」에 각각 실려 있다. 「극진미신(劇秦美新)」은 『문선』에 실려 있는데 『문선』에는 위에서 말한 「조충국송」과 「해조」도 수록되어 있다. 「답유흠서」와 「원후뢰(元后誄)」는 『문심조룡』의 「서기(書記)」와 「뇌비(誄碑)」편에 각각 수록되어 있고 「여환담서(與桓譚書)」와 「연주(連珠)」는 『문선』주와 『예문유취』에서 인용하고 있다. 「답환담서(答桓譚書)」와 「답무릉곽위서(答茂陵郭威書)」는 『한위육조백삼가(漢魏六朝百三家)』나 매정조(梅鼎祚)의 『서한문기(西漢文紀)』에 인용되어 있으나 엄가균은 양웅이 쓴 것이 아닐 것이라고 의심한 바 있다. 대체로 이상이 확인가능한 양웅의 시문일 것이다. 「수지」는 『양웅집』 5권이라고 기록하고 있고 이는 신구당서의 서지에도 역시 같지만 아마 당오대의 난을 거치면서 수당시기에 읽히던 『양웅집』 5권은 일실되었던 것 같다. 그러므로 『숭문총목(崇文總目)』 「별집류(別集類)」에 "양한 작가들의 문집은 동중서(董仲舒) · 채옹(蔡邕) · 진림(陳琳) 세 사람의 것밖엔 없다"고 하였으며, 『군재독서지(郡齋讀書志)』 「후지(後志)」에서 말하기를 "『양웅집』 3권. 옛날에는 양웅의 문집이 없었다. 본조(=송대)의 담유(譚愈)가 양웅의 글을 좋아하였는데, 그의 글이 여러 서적에 흩어져 있어 묶여져 있지 않은 것을 염려하여 모두 모아 집록하니 40여 편을 얻었다"고 하였다. 송대의 도서목록 가운데 진진손(陳振孫)의 『직재서록해제(直齋書錄解題)』 권16에는 『양자운집(揚子雲集)』 5권이라고 되어 있는데 편집자의 성명을 밝히지 않았고, 『송사』 「예문지」에는 『양웅집』 6권, 유극장(劉克莊)의 『후촌시화속집(后村詩話續集)』 권3에는 『양웅집』 6권 43편이라고 되어 있으니 아마도 송대에는 『양웅집』을 집록했던 사람들이 꽤 많았던 것 같다. 지금 유통되는 『양웅집』 가운데 가장 유용한 것은 장전쩌(張震澤) 교주본의 『양웅집교주(揚雄集校注)』(상해고적출판사, 1993)와 예여우밍(葉幼明)이 주해하고 현대 중국어로 번역한 『신역양자운집(新譯揚子雲集)』(타이뻬이, 삼민서국,

1997)이다. 이 두 책 모두『방언』·『태현경』·『법언』을 제외하고 위에서 언급했던 경·사·자·집에 걸친 양웅의 모든 작품들을 수록하고 있어 매우 편리하다. 사족이겠지만 한 마디 덧붙이고 싶은 것은 이처럼 수많은 저작들을 남겼던 양웅은 분명 정치적 야심보다는 학문적 야심이 훨씬 강했던 사람이었을 것이라는 사실이다.

마지막으로 간단히 언급할 것은 그의 성에 관한 것으로, 필자는 '揚'(손수변)이라고 썼지만 '楊'(나무 목변)을 쓰는 경우도 많이 있다. 이 문제는 상당히 오랜 것으로서 쉬푸관(徐復觀)의 「양웅논구(揚雄論究)」라는 논문에는 청대 고증학자들의 논의로부터 시작하여 역대 판본중 쉽게 손에 닿는 판본들을 찾아서 비교적 상세한 논의를 전개하고 있다. 결론만 말하자면, 단옥재·왕념손·주준성 등 청대 고증학자들이 楊이 옳다고 주장한 후, 왕영보(汪榮寶)의『법언의소』나 양수달(楊樹達, 1885-1956)의『한서규관(漢書窺管)』에서도 모두 받아들여졌고 하나의 결론이 되어갔지만, 쉬푸관 선생은 이를 찬성하지 않는다. 문자학적으로 보아 揚이라는 글자가 먼저 생긴 것이고 서주 시대에는 揚이 훨씬 많았지만 楊을 성으로 하는 예가 서한 이래 널리 행해지면서 의도치 않게 揚을 楊으로 쓰는 경우도 많이 나타났다고 한다. 당대 이후의 문헌에도 양웅의 성으로 揚과 楊은 모두 나타나지만 전자가 절대적으로 다수를 차지한다. 그러나 쉬푸관은 왜 다른 楊 성을 가진 사람들의 경우는 모두 楊으로 통일되어 나타나는데 양웅의 경우만 계속하여 두 글자가 보이는지에 대하여 의문을 제기하면서 시비를 가릴 필요가 있다고 한다. 그는 『한서』의 「양웅전」 모두(冒頭)에 나오는 "한나라 원정(元鼎) 연간(기원전 116~기원전 111), 양씨는 원수를 피하여 강을 따라 거슬러 올라가 민산 남쪽의 비현에 정착하였다(漢元鼎間避仇復溯江上, 處岷山之陽曰郫)”라는 구절 가운데 “원수를 피하여”라는 말을 의미심장하게 받아들여야 한다고 주장한다. 즉, 한대에는 ‘복수’라는 것이 유난히 유행하였고 복수를 피하기 위하여 성을 바꾸는 것이 매우 일반적인 방법이었다는 것이다. 이때에 양웅의 5대 조상인 양계(揚季)가 성을 楊에서 揚으로 바꾸었을 것이고 양웅은 이에 따라 揚 성을 가지게 된 것이므로 楊雄이 아니라 揚雄이 맞다는 것이다. 쉬푸관이 양자운의 성을 揚이라고 주장하는 위와 같은 과정의 설명이 대체적으로 수용할 만하다고 생각하므로 필자는 揚이라는 성을 사용하고자 한다.

제2장
우주에 대한 다양한 사색

전국 말에서 진한 교체기에 이르는 시기의 지식인들에게는 그 이전과는 구분되는 중요한 변화가 보이는데, 이는 바로 인간의 문제를 우주와 역사에 대한 관심 속에 자리매김하고 그 관계를 탐색하거나 설명하고자 하는 추세였다. 모든 변화가 그렇듯이 이 역시 갑작스레 출현한 것은 아니다. 다만 이 시기에 이루어진 문헌들 속에서 확인될 정도로 분명해졌으며 이러한 추세는 한대를 통하여 점차 강화되어 갔다는 것이다. 라오쓰광(勞思光)은 그의 『중국철학사』에서 이러한 흐름을 지적하여 말하기를 "한나라가 진나라를 이은 후로는 중국 고문화의 쇠락기가 되었다. 이 시기에 유·도 양 학파는 모두 그 본래의 면목을 상실하게 되었다"고 하였다. 그는 심성론 중심의 선진유가가 우주론 중심으로 대치되면서 유학이 몰락했고 정신적 경지를 중시하던 도가가 신체적 효과, 즉 건강이나 장수 위주로 변하면서 도가의 몰락을 가져왔다고 보았던 것이다. 필자는 라오쓰광의 현상에 대한 기술은 타당한 바가 있으나 가치평가의 측면에는 재고의 여지가 있다고 생각한다. 즉, 한대의 유가가 심성론을 우주론으로 대체하였다기보다는 인간의 문제를 우주 안에 정위시켰다고 보는 것이 옳다고 본다. 대체 관계가 아니라 보충 혹은 확장 관계로 보는 것이 더 타당하다는 뜻이다. 한대 도가의 경우, 정신의 자유뿐 아니라 정신이 깃드는 신체의 자유로까지 그 관심을 확장시켰으며 이는 대우주와 소우주의 상응관계에 대한 인식을 바탕에 두고 있다고 할 수 있다. 한 가지, '우주'라는 말이 전혀 등장하지 않는 것은 아니지만 고대 중국인들은 우리가 우주라고 표현하는 말을 주로 '천지'라고 표현했다. 아래의 첫 절에서 확인할 수 있겠지만 한대인들이 천지의 구조에 대하여 논할 때 기본적으로는 하늘이든 땅이든 형태를 갖춘 물질이라고 여겼던 것이다. 땅(대지)이야 눈에 보이고 만질 수 있는 것의 전체, 즉 산맥과 평야가 이어지는 엄청난 크기의 흙덩어리로 여겼을 것이고, 하늘에 대하여도 거기에 해와 달·별(자리)들이 붙어서 움직이는 커다란 덮개 혹은 커다란 알의 껍데기와 같이 여겼다는 사실을 우선 이해해야 한다. 또한 "성인(聖人)은 육합의 외부(六合之外)에 관하여는 있다는 것은 알아도 논하지 않는다"고 한 『장자』「제물론」의 말처럼 천지 밖의 세계에 대하여 전혀 의식조차 하지 못했던 것은 아니지만 관심을 두지 않았다.

들어가는 말에서 이미 이야기했듯이 천사(天事)와 인사(人事)를 관련지어 사고하는 것은 분명 한대의 지식인에게 공통적으로 나타나는 뚜렷한 현상이다. 『순자』「성악편」에 보이는 "과거에 대하여 제대로 말했다면 반드시 지금에도 증험이 있을 것이고 천사에 대하여 잘 말했다면 반드시 인사에도 증험이 있을 것이다"라는 말은 한대인들의 구두선(口頭禪)이 되어버렸다고 할 정도였다. 이러한 사상계의 분위기 속에서 혹자는 우주적 규모의 시간 주기로 왕조의 교체를 설명하기도 하고, 혹자는 자연의 특이한 현상이나 재해 현상을 통하여 국가의 명운과 관련된 하늘의 의지를 해석해내기도 하였다. 전·후 양한 시기를 통하여 유가의 교학체제는 점차 국가의 지배적인 이념체계로 자리잡아갔으며 이를 뒷받침했던 유교의 경학은 위와 같은 추세를 그대로 반영하고 있다. 예를 들면, 『춘추』의 해석에서 재이설은 중요한 비중을 점해갔으며, 본래는 점서였다가 점차 유가의 경서로 최고의 권위를 인정받았던 『주역』

의 해석학에 있어서는 우주의 질서와 인사의 길흉을 수리적이고 법칙적으로 연계하여 설명하는 상수역학(象數易學)이 활발히 일어났다. 양웅 역시 "천지의 원리를 잘 알고 있는 사람은 그로써 인사를 잘 알 수 있고, 인사의 원리를 잘 알고 있는 사람은 그로써 천지에 대하여도 잘 알 수 있다"(『태현경』「현고(玄告)」)고 하였다. 그 역시 철두철미한 한대인이었던 것이다. 따라서 그가 참위설을 부정하는 발언을 했다거나 도가적인 자연관을 공유하고 있다고 하여 그에게 천사와 인사 사이의 상관성을 온전히 부정하는 모습을 기대해서는 곤란하다. 하물며 그는 재이현상을 가지고 상서를 올린 적도 있지 않은가! 그는 참으로 천지의 진면목을 이해하고자 하였으며 그에 입각하여 천사와 인사의 관계를 이해하고자 했던 사람이었다. 그러므로 그는 진지하게 당시의 천문학적 논의에 개입했으며 그 나름의 우주에 대한 이해를 바탕으로 도량형·음율·역법 등을 모두 정합성 있게 재구성하여 새로운 한대의『역경』인『태현경』을 만들어냈던 것이다. 따라서 본장에서는 우선 양웅의 천지 혹은 우주 만물에 대한 이해를 살펴보도록 하자.

1. 천지의 형상에 대한 양웅의 이해

[가] 하늘은 지극히 높고 땅은 지극히 낮다. 해는 하늘에 붙어서 도는 것이니 해도 지고한 것이라고 할 수 있다. 설사 사람의 눈으로 보는 것은 틀릴 수 있다고 해도 물에 비치는 그림자의 모습은 틀리지 않는다. 이제 높은 산 위에 올라 수평기를 설치해놓고 해를 보니 해가 수평선 아래에서 떠오르고 해의 그림자는 위로 올라간다. 왜 그러한가? 만약 천체가 항상 높기만 한 것이고 지체가 항상 낮기만 한 것이라면 해가 아래로부터 떠오르는 이치는 없어야 할 것이다. 이에 대하여 개천설을 주장하는 이들은 답할 수가 없을 것이다.

天至高也, 地至卑也. 日託天而旋, 可謂至高矣. 縱人目可奪, 水與影不可奪也. 今從高山之上, 設水平以望日, 則日出水平下, 影上行, 何也? 若天體常高, 地體常卑, 日無出下之理, 於是蓋天無以對也. 「難蓋天八事」

중국에서 전통적으로 천지의 구조를 논한 이론들이 체계적으로 논의되었던 것은 한대부터라고 한다. 물론 그 이전에도 신화적인 방식이나 간단한 관측에 의하여 알게 된 상식적인 사실을 상징적으로 표현했던 기록은 남아 있으나 개천설(蓋天說)이니 혼천설(渾天說)이니 하는 형태로 천지의 구조를 이론화하여 활발하게 논의를 전개한 것은 한대에 비로소 이루어졌다는 것이다. 『진서(晉書)』 「천문지(天文志)」는 '천체'라는 조목에서 개천설과 혼천설 외에 선야설(宣夜說)·안천론(安天論)·궁천론(穹天論)·흔천론(昕天論) 등 고대 중국의 여섯 가지의 천체구조에 대한 이론을 소개한 가장 오랜 자료인데, 뒤의 세 가지는 제창자와 제창 시기를 명시하고 있으나 앞의 세 가지에 대하여는 어느 시기에 제시된 것인지 기록된 바가 없다. 노다 주료(能田忠亮)라는 일본의 과학사가는 1933년에 「한대논천고(漢代論天攷)」라는 단행본 분량의 논문에서 한대의 천체설 및 역법에 대한 논의를 전개했는데, 그에 의하면 양웅의 『법언』에 '개천'이라는 용어가 최초로 등장한다고 했다. 『법언』 「중려(重黎)」편에 실려 있는 다음의 대화가 그것이다.

어떤 이가 혼천설에 대하여 물으니 대답하기를, "(무제 때) 낙하굉(落下閎)이 혼천설을 창도하였고, 선우망인(鮮于妄人)이 그 설에 따라 계산을 정확히 하여 바르게 조정하였으며, (선제 때) 대사농 중승인 경수창(耿壽昌)이 혼천의를 제작하였다. 진실로 정밀하게 되어 있어 천체의 현상이 혼천설에 부합되지 않는 것이 없다." 어떤 사람이 개천설에 대하여 물으니 답하기를, "개천이라, 개천이라! 개천설에 대한 비난에 응답하는 바는 있지만 여전히 정밀한 것은 아니다"(或問渾天. 曰, 落下閎營之, 鮮於妄人度之, 耿中丞象之, 幾乎, 幾乎. 莫之能違也. 請問蓋天. 曰, 蓋哉, 蓋

哉. 應難未幾也).

이 대화의 내용을 보면, 양웅은 개천설에 대하여는 뭔가 미흡한 바가 있다고 여기고 있으며, 혼천설이야말로 천체의 제반 현상에 부합되는 정밀한 이론임을 확신하고 있음을 알 수 있다. 그런데 개천설이나 혼천설이 주장하는 천체 구조가 어떤 것인지에 관하여는 몇 가지로 추측할 수 있을 뿐 정확히 재구성하기는 어려운 실정이다. 오히려 개천설을 주장하던 이들과 혼천설을 주장하던 이들이 서로 갑론을박하던 자료들을 통하여 그들이 머릿속에 그리고 있던 천체 구조를 재구성하여 그 내용에 접근할 수밖에 없는 실정이므로 개천가가 혼천설을, 혼천가가 개천설을 논박한 문장은 커다란 의미가 있다. 이러한 논의들은 주로 한대를 통하여 이루어졌으므로 중국 천문학사에서 한대는 매우 중요하며 그 논의의 중심에 있는 당대 최고 수준의 천문학자 가운데 양웅이 포함되어 있다.

그렇다면 우선 개천설과 혼천설이 각각 무엇인지를 알아보자. 중국 과학사가들은 개천설을 1차·2차로 나누어 두 종류가 있었다고도 하지만 개천설의 대체적인 얼개를 말하자면, 하늘이 수레 덮개(蓋)와 같은 모습으로 되어 있어 해는 거기에 붙어서 돌고 땅은 하늘과 평행한 구조를 이루고 있는 것이라 말할 수 있다. 혼천설은 애초에 혼천의(渾天儀)라는 천문 기구와 관련이 있는 것으로『진서』「천문지」의 기록에 따르면 혼천설의 경우, 하늘은 달걀과 같고 땅은 마치 달걀의 노른자와 같아 홀로 하늘 안에 놓여 있고 하늘의 겉과 안에는 물이 있다는 것이다.

대체로 기원전 4세기 무렵에는 혼천의와 유사한 천문기구가 있었을 것
으로 추정되며 선진시대에 이미 혼천설에 가까운 말을 남기고 있는 제
자 사상가들이 있었다. 그러나 천체의 구조에 대한 이론으로서 혼천설
이 논의되기 시작한 것은 역시 한대 이후의 일이었고 이 과정을 양웅은
위와 같이 기술한 것이다.

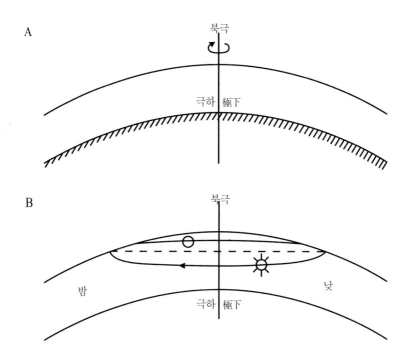

<그림 1> 개천설: 개천설의 천지구조는 천지가 나뉘어 있고 서로 평행하며, 북극의 아래
(极下), 즉 지구의 북극이 대지의 중심이자 우주의 중심이다.(A) 개천설에서는 태양이
북극의 주변을 둥글게 운행하며 빛을 비추어 세계 각지에서 태양이 출몰하고 밤낮이 교
체되는 것이라고 한다.(B) (金祖孟,『中国古宇宙论』, 华东师范大学出版社, 上海, 1991年 9

　양웅은 본래 개천설을 지지했다가 후에 환담의 영향을 받고 혼천설을 지지하게 되었는데 양웅을 설득하던 환담의 언설이 일부 전해지고 있다. 천체의 구조에 대한 양웅의 관심은 예사로운 것이 아니어서 환담에게 설득되어 혼천설을 지지하게 된 이후로 그는 개천설의 문제점을 비판하는 글을 남기는데 그것이 바로『수서』「천문지」에 그 전문(全文)

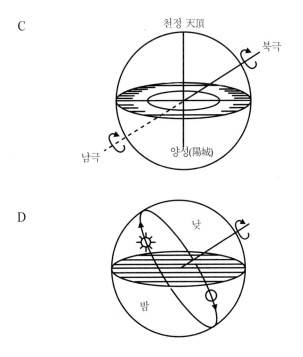

C

천정 天頂

북극

남극　　양성(陽城)

D

낮

밤

<그림 2> 혼천설: 혼천설의 천지구조는 천지가 서로 접해 있고 바다는 평면이며 양성(陽

城 관측지점)이 대지의 중심이자 우주의 중심이 된다.(C) 혼천설에서는 태양이 바다의 동쪽에서 올라와 서쪽으로 지게 되어 그 지역(양성 지역)의 밤과 낮이 교체되는 것이라고 한다.(D)(金祖孟, 『中國古宇宙論』, 華東师范大学出版社, 上海, 1991年 9月. p.66, p.68)

이 실려 있는 「난개천팔사(難蓋天八事)」, 즉 개천설을 논박하는 8가지 사항이다. 이는 앞에서 말한 노다 주료의 논문에 이미 원문과 그 해설이 상세히 된 바 있다. 양웅이 열거하고 있는 모든 비판이 더 적절한 것도 아니므로 그 내용 자체를 논의하기보다는 오히려 그의 비판을 통해서 양웅은 당시의 개천설을 어떻게 이해하고 있는지, 또 그를 통해 양웅이 구상하고 있는 올바른 천체의 구조는 어떤 형태인지를 알면 그것으로 충분할 것이다. 개천설에 대한 8가지 논박 가운데 중국 고대 천문학 방면의 전문가들이 개천설에 대한 비교적 적절한 비판이라고 일컫는 것이 바로 발제문 [가]의 내용인데 이는 여덟 가지 사항 중 여섯 번째에 해당된다. 비판의 요지는 결국 하늘과 땅의 위치를 평행의 상하구조로 보는 개천설의 맹점을 지적한 것으로서, 혼천설의 천체구조에서는 쉽게 해결될 수 있는 문제다. 『개원점경(開元占經)』에 양웅이 개천설을 비난했다고 하면서 바로 이 내용을 싣고 있다. 양웅이나 환담이 이해했던 개천설과 혼천설의 가장 중대한 차이는 하늘의 형태와 하늘과 땅의 위치관계에 있었다. 개천설에서는 하늘의 형태가 평면이거나 수레 덮개와 같은 곡면을 이루고 있다고 보는 반면 혼천설에서는 하늘이 구형을 이루고 있다고 보았다. 하늘과 땅의 위치관계에 대하여 말하자면, 개천설은 평면이든 곡면이든 상하 평행한 관계로 설정한 것에 비하여 혼천설에서는 하늘이 땅을 밖에서 감싸고 있는 내외 구조로 파악했다. 양웅의 비판이 별로 타당성을 가지지 못한다고 하는 이유는 이러한 개천설의 천체구조 자체에 대한 비판보다는 나름대로 상정한 개천도(蓋天圖)에 의하여 개천설이 가질 법한 문제들을 지적했기 때문에 오히려 상식에 부합되는 선에서 논쟁이 오가지 못했음을 반증하고 있기 때문이다.

「난개천팔사」에서 한 가지 현저하게 눈에 띄는 것은 별자리에 대한 언급이 대부분을 차지한다는 사실이다. 고대 중국의 경우, 천문학(天文學)은 자연과학에 속하는 지금의 천문학과는 좀 다른 것이며 그렇다고 하여 점성술과 동일시할 수도 없는 독특한 학문 영역이다. 천문(天文)이라는 말에서도 짐작할 수 있듯이 하늘(天)의 무늬(文)를 관찰, 기록한 것을 바탕으로 천체의 운행 규율을 이해한다거나 혹은 천체의 구조를 추측하는 방법이 중심적인 것이었으므로 해와 달 못지않게 별자리의 관측이 중요한 자료였던 것은 분명하다. 일월의 운행과 더불어 성수(星宿)의 운행이나 위치 등의 천문 현상들을 관찰하고 기록하여 일정한 운행의 규칙을 알아내고 이를 통하여 천지·일월을 포함한 우주의 구조를 추정해내는 것은 후에 언급할 역법의 제정과 밀접한 관계가 있다. 고대 중국에서 천문학을 제왕의 학이라고 했던 것 역시 천문 현상과 맞물려 있는 역법의 제정을 통하여 정확한 시(時)를 천하에 공포해야 하는 제왕의 의무와 관련되어 있었다. "천문이란 이십팔수를 순서지우고 오성과 일월의 운행을 헤아려 길흉의 상을 기록하는 것이니 성왕은 이로써 정치에 간여하게 되는 것이다(天文者, 序二十八宿, 步五星日月, 以紀吉凶之象, 聖王所以參政也)"라는 천문에 대한 『한서』「예문지」의 정의를 통해서도 우리는 고대의 천문 지식은 그 자체로 인사(人事), 특히 왕정(王政)과 긴밀한 관련이 있을 뿐 아니라 길흉을 추측하는 것과도 밀접한 관계가 있었다는 것을 알 수 있다. 눈으로 관찰되는 천문 현상에 대한 정확한 예측과 그에 따른 농사력을 반포해야 했으며 시기적절한 정령(政令)을 시행해야 했던 통치자들에게 천문학적 지식은 현실적으로 매우 절실한 것이었으리라. 중국 고대 천문학의 틀이 형성되어갔던 한대의 지식인들에게 천문학이란 막강한 영향력이 있는 첨단의 지식체계였으며, 자연스럽게 당시의 지배이념과 결합되어갈 수 있었던 것이다. 따라서 천문에 대한 지식은 사상가 양웅과 별로 큰 관련이 없는 듯 여겨지지만 그가 혼천설을 받아들이게 되었다는 사실은 매우 의미 있는 사건이었던 것이다.

2. 『태현경』에 반영된 천체설은 혼천설인가?

[나] 하늘은 높고 커서 땅 아래를 두루 감싸고 땅은 광대하여 위를 향하며 사람은 아주 많아 그 가운데 있다. 하늘은 둥근 한 덩어리로 움직이므로 운행이 그치지 않고, 땅은 안정되어 고요하므로 그 낳음이 더디지 않다. 사람은 천지에 순응하므로 그 베풀어 행함이 끊임없다.

天穹隆而周乎下, 地旁薄而向乎上, 人舊舊而處乎中. 天渾而擾, 故其運不已. 地隤而靜, 故其生不遲. 人馴乎天地, 故其施行不窮. 『太玄經』「玄告」

[다] 천도는 규(規)를 이루고 지도는 구(榘)를 이룬다. 규는 두루 둥글게 돌면서 운행하고, 구는 고요히 만물을 그 안에 안치시킨다. 두루 둥글게 돌면서 운행하므로 신령하게 살필 수 있으며 만물을 안치시키므로 만물을 모을 수가 있다. 만물을 모을 수 있으므로 능히 풍요로울 수 있고 신령하게 살필 수 있으므로 지극히 귀한 것이다.

天道成規, 地道成榘, 規動周營, 榘靜安物, 周營故能神明, 安物故能聚類, 類聚故能富, 神明故至貴. 『太玄經』「玄攡」

제1장에서 살펴본 양웅의 자서전을 다시 상기해보자. 그는 서한 말 애제(哀帝) 시기에 혼란을 틈타 부귀영달에 주력하는 주변 인물들과는 대조적으로 『태현(太玄)』을 짓고 자수(自守)하는 태도를 지켰다고 했으며, 이어서 점차 사부가 풍간의 기능을 하지 못함을 깨닫고는 점차 "혼천을 매우 깊이 사색하게 되었고(大潭思渾天)", 그 결과 81수(首)로 이루어진 『태현』을 지었다고 한다. 여기에서 '혼천을 깊이 사색하게 되었다'는 것은 천체의 형상을 비롯한 우주의 이치를 사색하게 되었음을 의미한다고 보는 것이 알맞을 것이다. 그런데 여기에 등장하는 '혼천'이라는 용어로 인하여, 그리고 혼천을 깊이 사고함으로써 『태현경』 저작이라는 결과가 이루어졌다는 식의 기술로 인하여 이제껏 누구나 별다른 의심 없이 『태현경』은 혼천설을 반영하고 있다고 생각해왔다. 그러나 양웅은 분명히 환담과의 토론을 거쳐 환담의 견해를 받아들이기 전에는 개천설을 신봉했고, 환담의 견해를 옳다고 수용한 이후에 혼천설을 받아들이게 되어 개천설의 난점을 비판하는 「난개천팔사」를 쓰게 된 것이라는 이야기가 『진서』 「천문지」와 『태평어람』에 남아 있다.

우선 『태평어람』 제2권에 기록된 내용을 보면, "환담의 『신론』에 말하기를, 통인(通人) 양자운(揚子雲)은 당시 여러 유자들의 설에 따라 하늘은 수레 덮개 같은 형태로 항상 좌선(左旋)하고 일월성신 역시 그에 따라 동쪽으로부터 서쪽으로 좌선한다고 여기고 이에 따라 형체와 궤적을 그리고 (이 개천도에 따라) 사시의 역수와 주야의 길이를 정하여 세인들에게 기율을 세워주고 후세까지 표본으로 삼게 하고자 했다. 나는 이를 비난하여 말하기를" 이라고 하고서 이어지는 것이 바로 앞

절에서 본 「난개천팔사」의 두 번째 내용이다. 『진서』 「천문지」에 양웅과 환담이 함께 천자에게 업무를 보고하기 위하여 순서를 기다리며 백호전(白虎殿)의 회랑 처마 밑에서 햇볕을 쪼이고 있다가 햇볕이 사라진 것에 대하여 토론하면서, 환담이 양웅으로 하여금 개천설을 버리고 혼천설을 받아들이도록 설득했던 내용이 기록되어 있다. 이 대목에서 아주 단순한 사실 하나를 생각해볼 수 있다. 환담은 성제 양삭(陽朔) 2년, 즉 기원전 23년에 태어났으니 양웅보다 나이가 무려 30세나 적다. 환담의 아버지는 성제 시기에 질급(秩級) 육백석(六百石)의 고관인 대악령(大樂令)이었고, 환담은 그 덕에 기원전 7년에 봉거랑(奉車郞)이 되었는데 그때의 나이가 17세였다. 그리고 『태현경』은 분명히 애제 시기(기원전 6~기원전 1)에 쓰였으니 십대 후반에서 이십대 초반의 환담이 사십대 후반에서 오십대 초반의 양웅에게 영향을 미쳐 그로 하여금 개천가에서 혼천가로 바뀌게 하였을까 하는 의문이 생길 수 있다. 17세의 환담은 성제 재위 기간의 마지막 해에 봉거랑이 되었으므로 그 다음 해부터 이어지는 5년간의 애제 재위 기간 중에 양웅과 논의를 했으며 양웅은 그로부터 '혼천에 대하여 깊이 숙고하게 되었고' 그 결과 『태현경』을 저술하게 되었던 것이라고 추측할 수도 있다.

『양웅평전(揚雄評傳)』을 쓴 왕칭(王靑)은 양웅이 천체는 좌선(右旋)하고 일월은 서에서 동으로 우선(右旋)하여 천체의 운행의 궤도와 상반된다고 주장했고 지체(地體)는 방형(方形)이라 여겼다는 점과 십대 후반의 연소한 환담이 대학자였던 양웅에게 영향을 주기엔 좀 무리가 있다는 점을 들어 『태현경』은 양웅이 혼천설을 받아들이기 이전, 개천설을 신봉하고 있었을 시기의 저작일 가능성이 더 높다고 주장했다. 양웅의 자서에 나온 '혼천을 매우 깊이 사색하였다(大潭思渾天)'는 말은 후에 양웅이 자서를 쓰면서 그렇게 기록한 것일 뿐, 시간상으로 환담의 영향을 받고 혼천설을 신봉하게 된 이후에 『태현경』을 저술한 것은 아니라는 것이다. 필자는 혼천설에 의거하여 『태현경』을 저술했다는 자서의 말을 아무 의심 없이 받아들였으나 왕칭의 주장을 접한 후에 다시 한 번 개천설과 혼천설의 형성 과정이 매우 복잡하다는 사실을 발견하게 되었다. 그렇다면 아래에서 명백하든 흐릿하든 어떠한 천체설이 『태현경』에 반영되어 있는지에 주목하며 살펴보자.

우선, 『태현경』에서 혼천설과 연관이 있는 것으로 여겨졌던 구절들을 살펴보자면 「현수도서(玄首都序)」에 보이는 "혼행무궁(渾行無窮)"이라는 말과 『태현경』의 첫 번째 수인 중수(中首) 초일(初一)의 찬사(贊辭)와 「현문(玄文)」편에 "곤륜방박(昆侖旁薄)"이라는 말이 있다. 역대 주해가들, 특히 진(晉)의 범망(范望)과 송대의 사마광은 모두 '곤륜'을 아득하여 만물을 포용하고 있는 하늘의 형상을 묘사한 것으로, '방박'은 광대한 땅의 형태를 묘사하는 것으로 보았다. 그 중에서도 범망은 중수에 주해를 가하면서 이 구절로부터 "하늘은 혼륜하여 땅을 감싸고 있다"고 하는 혼천설을 이끌어내고 있다. 그러나 이는 혼천가로서의 양웅을 상정하고 보면 그렇게 풀이할 수도 있지만 이 구절이 뚜렷이 혼천설을 배경으로 해야만 하는 것은 아니다. 결국 이것만으로는 근거가 부족하다고 할 수밖에 없다. 왕칭이 의심스럽게 여겼던 점을 하나씩 살펴보자면 첫째, 양웅이 「현영」편에서 언급한 '천원지방(天圓地方)'이라는 것을

들어 혹시 개천설과 부합하는 것이 아닐까 하는 지적을 했는데 이는 왕
청 자신도 말했듯이 혼천설에서는 '천원지방'이라는 관념을 가지지 않
았다고 단언할 수는 없기 때문에, 단지 이 이유만으로 양웅이 개천설에
입각하여『태현경』을 썼다고 하기는 어렵다.

둘째는, 소위 우선설(右旋說), 즉 천체는 좌선하고 일월은 우선한다는
설에 관한 것이다. 왕청은「현리」편에 있는 "이런 까닭에 해는 (서에
서) 동으로 움직이고 천체는 (동에서) 서로 움직이니 천체와 해는 서로
어긋나게 운행하며 음과 양은 교대로 따른다(是故日動而東, 天動而西,
天日錯行, 陰陽更巡)"는 등의 내용은 우선설(右旋說)의 전형이며, 이러한
우선설은 주로 개천설을 주장했던 주비가(周髀家)들이 신봉했던 설이라
고 한다. 그런데 이 의문은 앞서 양웅을 설득하여 혼천설을 받아들이게
했던 환담의 기사를 통해 해결될 수 있다. 즉, 환담은 양웅이 천체도 좌
선하고 일월도 좌선한다는 생각에 대하여 난점을 지적하였던 것이고
우리가『태현경』에서 발견하는 것은 왕청이 지적했듯이 양웅이 천체는
좌선하고 일월은 우선한다고 여겼다는 사실이다. 이를 통해서 보면 우
선설은 오히려『태현경』이 환담과의 만남을 통하여 이미 혼천설을 받
아들인 이후에 쓰였다는 증거가 되는 셈이다.

발제문 [나]의 내용은 우리가 경험하는 현상세계에서 가장 중요한
근간이 되는 천·지·인 삼재(三才)를 묘사하고 있으며 발제문 [다]는
이를『주역』의 세계관과 관련지어 표현한 것이다. 이를 통하여 필자가
파악하려는 것은 바로 이 묘사의 배후에 있는 우주의 혼천 구조다. 이
런 의도를 가지고 [나]의 구절을 보면 '하늘은 높고 커서 (아래를) 두루

감싸고(天驾隆而周乎下)'라는 구절의 '주호하(周乎下)'라는 구절에 주목하게 된다. 물론 이 구절만으로 혼천설에 입각한 것이라고 확언하기는 어렵지만 양웅을 혼천가로 여기고서 이 구절을 본다면 하늘과 땅은 상·하라는 위치가 아니라 하늘이 땅을 두루 감싸고 있는 모습을 상정하고 있다고 볼 수 있다. 다시 말하면 천지는 상하 구조가 아니라 내외의 구조를 이루고 있으며, 하늘의 운행은 끊임없이 둥글게 이어지고 땅은 고요히 그 가운데에 안치되어 있음을 의미하는 것으로 보인다. 그렇다면 『태현경』에는 그가 상정하고 있던 우주의 혼천 구조가 반영되어 있다고 볼 수 있다. 단순히 혼천설을 수용하게 되었기 때문에 『태현경』을 저술하게 된 것이 아니라 여러 가지 상황이 맞물려 있긴 하지만, 애제 시기가 되어 더 이상 사부를 짓지 않고, 혼천에 대하여 깊이 숙고하게 되면서 『태현경』을 구상했다는 양웅의 자전에 기록된 내용을 말 그대로 이해할 수 있다. 30세라는 현격한 나이차에도 불구하고 양웅은 젊은 환담의 혼천설을 수용하고 자신의 생각을 과감히 수정하였으며 그 결과가 『태현경』에 반영되어 있음을 확인할 수 있다.

양웅은 이렇게 천지를 묘사하면서도 그 안에서 천지를 본받아 살아가고 있는 인간에 대하여 말하고 있는데, 이렇게 삼재를 극명하게 부각시키고 있는 것은 양웅이 천지를 결코 대상세계의 외물로서만 바라보는 것이 아니라 인간과 관계있는 것으로 보고 있음을 말해준다. 천지가 중요한 것은 그 안에 사람이 있고 사람들이 모여 사는 사회·제국이 있고 사람들이 꽃피워내는 예악전장제도가 있기 때문이다. 그래서 고대 중국의 천문학은 자연현상에 대한 탐구만이 아니었다. [다]의 내용 역시 자연세계인 하늘과 땅에 대한 설명이지만 그 내용이나 표현 형식은 아래에 인용한 『주역』「계사전」의 첫 번째 대목을 연상시킨다.

하늘은 높고 땅은 낮으니 건과 곤이 정해졌고 낮고 높은 것이 베풀어지니 귀하고 천한 것이 자리를 잡는다. 움직임과 고요함에 일정함이 있으니 강한 것과 부드러운 것이 나뉘고, 사물의 종류를 방소에 따라 모으고 사물의 무리를 나누어 놓으니, 길과 흉이 생긴다. 하늘에서는 상을 이루고, 땅에서는 형을 이루니 여기에 변화가 나타나는 것이다(天尊地卑, 乾坤定矣. 卑高以陳, 貴賤位矣. 動靜有常, 剛柔斷矣. 方以類聚, 物以羣分, 吉凶生矣. 在天成象, 在地成形, 變化見矣).

전한 시대에는 주로 유가들이 학습의 교재로 삼아왔던 서적들이 경서화되었으며 그 중에서도 『춘추』와 더불어 『주역』은 상당한 권위를 지니게 되었다. 따라서 『주역』에 대한 수많은 해석이 시도되었는데 양웅은 『주역』에 대한 주해가 아니라 『주역』의 내용과 형식을 모방하면서도 창조적으로 수정을 가함으로써 새로운 『주역』인 『태현경』을 창작하였다. 그런데 그는 혼천가였으므로 천지를 상하로 배치한 것을 그대로 모방할 수 없었기 때문에 상하의 구조를 내외의 구조로 바꾸었다. [다] 안에 등장하는 규(規)가 하늘 혹은 천도(天道)와 어떻게 다른지, 또 구(榘)는 땅 혹은 지도(地道)와 어떻게 다른지 정확하게 알 수는 없다. 다만 필자는 규나 구가 구체적인 천체(天體)나 지체(地體)를 말한다기보다 천체가 운행하는 궤도나 지체가 자리 잡을 형태를 말하는 것이 아닌가 하는 짐작을 할 뿐이다. 왜냐하면 혼천설에서는 눈에 보이는 하늘뿐 아니라 눈에 보이지 않는 하늘까지 설명해야 하기 때문에, 이를 위하여 천체의 운행을 추상화하여 설명할 필요가 있었을 것이기 때문이다. 양 웅에게는 정확한 천문학적 지식에 대한 추구도 강렬했지만, 그는 거기에서 그치지 않고 그것을 당시의 정치계와 학술계에서 지배적인 권위를 발휘할 수 있는 경학적 방식으로 표현하고자 하였던 것이다.

3. 우주의 생성과정에 대한 양웅의 이해

[라] 현이란, 우주의 만물을 자취 없이 은밀히 펼쳐 놓으면서도 그 형체는 드러나지 않는 것이다. 허무를 바탕으로 삼아 규를 낳으며, 신명에 관여하여 모를 정한다. 두루 고금을 통관하여 만물의 종류를 열고 음양을 착종 배치하여 기를 발생시킨다. 이 음양의 두 기는 나뉘었다가 합해짐을 반복함으로써 천지가 갖추어진다. 하늘과 태양이 운행하고 음양이 교차하여 (주야가 생긴다.) 그 운행은 처음으로 돌아가서 시작과 끝의 일정한 주기가 정해진다. 태어났다가는 죽으니 성명의 이치는 명백한 것이다.

玄者, 幽攤萬類而不見形者也. 資陶虛無而生乎規, 攤神明而定摹. 通同古今而開類, 攤措陰陽而發氣. 一判一合, 天地備矣. 天日回行, 剛柔接矣. 還復其所, 終始定矣. 一生一死, 性命瑩矣. 「玄攤」

우주의 생성을 논한다는 것은 결국 존재의 기원(origin)을 묻는 것이고, 기원에 대한 논의는 추상적이며 신화적인 상상력을 동반한다. 흔히 우주론(cosmology)이라고 하면 천지·일월·성신 등을 포함한 우주의 구조를 논하는 우주 구조론과 우주의 기원을 논하는 우주 생성론 (cosmogony)으로 나뉜다. 우주 구조론은 천문학의 발달에 결정적으로 의존하지만 우주 생성론은 어느 정도 과학적인 관찰의 소재가 있음에도 불구하고 사변적인 요소가 강하다. 구조론 없는 생성론은 단순한 신화에 불과하며 생성론 없는 구조론은 자연과학일 뿐이니 구조론과 생성론의 통일적 결합에 의해서 우주론은 성립할 것이다. 그런데 고대 중국에는 우주의 생성과정에 대한 하나의 보편적인 이론이 있었다. '이 천지가 형성되기 이전에 원초적인 물질인 기(氣)가 혼돈의 상태 속에 있다가 점차 나뉘어 맑고 가벼운 것은 위로 올라 하늘이 되고 탁하고 무거운 것은 가라앉아 땅이 되며, 이 천지 사이에 가득한 기의 작용으로 만물이 형성된다'는 것이 그 기본적인 틀이다. 아마도 최초로 이런 우주생성의 단계를 명확히 서술하고 있는 것이 1993년에 출토된 곽점 (郭店) 초간(楚簡) 중의 한 편인 「태일생수(太一生水)」일 것이다. 이는 함께 출토된 『노자』의 갑·을·병 세 조(組) 가운데 병조와 같이 한 편으로 묶였을 가능성이 있다는 지적도 있지만, 여기에서는 이 텍스트가 『노자』와 깊은 연관성이 있으며 『회남자』보다 시기적으로 이른 전국 중·후기에 형성된 도가 계열의 텍스트라는 것만 이해하고, 그 안에서 우리의 관심사인 우주의 생성과정에 대한 사고를 찾아보도록 하자.

태일이 물을 낳았다. 물은 돌아가 태일을 도와 천을 이루었다. 천은 돌아가 태일을 도와 지를 이루었다. 천지는 다시 서로 도와 신명을 이루었고 신명은 다시 서로 도와서 음양을 이루었다. 음양은 다시 서로 도와 사계절을 이루었고 사계절은 다시 서로 도와 차고 더움(한열)을 이루었다. 한열이 다시 서로 도와 습함과 마름(습조)을 이루고 습조가 다시 서로 도와 한 해를 이루고 그쳤다(太一生水, 水反輔太一, 是以成天. 天反輔太一, 是以成地. 天地[復][相][輔]也, 是以成神明. 神明復相輔也, 是以成陰陽. 陰陽復相輔也, 是以成四時. 四時復相輔也, 是以成滄熱. 滄熱復相輔也, 是以成溼燥. 溼燥復相輔也, 成歲而止).

이 문장에 '우주'라는 말은 없지만 결국 우주만물의 생성과정을 나름대로 묘사하고 있음은 분명하다. 즉, 우주의 생성은 최초에 태일에서 시작되는데 태일이라는 것이 물(水), 즉 이 형상 세계를 형성해갈 근원적인 상태를 낳았다고 한다. 또한 태일・물(水)・천・지 등의 공간이 형성되고 이어 신명・음양・사시・한열・습조가 생겨나서, 마침내 한 해라는 시간 안에 일어나는 모든 자연현상이 다 갖추어져 가는 생성의 과정을 단계별로 나열하고 있다. 이보다 한결 정비된 양상의 우주생성론을 보여주는 것이 『회남자』의 「천문」편인데, 이 내용은 전한대에 유안(劉安)의 식객들에 의하여 이루어진 것이라기보다는 신화적인 기원을 가지고 그보다 훨씬 이전부터 중국인들에게 널리 공유되었던 관념이었다고 해야 옳을 것이다. 『회남자』의 「천문」편에 펼쳐진 우주 생성론은 다음과 같다.

하늘과 땅이 아직 생기지 않았을 때에는 헤아릴 수 없이 크고 빛나며 탁 트여 아무런 형태를 띠고 있지 않았다. 따라서 이를 태소라고 한다. 도는 아무 것도 없이 탁 트이고 텅 빈 공간인 허확으로부터 비롯되었고 허확에서 우주가 생겼으며 우주에서 원기가 생겼다. 원기는 나뉨이 있어 맑고 밝은 기는 엷게 흩어져 하늘이 되었고 무겁고 탁한 기는 엉키고 뭉쳐서 땅이 되었다. 맑고 기묘한 기가 모이기는 쉬우나 무겁고 탁한 기가 응결되기는 어렵다. 그러므로 하늘이 먼저 이루어지고 땅이 나중에 자리 잡게 되었다. 천지의 혼합된 정수가 음양을 이루고 음양의 순일한 정수가 사시를 만들며 사시의 확산되는 정수가 만물을 만든다(天墬未形, 馮馮翼翼, 洞洞灟灟, 故曰大昭. 道始于虛霩, 虛霩生宇宙. 宇宙生元氣. 元氣有涯垠, 淸陽者薄靡而爲天, 重濁者凝滯而爲地. 淸妙之合專易, 重濁之凝竭難, 故天先成 而地後定. 天地之襲精爲陰陽, 陰陽之專精爲四時, 四時之散精爲萬物).

위의 두 예문과 비교하면서 발제문 [라]의 내용을 살펴보면, 양웅 역시 이와 유사한 우주 생성론을 펼치고 있으나, 「태일생수」만큼 명료하지 않고 『회남자』 「천문」편만큼 충실하게 우주만물의 생성과정을 설명하는 것도 아니다. 「천문」편은 우주의 생성과정을 설명하면서 그 최초의 원초적인 어떤 것인 '태소'와 그 이후를 긴밀하게 연결하지 않는데에 비하여 [라]의 내용은 현(玄)의 작용에 초점을 맞추어 이 과정을 서술하고 있다. 현은 허무도, 음양도 아니고 그보다 더 본질적인 태초의 그 어떤 것으로서 이들과 관계한다. 「태일생수」에서 천지 생성의 근원으로서 태일은 수(水)를 낳고, 그리고 다시 수의 도움을 받아서 태일이 천(天)을 낳으며, 또 다시 천의 도움을 받아 태일이 지(地)를 낳는다고 하였다. 천지가 갖추어진 후에는 더 이상 태일이 직접 관여하는 것이 아니라 천지로부터 신명·음양·사시 등이 생성되어간다. [라]에서도 현은 허무를 바탕으로 규를 낳고 신명에 관여하여 모를 정하며, 역시 현이 고금을 두루 통하여 만물의 종류를 열고 음양을 교착시켜서 기를 발생시킨다고 했으며, 이 음양의 두 기가 천지를 생성한 뒤로는 현이 관여하기보다는 저절로 진행되어가는 것 같이 묘사되어 있다. 즉 천지가 생성되기까지 그 근원적인 존재인 태일 혹은 현이 직접 관여하지만 그 이후로는 천지 안의 어떤 규율에 따라 만물이 생성되어가고 한 해가 갖추어져 간다는 점에서 「태일생수」와 발제문 [라]의 문장은 상통하는 바가 있다. 눈에 띄는 것은 '규'와 '모'라는 용어인데 이와는 별개로 천지가 언급되고 있으므로 규와 모는 그 자체로 하늘과 땅을 의미하는 것이 아니라 하늘의 궤도와 땅의 자리 정도를 의미하는 것이라고 보는 것이 옳다. 또 음양의 두 기가 먼저 존재하고 그것이 나뉘고 합쳐짐을 반복함으로써 천지가 갖추어진다고 말하는데, 「천문」편에서는 원기가 청묘한 기와 중탁한 기로 나뉜다고 할 뿐 이것을 음·양의 두 기라고 부르지 않다가 천지가 생긴 후에 천지의 습정(襲精)이 음양이 된다고 말했다. 가장 주목해야 할 것은 혼천설의 우주 구조를 수용했던 양웅의 경우, 「천문」편과는 달리 천지와 위치를 상하로 배치하고 있지 않다는 사실이다. 앞 절에서도 말했듯이 개천설과 혼천설의 상세한 내용을 알 수 없다고 해도 가장 중요한 차이점은 바로 개천설이 천지의 위치를 상하로 파악하는 것에 비하여 혼천설의 경우는 천지를 내외의 관계에 있는 것으로 파악한다는 것이다. 그리하여 발제문 [라]에서 명시적으로 내외관계가 드러나지는 않지만, 잠시 앞 절의 발제문 [다]에서 말한 규와 구의 형태는 상하관계가 아닌 내외관계를 명확히 보여주고 있다. 분명한 것은 야마다 게이지(山田慶兒)가 한대에 있어 중국 사상의 공유재산이라고까지 말했던「천문」편의 우주 생성론과는 달리 천지가 상하로 인식되고 있지는 않다는 것이다.

그렇다면 혼천설 나름의 우주 생성론은 없었던 것인가? 있다. 그것은 후한 장형의 『영헌(靈憲)』에 보이는데, 이 책은 일실되어 지금은 엄가균(嚴可均)의 집일본으로 남아있을 뿐이다. 이 글에서 그는 우주 생성의 과정을 몇 단계로 나누어 설명하였는데, 첫 번째는 명망(溟涬)이라는 단계로서, 태소(太素) 이전의 적막하고 그윽한 상태이고 그 다음은 방홍(龐鴻)이라는 단계로 태소가 싹트기 시작했지만 아직 혼돈이 나뉘지 않은 상태로 천지가 생기기 이전에 기가 있는 단계다. 세 번째는 천원(天元)이라는 단계로 원기(元氣)가 나뉘어 하늘과 땅이 생기고 만물이 형체를 이루는 상태인데 이렇게 몇 단계로 나누어 말할 뿐 기본적인 틀은「천문」편의 우주 생성론에서 크게 벗어나지는 않는 것으로 보인다. 세 번째 단계에서 천지의 생성을 논하는 부분을 다시 자세히 살펴보자.

이때에 원기가 나뉜다. 강하고 부드러운 것이 먼저 나뉘고 맑고 탁한 것이 각기 달리 자리하게 된다. 하늘은 밖에서 이루어지고 땅은 안에 자리잡게 된다. 천체는 양에 속하므로 둥글어 끊임없이 움직이고 지체는 음에 속하므로 평평하여 움직임 없이 고요하다(於是元氣剖判. 剛柔始分,

淸濁異位 天成於外, 地成於內. 天體於陽, 故圓以動, 地體於陰, 故平以靜).

여기에서도 확인할 수 있는 것은 바로 천지의 내외구조다. 또한 순서나 용어 등 세부적인 면에서는 차이가 있으나 최초의 기단(氣團), 즉 원기의 덩어리에서 뭔가 양분되어 천지가 각각 형성되었다는 것은 「천문」편으로부터 장형의 『영헌』에 이르기까지 일관된 것이며 양웅의 [라] 문장 역시 그것을 공유하고 있다. 『영헌』의 생성론에 등장하는 태소(太素)를 비롯한 몇 단계를 설정하여 우주의 생성과정을 묘사하는 것은 이미 장형 이전에도 보이는 보편적인 설명방식이었다고 생각된다. 왜냐하면 흠정(欽定) 백과사전 혹은 법전에 준하는 『백호통의』에서 "(우주가) 처음 생겨나기 이전에 태초가 있었다. 그 후에 태시가 있어 형상의 조짐이 이루어졌으니 이름하여 태소라고 한다. 아득하게 서로 이어져 있어 보아도 보이지 않고 들어도 들리지 않았는데, 그런 후에 맑고 탁한 것이 갈리고, 이것이 나뉘자 정미한 빛이 나와 펼쳐지고 만물이 베풀어져 생겨나게 되었다(始起先有太初, 然後有太始. 形兆旣成, 名曰太素. 混沌相連, 視之不見, 聽之不聞, 然後判淸濁, 旣分, 精耀出布, 庶物施生)"라는 우주 생성론을 발견할 수 있기 때문이다. 『백호통의』는 같은 곳에서 이미 위서(緯書)였던 『주역건착도(周易乾鑿度)』를 인용하고 있으니, 이 위서가 형성된 것이 적어도 『백호통의』나 『영헌』보다는 시기적으로 앞선 것이었음을 알게 된다. 이 『주역건착도』는 한대의 우주 생성론 가운데 가장 정밀하고 체계적인 서술을 보여주고 있다.

형체가 있는 것은 형체 없는 것으로부터 생겨난다. 그렇다면 천지는 어디에서 생겨났는가? 그러므로 태역이 있고 태초가 있고 태시가 있고 태소가 있다고 하는 것이다. 태역이란 기가 아직 나타나지 않은 상태이다. 태초란 기가 비롯되는 바이다. 태시란 형이 비롯되는 바이다. 태소란 질이 비롯되는 바이다. 기와 형과 질이 모두 갖추어져 서로 분리되지 않으니 그리하여 혼륜이라고 한다(夫有形者生於無形, 則天地安從生. 故曰有太易, 有太初, 有太始, 有太素. 太易者, 未見氣也. 太初者, 氣之始也. 太始者, 形之始也. 太素者, 質之始也. 氣形質具而未相離, 故曰渾淪).

유형의 것이 무형으로부터 생겨난다는 것은 그때나 지금이나 『노자』의 독자라면 익숙한 사고방식일 것이다. 태소(太素)라는 용어가 「천문」 편의 태소(太昭)와 같은 것을 말하는지는 확언할 수 없지만, 여기에서는 태소가 이전에도 태역·태초·태시 등의 단계가 있으며 태소란 우리가 살아가는 가시적인 현상세계와 가장 가까운 상태다. 「천문」편에서는 태초의 상태를 태소라고 형용하고 이어서 도는 허확으로부터 나온다고 했으니 태소와 허확은 같은 상태를 표현하는 다른 말이며, 이 허확을 양웅은 [라] 문장에서 허무(虛無)라고 표현했을 것이다. 또, 『건착도』의 생성론 마지막에 등장하는 혼륜이라는 용어는 앞 절에서도 보았듯이 제1수인 중수(中首)의 초일(初一)을 비롯하여 「현문」편에도 보이는 '곤륜방박(昆侖旁薄)'이라는 표현을 연상시킨다. 이에 대하여 역대 주해가들은 '곤륜'을 아득하여 만물을 포용하고 있는 하늘의 형상을 묘사한 것으로, '방박'은 광대한 땅의 형태를 묘사하는 것으로 보았으나 마이클 닐런(Michael Nylon)은 '곤륜방박'에 대하여 '모든 것을 포함하는 원초적인 하나(Primal Oneness)'라고 번역하였다. 태초에 아무 것도 분화되지 않은 거대한 혼돈의 덩어리 그 자체를 묘사한 것이라고 본 것이다. 중수(中首) 초일(初一)의 찬사(贊辭)에서 "곤륜방박이라는 것은 그 윽하다 혹은 아득하다(幽)는 것이다"라고 한 것과 「현문」에서 "곤륜방박하니 크게 포용한다(太容也)"라는 구절로 미루어보아 마이클 닐런의 번역이 좀 더 적절하다는 느낌이 든다. 즉, 양웅의 곤륜(昆侖)은 태초의 원초적인 미분의 상태를 묘사하는 말이라고 보아야 할 것이다. 그러나 곤륜이 곧 현은 아니다. 양웅이 말하는 현은 우주의 생성과정에 관여하고 참여하는 원리일 뿐, 물질적으로 현이 분화하여 우주로 형성되는 것은 아니다. 이에 관한 구체적인 내용은 다음 절에서 전개될 것이다.

이제껏 살펴보았던 구체적인 자연세계의 형성과정에 대한 묘사는 이론적으로 어떻게 표현되었는지 알아보자. 중국 철학사에서 선진시대 이래 우주의 형성, 만물의 생성에 관하여는 이분법과 삼분법의 양대 계통이 있었다고 진춘펑(金春峰)은 말한 바 있다. 그의 설명에 따르면 비록 이 두 가지는 모두 기나 도, 혹은 태극을 통일의 근원으로 하고 있지만 이분법이란 2의 작용을 강조하는 것이고 삼분법이란 3의 작용을 강조하는 것이라고 한다. 예를 들면, 「계사전」의 "역에는 태극이 있고, 이것이 양의(兩儀: 음양)를 낳았고 양의가 사상을 낳았고 사상이 팔괘를 낳았다(易有太極, 是生兩儀, 兩儀生四象, 四象生八卦)"고 하는 것은 이분법적인 우주 생성론의 설명방식이다. 『주역』의 권위와 영향력 때문이었는지 이러한 이분법적 우주 생성론은 지속적으로 나타났다. 『노자』에 보이는 "도는 일을 낳고 일은 이를 낳고 이는 삼을 낳고 삼은 만물을 낳는다(道生一, 一生二, 二生三, 三生萬物)"는 구절은 도가 천지만물을 낳는 과정에서 3이라는 단계를 통과해야만 비로소 생성, 변화의 과정이 완성된다는 것을 강조하는 삼분법적 생성론이다. 그렇다면 『주역』과 『노자』를 동시에 수용했던 양웅의 우주 생성론은 이분법적인가? 아니면 삼분법적인가? 양웅은 이 둘을 융합하고자 했다. 그 결과가 바로 다음 절의 발제문 [바]의 내용인데, 여기에서는 형식적으로는 「계사전」을 모방했으나 그 내용은 삼분법적 우주 생성론을 담고 있다는 것만을 미리 이야기해두고자 한다.

4. 우주의 근원적인 실재에 대한 양웅의 이해

[마] 그러므로 현은 천하의 많은 사물들을 두루 취하여 망라하는 것이다. 종류에 따라 나누어 묶고 그 법칙에 따라 점단을 하니, 천하의 애매모호한 것에 밝게 통달하고 천하의 어두운 것을 드러내 비추는 것은 오직 현뿐이리라! 현은 그 위치를 흐리게 하여 그 경계를 어둡게 하고 그 드러난 것을 깊게 하여 그 뿌리를 숨기며, 그 공적을 숨겨서 그렇게 한 이유를 드러나지 않게 한다. 그러므로 현은 우뚝 서서 사람으로 하여금 먼 곳을 보게 하고, 드넓어 사람을 크게 트이게 하고, 매우 깊어 사람을 심오한 곳으로 이끌며, 무한히 아득하여 오묘함을 직접 닿을 수 없게 한다. 고요히 모든 것을 통괄하는 것은 현이고 그것을 우주 만물에 떨쳐 퍼뜨리는 것은 사람이다.

故玄聘取天下之合而連之者也. 綴之以其類, 占之以其觚. 曉天下之賾, 瑩天下之晦晦者, 其唯玄乎! 夫玄晦其位而冥其畛, 深其阜而眇其根, 攘其功而幽其所以然也. 故玄卓然示人遠矣, 曠然廓人大矣, 淵然引人深矣, 渺然絶人眇矣. 嘿而該之者玄也. 擢而散之者人也. 「玄攡」

[바] 현은 신묘한 이치와 형상을 낳으며, 이 두 가지가 규를 낳는다. 규는 삼모를 낳으며 삼모는 구거를 낳는다.

玄生神象二, 神象二生規, 規生三摹, 三摹生九據. 「玄告」

발제문 [마]의 내용을 보면 곧바로『역』의 기능을 광대하여 천지 사이의 모든 이치와 사물을 두루 갖추고 있다는『주역』「계사전」의 대목을 떠올릴 수 있을 것이다. 단 이 문장은『역』이라는「계사전」문장의 주어를『태현경』의 현으로 대치하여 말한 것이다. 이 현이라는 말은 또『노자』의 독자들로 하여금 제1장의 "현묘하고도 현묘하니, 모든 신묘한 것의 근원이다(玄之又玄, 衆妙之門)"라는 구절을 떠올리게 할 것이다. 여기에서 현은 하나의 실체로 언급되는 것이 아니고 어둡고 깊으며 아득하다는 서술어로 사용되고 있다. 그런데 양웅에 이르러 현은 하나의 형이상학적 실체인 것처럼 사용되고 있는 것이 사실이다. 제1장 제3절의 발제문 [다]에서 이미 우리는 양웅을 높이 평가했던 환담이 양웅의 현을 어떻게 이해했는지를 살펴보았다. 환담은 양웅을 복희씨·노자·공자에 이어 성현의 대열에 세우고 있었으며 양웅의 현은 바로 천도에 다름 아니라고 말한다. 이와 비교하여 생각해볼 만한 것은 왕충이『논형』「대작(對作)」편에서 "『역』의 건곤과『춘추』의 원과 양웅의 현은 기(氣)의 호칭을 부여한 것이 다를 뿐이다(易之乾坤, 春秋之元, 楊氏之玄, 卜氣號不均也)"라고 했던 말이다. 환담은『주역』과 공자·노자·양웅이 모두 이 우주의 근본을 말하고 있다고 여겼고 그 우주의 근본에 대하여 환담은 천도라는 말로 표현했다. 그는 이 천도가 비단 우주 만물의 자연현상뿐 아니라 왕정이나 인사, 법도까지를 관통하는 원리라고 여겼던 것이다. 왕충 역시 건곤이니 원이니 현이니 하는 것을 우주의 근원이라 여겼던 것 같지만 그것을 무엇이라 부르던 그것은 바로 기, 즉 원기라고 하는 그의 이해를 강조하고 있다. 중국에서 한때 유심론과 유물론의 양대 유파의 대립구도로 중국 철학사를 설명하던 시기에 왕충은 바로 이러한 측면으로 인하여 유물주의자로서 상당히 그 위상을 높였다. 그러나 기라는 것을 물질과 비물질 그 어느 한쪽으로만 귀속시킬 수 없으므로 양웅의 현을 원기라고 해도 양웅이 우주의 근원을 물질이라고 여겼다는 뜻이 되는 것은 아니다. 분명한 것은 환담이 천도의 근원적이고 궁극적인 근원이라는 측면을 강조하고 있고, 따라서 그는 양웅의 현 역시 그것이 분화되어 우주 만물이 되는 질료라기보다는 우주 만물의 생성 과정 자체를 가능케 해주는 근원적 원리라고 이해한다는 사실이다. 이런 논의는 『노자』의 도를 어떻게 이해할 것인가 하는 문제와 유사한 양상을 띤다.

우주 생성론적인 관점에서 『노자』의 도를 하나의 의미로 규정짓기는 상당히 어렵고, 사실상 한대를 통하여 우주 최고의 궁극자로서의 『노자』의 도 개념은 우주 생성론에서 원초적 혼돈 상태로서 우주 만물을 생성하는 최초의 원질이라는 의미와 우주의 존재 근거로서 생성 과정에는 포함되지 않으면서 생성을 가능케 하는 근본적인 원리라는 두 가지 의미를 가지고 지속적으로 나타났다. 1973년 마왕퇴에서 발견되어 전 세계의 중국학계를 크게 진동시켰던 황로백서 안에도 두 가지 도의 개념이 나란히 나타난다. 「도원(道原)」이라는 텍스트에서는 주로 도의 물질적인 특징을 묘사하는 대목이 많으므로 전자에 속하는 도의 개념이 주를 이룬다. 그런데 「경법(經法)」이나 「십대경(十大經)」에서 나타나는 도는 우주의 근원이며, 음양이기의 작용으로 이루어지는 만물의 변화생멸 과정의 규율을 의미하는 경우가 많이 있다. 또 때로는 정신적 능력의 근원이기도 하고, 치국과 치민의 기준인 법의 근거라고 이해되기도 하므로 후자에 가깝다. 이런 관점에서 우주의 근원적인 실재가 직접 분화되어 우주만물을 형성하는 일종의 질료적인 역할을 하는지, 아니면 그 모든 과정을 가능하게 하는 근원적 실재이자 원리로 인식되는지 하는 문제를 살펴볼 필요가 있다. 앞에서 보았던 「천문」편의 저자는 우주의 생성 과정을 묘사하면서 의도적으로 도를 직접적인 생성 과정에서 제외시키고 있다. 즉, 허확이 우주를 낳았고(虛霩生宇宙), 우주가 원기를 낳았다(宇宙生元氣)고 한 것과는 달리 '도는 허확으로부터 비롯된다(道始於虛霩)'고 말하고 있다는 사실에 주목하게 된다. 이것이 우연이 아니라는 것은 같은 「천문」편에서 『노자』 제42장의 "道生一, 一生二, 二生三, 三生萬物"을 설명하는 부분에서 확인된다. "도는 일에서 비롯되는데 일이므로 아무 것도 낳을 수가 없다. 그러므로 나뉘어 음양이 된다. 음양이 화합하여 만물이 생겨난다. 그러므로 일이 이를 낳고, 이가 삼을 낳고, 삼이 만물을 낳는다고 말한다(道始於一, 一而不生, 故分而爲陰陽. 陰陽合和而萬物生, 故曰, 一生二, 二生三, 三生萬物)"에서 역시 도는 구체적인 생성 과정에 포함되는 것이 아니라 그로부터 떨어져 나와 추상화되어 있다. 그러므로 「천문」편의 도는 우주의 생성 과정에 직접 포함되지는 않으면서 그것을 가능케 해주는 근원적인 원리 혹은 이법이라는 의미에 더 가까운 것이며 양웅의 현 또한 「천문」편의 도 개념의 연장선상에 있다고 보는 것이다.

잠시 앞 절의 발제문 [라] 글의 내용으로 돌아가 그 내용을 도식으로 정리해보면 다음과 같다.

여기에서 허무와 신명이란 음양이라는 구체적인 성질을 띤 기가 작용하여 만물을 생성하기 이전의 상태를 말하고 있다. 위에서 인용했던 『회남자』 「천문」편의 내용에서도 원기로부터 청명한 기와 탁중한 기가 나뉘어 천지가 자리잡은 이후에 천지의 습정이 음양을 이룬다고 말하고 있다. 그렇다면 양웅이 말하는 허무와 신명 역시 일종의 기의 상태일 것이다. 이를 좀 더 이해하기 위하여 양웅의 스승이었던 엄준(嚴遵)의 『노자지귀(老子指歸)』에서 『노자』 제42장을 풀이한 부분을 참고하여 보자면, 엄준은 일(一)에 대하여 '허(虛)'라는 성격을 강조하고 있고, 이(二)에 대하여는 신명(神明)이라고 이름을 붙이고 있다. 양웅은 이를 이어받아 엄준이 '허'라고 했던 일(一)을 허무(虛無)라고 표현했고, 이(二)에 대하여는 엄준의 설명 그대로 신명이라 했으며 이 단계를 거처 음양이 드러난 이후에 비로소 만물이 갖추어진다고 말하는 것으로 보인다. 「현리(玄攤)」에도 "하늘의 운행이 시작하여 사람들에게 신묘함을 드러내며, 땅의 안정된 모습은 사람들에게 밝음을 드러낸다. 천지가 자리잡고 나서야 신명은 기를 통하는 것이다(夫天宙然示人神矣, 夫大地然示人明矣. 天地尊位, 神明通氣)"라는 말이 있다. 이를 종합해보면, 현은 허무를 바탕으로 삼아 하늘의 운행궤도인 규를 만들어내는데 그 안에 땅이 놓이게 되므로 천지가 자리잡게 되는 것이다. 그런 후에 비로소 신명은 기를 통하는데 현은 또 이 신명에 관여하여 모(摹)를 정한다. 모(摹)라는 글자는 법칙·규율을 의미하며, 규가 삼모를 낳는다는 [라]의 내용과 관련지어 본다면, 이는 천·지·인 삼재 각각의 법칙이나 규율을 의미하는 것이라고 보아야 할 것이다. 결국 양웅의 현이란 우주 생성과정에 있어서 태초의 상태를 형용하는 것도 아니고 현 자체가 분화되어 만물이 되는 것도 아니다. 다만 이 모든 과정을 가능하게 해주는 궁극적인 원리·이법이라고 해야 할 것이다.

발제문 [바]는 『주역』의 표현을 모방하여 역학적으로 우주의 생성과정을 묘사한 것이다. 그것은 「계사전」의 "역에는 태극이 있다. 이것이 양의를 낳고 양의가 사상을 낳으며 사상이 팔괘를 낳는다(易有太極, 是生兩儀, 兩儀生四象, 四象生八卦)"는 대목이다. 그러나 「계사전」의 이분법적 전개를 삼분법적인 것으로 바꾸어야 했으므로 일(一)에서 이(二)로(玄生神象二), 다시 이(二)에서 일(一)로(神象二生規)의 과정이 삽입된 이후에 일(一)에서 삼(三)으로(規生三摹), 삼(三)에서 구(九)로의(三摹生九據) 전개를 보이고 있다. 이리하여 양웅은 우주생성론을 역학적으로 표현하는 데 이르렀다.

「玄告」　　　　　玄生神象二 → 神象二生規 → 規生三摹 → 三摹生九據

「繫辭傳」〔易有太極〕─ 太極生兩儀 ──────→ 兩儀生四象 → 四象生八卦

　현·일·이·삼이라는 말의 내용에는『노자』제42장을 우주 생성
론적으로 이해하고 설명한 한대의 이해를 담으면서, 그것을 담는 그릇
으로는「계사전」의 표현방식을 택함으로써『노자』와『주역』의 결합을
절묘하게 이루어내고 있다.「계사전」에서 태극의 자리를 양웅이 현으
로 대치시킨 것을 보면 양웅 역시 우주만물의 생성과정에서 근원이 되
는 '하나'를 현이라고 말한 것이고 '신과 상의 둘이 규를 낳는(神象二生
規)' 과정을 넣어『노자』와「계사전」의 우주 생성론적인 사고를 융합
시켰던 것이다. 그런데 양웅의 현이 태극과 더 가까운지 역과 더 가까
운지 하는 것은 다시 생각해볼 문제다. 환담은 분명히 현은 역과 같은
것의 다른 이름이라고 말한다. "역에는 태극이 있다(易有太極)"라는 구
절과 "도가 일을 낳는다(道生一)"이라는 구절은 우리들에게는 해결하기
힘든 난제를 던져주지만 양웅은 그 모든 난점을 현이라는 하나의 개념
안으로 끌어들임으로써 해소시키고 있다.

　분명히 양웅은 현이라는 개념을 제시하면서『노자』의 도와『주역』
「계사전」의 태극, 둘 다를 용해하고자 했다. 이 가운데『여씨춘추』의
'태일(太一)' 개념을 상기시키기도 하는 태극(太極)에는 분명히 원기라는
의미가 있다. 그러나 앞에서도 말했듯이 양웅의 현은 환담의 말처럼 태

극 이전의 역(易)이라는 것과 같은 것으로 볼 수도 있다. 그러나 앞에서 보았듯이 양웅은 『노자』의 도 개념에서 우주의 생성과정에 직접 포함되는 근원적 물질로서의 '원기'라는 함의를 거절하고, 우주를 생성시키는 근원적인 이법과 같은 의미로 수용하여 이를 현이라고 명명하였다. 따라서 '하나의 근원'인 현과 원기라는 개념 사이에는 간극이 있다. 양웅을 비롯하여 우주론을 추구했던 한대의 지식인들이 우주의 생성과정을 설명하려 하다 보니 시간적·논리적 선후관계를 설정할 수밖에 없었겠지만, 그것은 신이 있어 그 신으로부터 우주만물이 창조된 것 같은 이원론적 관계도 아니고, 그렇다고 아리스토텔레스가 말하는 형상인이나 질료인 그 어느 것만도 아니다. 오히려 이 둘의 성질을 다 같이 가지고 있다고 말해야 옳을 것이다. 양웅은 현에 노자를 비롯한 제자백가의 궁극적인 실재인 도의 개념을 담고자 했으며 동시에 공자의 인이라는 개념도 염두에 두고 있었던 것 같다. 『태현경』의 「현리」에 있는 "현에 가까이 가면 현 역시 가까이 다가오고, 현을 멀리하면 현 역시 그를 멀리한다(近玄者玄亦近之, 遠玄者玄亦遠之)" 라는 말은 "내가 인하고자 하면 인이 이르게 된다"는 『논어』「술이편」의 문장을 상기시킨다. 인간이 단순히 우주의 근원적 일자이자 궁극적 실재인 현의 지배하에 놓이는 것이 아니라 현은 인간이 끊임없이 주체적으로 노력하여 접근해야하는 윤리적 목표이기도 하다. 선을 행하고 악을 제거하기에 힘쓰는 것이 현의 도에 가깝다는 「현리」편의 말을 봐도 역시 그러하다. 그렇다면 양웅에게 이러한 우주론은 어떤 의미가 있었을까?

5. 양웅에게 우주론은 어떤 의미였을까?

[사] 천지가 개벽하니 시간과 공간은 넓혀지고 평평해졌다. 역수(曆數)의 근원은 지척에 있고 해와 달은 규칙적으로 운행된다. 역(曆)의 통기를 두루 운행하니 만물의 무리가 모두 차례로 갖추어진다. 혹은 합하고 혹은 떨어지고 혹은 가득하고 혹은 기운다. 그러므로 "아름답구나 천지여! 우주만물의 전개를 모두 머금어 품으니 현에 걸리지 않는 것이 없구나"라고 하였다. 끝나고 시작하며 어둡고 밝은 것이 『태현경』의 표와 찬에 신령스럽게 부합된다. 큰 양기가 음을 타니 만물이 두루 갖추어진다. 구허를 주류하니 재앙과 복이 모두 걸려든다.

天地開闢, 宇宙拓坦. 天元尺步, 日月紀數, 周運曆統, 羣倫品庶. 或合或離, 或嬴或踦, 故曰假哉天地, 啗函啓化, 罔衰於玄. 終始幽明, 表贊神靈. 大陽乘陰, 萬物該兼. 周流九虛, 而禍福絓羅. 『太玄經』「玄瑩」

[아] 현이라는 것은 천도이고, 지도이며 인도다. 이 셋을 겸하여 하늘이라 이름한 것이며, 군신·부자·부부라는 삼강의 도리와 같은 것이다.

玄也者, 天道也, 地道也, 人道也. 兼三道而天名之, 君臣父子夫婦之道. 『太玄經』「玄圖」

요즘과 같은 학문의 분과에 익숙해진 우리들은 한대의 사상가들이 소위 자연과학적인 지식을 풍부하게 가지고 있었다는 사실에 놀라곤 한다. 그들이 도가적이든 유가적이든 혹은 한 경서의 전문가, 즉 경학자(박사)이든 할 것 없이 한대의 일류 지식인들은 우주·자연·만물의 이치를 궁구하였다. 특히 하늘의 현상에 관련된 천문학과 역법에 관한 지식에 관한 한, 분명히 전문적인 관측자·기록자들이 있었고 역법 제정을 위한 토의에 참가하는 수학자와 역법 전문가들이 있었지만 전문성에 있어서 이들에게 결코 뒤지지 않았다. 한대의 지식인들에게 있어서 천체 구조 및 천문현상·기후 등에 대한 탐구는 자연과 인간의 진면목을 알고자 하는 지적인 호기심도 물론 있었겠지만, 그보다는 학문을 하여 입신하고 입신을 위하여 학문하는 자들에게는 필수적인 지식이었다고 할 수 있다. 그만큼 천사(天事)와 인사(人事)의 상관관계 자체에 대한 믿음은 강하고 보편적이었으며 문제가 되는 것은 그 상관관계를 보다 설득력 있게 설명하고 원리를 세우고 규명하는 일이었다. 천인지제에 대한 궁구는 달리 말하면 인간을 우주 안에 정초시키고 우주 만물과 온갖 자연현상들을 인간을 위주로 하여 이해하고자 하는 것이며 동시에 모든 인간과 인간 사회의 현상과 사건, 그리고 예악전장제도 등의 인문 현상에 우주적인 의미를 부여하는 것이기도 하다. 천인지제라는 명제는 더 이상 의심받지 않았던 당시의 세계관이었고 신념체계였다. 천지 사이의 모든 것, 특히 중요한 인문현상들을 천인지제의 상관성 안에서 설명하고자 했던 것은 이러한 세계관 안에서 이루어졌다.

양웅이 천체의 구조를 탐구했던 것 역시 단순히 세계에 대한 객관적인 지식을 추구하는 것에서 그치는 것이 아니고, 그 탐구의 의도가 오직 정확하게 천체 현상을 이해하는 것에만 있던 것도 아니었다. 천체의 구조를 알아야 해와 달, 행성과 항성 그리고 계절에 따른 별자리의 변화를 설명할 수 있으며 그 움직임의 순환 주기를 파악할 수 있다. 하늘에서 뭔가 예기치 않은 천문 현상이 관찰된다거나 사시에 따른 자연스러운 기후나 물후가 아닌 불시의 현상들이 속출한다면 사람들은 불안감에 시달리게 될 것이다. 발제문 [사]에서 천원(天元)이라는 것은 역법의 기원, 즉 여기에서는 『태현경』이 바탕을 두고 있는 태현력의 역법에서 최초의 해인 갑자년의 시초를 말하는 것이고, 그 역원(曆元)으로부터 해와 달을 포함한 모든 천체현상이 규율에 따라 전개되며 모든 자연물후(物候)가 규칙적으로 운행되는 것을 묘사하고 있다. 다른 곳에서 양웅은 하지와 동지라는 절기에 따른 태양과 북두칠성의 한 해에 걸친 움직임을 언급하기도 하는데 이것은 천체의 구조에 대한 이해와 천체 운동의 순환 주기에 대한 이해를 반영하는 것이다. 발제문 [아]의 내용까지 아울러 생각해보면 이러한 역법에 따라 나타나는 질서정연한 우주만물의 운행을 파악하고자 하는 최종적인 목표는 천지의 규칙적인 운행과 그 변화의 양상, 그에 따른 천문현상의 규칙적인 변화의 양상을 이해하고 그것의 규율을 파악함으로써 인간이 그에 따라 우주의 리듬을 타고 조화롭게 살아가도록 하는 것이었음을 알려준다.

일반적으로 말하자면, 인간은 그가 살아가는 환경인 천지 안에서 벌어지는 모든 현상에 대하여 이해하게 됨으로써 미지의 불안이 없게 될 것이고, 천지의 이치에 순응하여 사시에 맞고 절기에 맞게 생활해나갈 수 있다. 군주든 신하든 정치에 관여하는 사람들에게 한 해를 단위로 하는 순환 주기와 구체적인 천문·기후·물후에 대한 지식은 절기마다 위정자의 당위를 규정한 정령(政令)인 시령(時令)과 밀접하게 결부되므로 더욱 중대한 의미를 가졌으리라 짐작된다. 춘추시대 전기까지만 해도 일 년을 춘·추 두 계절로 보았고 아마도 그것은 하루의 낮과 밤의 이분적인 파악과 더불어 음양에 대한 인식과도 관계가 있는 것이라고 한다. 『시경』「빈풍(豳風)」의 첫 수인 '칠월(七月)'이라는 시를 보면, 서주 시대에 농사력은 이미 시령의 요소를 갖기 시작했음을 알 수 있는데 '칠월'의 경우엔 매 달의 기후·물후와 할 일이 표현되어 있는 정도이지만, 시령의 일반적인 기록은 매 절기마다 위정자가 마땅히 시행해야 하는 정령을 적은 후 그에 위반하는 경우 어떠한 재액이나 이변이 따른다는 것을 부기하고 있다. 그러한 사고의 근거는 바로 천인상관의 사상이며 이 사상의 뼈대는 역시 음양오행이다.

이 대목에서 떠올려야 할 것이 바로 「태사공자서」 안의 육가요지(六家要旨)와 『한서』「예문지」에서의 음양가에 대한 평가다. 필자는 음양가라는 정체성을 가진 학파가 따로 존재했었는지에 대하여는 부정적인 입장이다. 그러나 양자 공히 천하의 질서를 따르고 계절의 변화에 순응하도록 한다는 것을 음양가의 장점으로 들고 있으며, 또한 양자 공히 지나치게 사소한 것에 대한 규제를 정하고 구속하여 두려움을 조장한다고 지적하고 있다는 점에 주목하고자 한다. 비교적 단순한 자연현상으로부터 시작된 시령이 점차 음양오행설의 영향을 받아 세부적으로 조직되고 도식화되어 가면서 육가요지와 「한지」에서 음양가들의 특성이라고 지적된 경향이 나타났으며 급기야 한대의 조정에서는 재이설이 성행하게 되었다고 생각한다. 그러므로 상서나 재이에 대한 언급에 대하여 무조건적으로 색안경을 쓰고 미신적인 사기술로 몰아붙여서는 안 될 것이다. 거기에는 일말의 자연세계에 대한 지식과 정치적인 함의가 있으며, 그것은 당시에 보편적으로 수용되던 천인상관적인 세계관을 배경으로 한 한대의 학술적, 정치적 발언에 다름 아니었다. 그 안에는 자의적인 견강부회도 있고 경험의 축적에 의한 기술적 지식도 있다. 자연세계의 동류상감(同類相感)·동기상응(同氣相應)은 그 적용범위의 여하에 따라 타당성 여부가 결정된다. 즉 어디까지 추급(推及)해 가는가 하는 것이 관건이다. 추급한다고 할 때의 '미루어간다(推)'는 것은 바로 추언이 자신의 사고를 전개하고 이론을 구성함에 있어 중요한 원리였다. 내 몸을 이루는 기와 동일한 기가 내 몸 밖에도 있고 천지 사이에도 가득하므로 상호 감응이 가능하며 그러한 원리에 의하여, 보이는 현상의 일단을 가지고 보이지 않는 곳이나 아직 일어나지 않은 미래를 점치는 다양한 점술에 대하여 한대인들은 가치폄하적인 편견이 없었던 것 같다.

다시 본론으로 돌아가자면, 양웅이 천체의 구조에 대한 전문적인 지식을 갖추고 천문 현상과 기후·물후에 대하여 수적인 규칙을 추구했던 것은 그의 『주역』과 역학(易學)에 대한 관심 때문이었다고 할 수 있다. 위에서 말한 천인상관적인 세계관을 바탕으로 당시의 역학에는 『주역』의 수리적인 측면에 대한 다양한 의미부여 및 64괘와 384효의 순서를 우주 운행의 수적인 리듬과 대응시키고자 했던 흐름이 있었다.

우주 운행의 수적인 리듬에는 한 해의 날수가 가장 기본이 되겠지만 그 밖에도 매우 중요한 요소가 있었으니 그것은 역법과 근원을 같이 한다고 믿어졌던 음률이었다. 이 구체적인 내용은 『태현경』을 설명하는 장에서 다룰 것이지만 이 모든 요소들의 수리적인 정합성을 가능케 하는 것은 음양과 오행의 끊임없는 순환적 변화라는 아이디어였다는 사실을 미리 지적해둔다. 양웅의 우주 생성론에 관하여는 첫째, 우주의 근원에 대한 이해와 설명, 둘째, 우주 생성 이후의 운행에 대한 이해와 설명이라는 두 가지 의미를 파악해야 하는데, 여기에서 이해란 양웅 자신의 이해이며 설명이란 자신의 생각을 타인에게 이해시키기 위하여 택한 표현방식과 내용을 말한다.

먼저, 우주의 근원에 대하여 생각해보자. 양웅에게는 역법과 음률의 근원, 나아가 천지인의 근원, 천지간의 만물과 인문현상의 근원, 그 하나의 근원에 대한 추구가 바로 우주 생성론을 전개했던 중요한 문제의식이었다. 우주의 구조와 생성에 대한 논의는 정합성을 갖는 것으로서 어떠한 근원으로부터 시작된 생성의 과정을 거치며 이루어져서 어떠한 구조를 갖추게 되었고, 그러한 구조를 가진 천지 사이에서 어떠한 현상이 얼마를 주기로 하여 순환하는 것인지가 설명되는 것이다. 그 모든 것은 하나의 근원으로부터 시작되었을 것이라고 하는 것이 당시 한대인뿐만이 아니라 어쩌면 동서고금을 막론하고 지금까지도 많은 이들이 막연히 가지고 있는 견해다. 흔히 모든 종교전통에서 궁극적인 실재라고 일컬어지는 것은 신적인 존재일 수도 있고 아닐 수도 있고, 인격성을 갖추거나 아니거나 하는 차이가 있을 수도 있지만, 모두 이 현상 세계의 '근원'이라는 성격을 지닌다. 이것은 인간이 살아가는 환경 전체인 우주(천지)와 인간·사회의 근원이다. 그러므로 우주와 인간·사회의 본래적인 상태나 가장 바람직한 상태도 그 근원으로부터 기인하며, 이들 존재의 이법·규율 역시 이로부터 결정된다. 필자는 이를 '근원적인 하나'라고 부르고자 한다. 중국 고대 사상을 연구하는 학자들은 전국시대로부터 진한 교체기에 이르는 시기의 사상계에 이러한 근원적인 하나에 대한 추구가 현저히 나타난다고 한다. 아카츠카 기요시(赤塚忠)는 춘추전국시대의 사상가들에게서 보이는 '하나(一)'의 추구에 대하여 도덕적 실천을 통일시키는 하나의 원리, 집단을 통일시키는 하나의 원리, 모든 존재의 하나의 근원, 자신뿐 아니라 만물을 모순 없이 성립시키는 하나의 근원이라는 네 가지의 형태로 나누어 설명한 바 있다. 그러나 필자가 보기에 이 모든 추구의 바탕은 결국 그가 말하는 세 번째 모든 존재의 근원인 하나에 있는 것으로 보인다. 대개 전국 말에서 진한지제에 이르는 근원적 하나의 추구는 현실의 정치적 대통일에 대한 사상계의 반응으로 설명하는 것이 보통이다. 제자백가의 문헌에는 거의 예외 없이 정치적 대통일이 의심의 여지없는 당연한 요구로 여겨지며 다만 어떤 자가 어떻게 통일을 성취하여 어떠한 통일국가를 이루어 어떻게 통치해나갈지 하는 방식에 있어 차이가 날 뿐이다. 연일 거듭되는 전쟁의 소용돌이 속에서 정치적 대통일을 통하여 안정과 평화를 희구하는 것은 그 시대의 보편적이고도 당연한 요구였을 것이다. 이러한 분위기 속에서 나타났던 사상계의 현상들 가운데 특히 주목해야 할 것이 바로 우주 만물의 생성과 존재질서의 근원에 대한 추구, 즉 하나의 근원에 대한 추구라는 것이다.

「계사전」·「문언전」 등을 중심으로 하는 역전의 저자들은 위와 같은 사상적 분위기 속에서 『주역』이야말로 우주 자연계의 질서를 가장 적절하게 구상화하고 있으며 인생의 규범을 담은 성스러운 경전으로 만들어갔다. 『주역』의 경 부분에는 나타나지 않던 음양사상의 도입으로 이들은 일원적인 세계관을 말하고 있을 뿐 아니라 나아가 음양의 상위개념으로 '태극(太極)'이라는 우주생성의 근원을 제시하였다. 이와 더불어 항상 언급되곤 하는 것이 바로 『여씨춘추』 「대악편」에 보이는 태일(太一)이며 일부 한대의 주역학자들은 「계사전」의 태극을 태일이라고 이해하기도 하였다. 『예기』 「예운편」에도 나뉘어 천지가 되고 변화하여 음양이 되는 것이라고 언급되었던 '대일(大一)' 이라는 개념이 예의 근본을 이룬다고 되어 있다. 이들이 완전히 일치하는 것은 아니라 해도 이들 개념의 출현을 통하여 분명히 알 수 있는 것은 적어도 이 시대의 사상계에 현상세계 배후의 형이상학적인 근원을 사고하는 흐름이 있었다는 사실이다. 『노자』 42장의 "도가 일을 낳고 일이 이를 낳고 이가 삼을 낳고 삼이 만물을 낳는다"고 할 때의 그 '도'에 해당하는 무엇을 역학자들도 예학자들도 악을 연구하는 자들도 추구하며 나름의 답안을 제시했던 것이다. 양웅은 한(漢)이라는 통일 제국의 학자로서 현(玄)을 하나의 근원으로 하는 우주 생성론을 제시함으로써 이러한 근원적 하나의 추구에 종지부를 찍으려 했던 것이 아닐까? 더구나 그는 자신의 우주 생성론을 담는 그릇으로서 「계사전」과 『노자』의 표현 형식을 두루 취함으로써 당시까지 대표적이었던 두 가지 우주 생성론을 모두 흡수하고 종합하고자 했으며 자연스럽게 그가 제시했던 현이라는 개념은 「계사전」의 '태극'과 『노자』의 '도'를 통섭하는 근원적 하나가 되었다. 양웅의 시대는 이미 통일 제국이 무르익어가는 시기였으므로 새삼 형이상학적으로 통일 자체의 정당성이나 필요성을 윤색할 필요는 없었다. 그러나 통일 제국의 체제를 완성해나가는 과정에서 양웅은 새로이 대두되는 천문역법의 기본 정수와 맞아떨어지는 거대한 우주론적인 체계를 재조직하고자 했으며 이 거대한 우주론적 체계의 하나의 근원으로서 현을 제시했던 것이다. 여기까지가 양웅이 현을 하나의 근원으로 제시했던 것에 대한 묘사라면 그 의도는 다음과 같은 것이다.

발제문 [아]의 내용은 양웅이 현을 중심으로 하는 우주론을 전개하면서 말하고자 했던 최종적이고도 핵심적인 결론일 것이다. 위 예문에서 양웅이 강조하는 바는 바로 천·지·인 삼재(三才)가 동일한 하나의 원리로 이루어졌으며 천지로 대표되는 자연 세계와 군신·부자·부부라고 하는 인륜 규범 역시 동일한 이치이고, 이 모든 것을 통괄하는 것은 현이라는 근원적 하나다. 질서정연한 우주적 스케일의 시스템을 반영하는 한 제국의 정치적 이념과 통치자와 신민이 살아가는 인륜 세계의 질서는 모두 현으로부터 생겨난 것이고 현의 이치에 의한 것이다. 이 우주의 유일한 근원은 천하를 다스리는 단 하나의 천자에 비견되며 그러한 천자가 다스리는 한 제국은 우주의 이법을 따르는 유일한 삶의 장이 된다. 우주의 법칙과 리듬에 맞는 질서 정연하고 조화로운 삶의 세계를 그려내기 위하여 양웅에게 우주의 근원을 정위시키는 일은 필요했던 것이다.

그럼, 이제 우주 생성 이후의 운행에 대한 문제로 넘어가보자. 유일한 근원으로부터 생성된 우주는 조화로운 리듬에 따라 운행, 유지되며 그 리듬은 주기를 가지고 순환하는 싸이클을 이룬다는 것은 양웅의 시대에 이르러서는 누구도 의심하지 않는 당연한 사실로 이해되었다. 위에서 언급했던 시령설(時令說)이 비교적 체계를 갖추며 나타나는 『여씨춘추』의 12기, 『예기』 「월령」 등을 보아도 인사, 특히 정사(政事)는 반드시 천지자연의 리듬에 맞아야 하는 것이고 그렇지 않을 때는 재앙이 미친다는 사고가 점차 까다로울 만큼 상세하게 전개되어갔음을 알 수 있다. 시령설에서는 하늘(자연계)의 의지는 매개자 없이 드러나는 것임에 비하여 『주역』에서 역의 괘(사)·효(사)가 보여주는 메시지는 문왕과 공자라는 성인의 매개를 통하여 하늘의 의지가 나타나는 것이 된다. 다시 말하면 하늘의 의지가 인간의 조작을 통하여 괘·효에 드러나는데 이 경우 성인은 결국 자연의 이치나 하늘의 의지와 사실상 다름이 없는 셈이 된다. 『주역』 「문언전」에서 "천지와 덕을 합하고 일월과 밝음을 합하며 사시와 질서를 합하고 귀신과 길흉을 합한다"고 했던 대인(大人)은 하늘의 의지에 어긋나지 않는 특수한 인간으로 설정되어 있긴 하지만, 여기에는 시령설과는 달리 '인간의 주체적인 활동'이라는 요소가 들어가 있다. 이런 맥락에서 보자면 한대 역학의 상수학적 흐름은 성인이나 대인이 아닌 보통의 평범한 사람들도 『주역』을 통하여 미래의 길흉화복을 예측할 수 있기 위하여 『주역』의 괘효로부터 어떤 이론적인 법칙을 찾아내고자 했던 노력이었다고 볼 수 있다. 그 이론적 법칙화를 위하여 한대의 역학자들이 한결같이 추구했던 방법은 당시의 최첨단 과학이었던 천문역법과 『역』을 결합시키는 틀, 더 구체적으로 말하자면 새로운 역법에서의 기본정수를 고려하면서 한 달·한 해의 시간의 흐름을 괘효의 변화와 대응시킨다고 하는 틀 안에서 이루어졌다. 따라서 양웅에게는 현으로부터 말미암아 생성된 우주가 어떻게 운행되는지, 그 운행은 어떤 주기를 가지고 반복되는 것인지에 대한 구체적인 이해가 필요하였던 것이다.

무릇 창작하는 자는 그가 따르는 바를 귀하게 여기고 본래 그러한(자발적인) 것을 체현해야 한다. 따르는 바가 위대하면 그 체현하는 바도 장대하고, 따르는 바가 작으면 체현하는 바도 초라하고, 따르는 바가 곧으면 체현하는 바도 혼연히 광대하며, 따르는 바가 굽으면 체현하는 바도 흐트러진다. 그러므로 가지고 있는 것을 움켜쥐려 하지 말고 없는 것을 억지로 취하려 들지 말라. 우리 몸에 비유하자면, 늘리면 쓸데없는 살덩이가 되고 잘라내면 부족하니, 그러므로 근본은 본래 그러한 것에 있을 따름이고 화려한 수식은 사람의 인위적인 행동이다. 어찌 빼고 더하고 할 수 있겠는가!(夫作者貴其有循而體自然也. 其所循也大, 則其體也壯; 其所循也小, 則其體也瘠; 其所循也直, 則其體也渾; 其所循也曲, 則其體也散. 故不攫所有, 不彊所無. 譬諸身, 增則贅, 而割則虧. 故質幹在乎自然, 華藻在乎人事也. 其可損益與?)「玄瑩」

『태현경』의 작자로서 양웅이 여기에서 의미하고자 했던 것은 무언가를 창작, 저술하는 자의 기본적인 자세를 말한 것이겠지만 조금 확대하여 생각해보면 양웅 자신이 『태현경』을 저술할 당시 그가 있는 그대로의 자연 세계의 본래적인 현상을 잘 파악하여 거기에 일점의 억지스러움이나 헛된 수식을 가하지 않고자 하는 태도를 유추해볼 수 있다. 무언가를 저작한다는 행위는 애초에 없는 것으로부터의 창작이 아니라 이미 존재하는 어떤 것을 제대로 본받아 따르는 행위라고 이해했던 것이다. 바로 이것이 그가 『태현경』을 저술하게 되었던 동기 중의 하나였을 것이다. 『주역』을 경서 중의 으뜸이라고 여겼을 뿐 아니라 십익을 그가 존경해 마지않던 공자의 저술이라고 믿고 있었던 양웅이 왜 『주역』을 놔두고 새로이 『태현경』을 저술했는가 하는 것은 참으로 설명하기 껄끄러운 문제다.

『법언』「문신편」에는 어떤 자가 "경전도 증감하는 것이 가능합니까?" 하고 물으니 양웅은 "『역』이 처음엔 팔괘였지만 문왕이 64괘로 만드셨으니 더한 것임을 알 수 있다. 『시』·『서』·『춘추』 역시 어떤 부분은 옛 문헌으로부터 그대로 취하고 어떤 부분은 새로 지었으며 공자에 의하여 완성되었다. 따라서 더해졌음을 알 수 있다. 그러므로 도라는 것은 하늘이 정해준 불변의 것이 아니라 시대에 따라서 만들어지는 것으로서, 증감된다는 것을 알 수 있다"라고 한 구절이 실려 있다. 앞뒤 문맥이 없어서 혹자의 물음이 양웅의 『태현경』 저작을 지적하여 제기된 것인지 정확히 판단할 수는 없지만 「문신편」에 실린 다른 구절의 내용을 보아도, 그리고 양웅의 다른 어떤 저술이나 양웅에 대한 기사에도 양웅이 스스로 『주역』을 대신하는 경전을 저작했다는 식의 발언이나 사고방식은 보이지 않는다. 더구나 공자라는 성인은 경전을 증감할 수 있었지만 아무나 그럴 수 있다는 것은 아니며 시대에 따라 달라지는 하늘의 도를 알지 않으면 경전의 증감은 가능하지 않다는 점을 생각한다면, 「문신편」에 실린 위의 문답을 근거로 양웅은 때에 따라 경을 자유자재로 바꿀 수 있다는 태도를 가졌다고 보는 것은 심각한 확대 해석이요, 오해라고 필자는 생각한다. 「문신편」에는 경전의 내용에 합치하지 않는 문장이나 말은 무익하다는 말을 비롯하여 오경과 성인·군자에 대한 유가들의 전형적인 신앙에 가까운 태도가 보일 뿐이다. 양웅에게는 그의 『태현경』이 『주역』을 대체할 수 있다거나 대체해야 한다는 식의 태도가 전혀 보이질 않는다. 그런데 그가 다른 한대의 역학자들처럼 『주역』 자체를 주어진 것으로 여기고 그 안에서 괘효 변화의 규칙을 구하려 하지 않고 괘·효(『태현경』에서는 수·찬) 배열의 기본 정수를 음양의 이(二)로부터 천지인의 삼(三)으로 바꾸어 일 년의 순환 사이클에 대응시켰던 것이다. 이는 분명 상당히 과감한 시도였을 텐데 그럼에도 불구하고 양웅이 『태현경』에서 새로운 형태의 괘효, 다시 말해 81수와 729찬을 만들었던 것은 그가 구상하고 있던 우주의 운행 주기를 반영한 역법 때문이었던 것으로 생각된다. 그 구체적인 내용은 다음 장에서 다루겠지만 양웅이 우주론에 몰두했던 것은 천지 만물의 본래적인 실정을 파악하여 가감 없이 자신의 저작에 구현하고자 했기 때문이라고 하겠다. 여기에는 역(易)과 역(曆)이 수리적으로 일치한다는 양웅 당시의 믿음, 다시 말하면 역의 괘효를 한 해의 시간의 흐름과 어떤 수리적인 법칙에 의하여 규칙적으로 대응시킬 수 있다는 믿음이 크게 작용하고 있다. 이는 『주역』과 『태현경』으로부터 철학적 의미를 주로 발견하고자 하는 이들의 기대와는 달리『주역』의 음양 변화와 괘효의 상징이 다가올 미래의 길흉화복을 예측할 수 있게 해준다는 신념을 드러내준다. 이 신념의 바탕 위에서 자연 현상의 실정을 보다 정확하게 반영하고 있는 새로운 점서, 그리하여 미래의 길흉화복을 보다 정확하게 예측하게 해주는 점서인『태현경』이 탄생하게 되었던 것이다.

제3장
역사에 대한 다양한 사색

고대 중국의 사학은 한대를 통하여 비약적인 발전을 보였으며 한대의 지식인들은 역사에 대한 지대한 관심을 표명하였다. 진시황은 민간에서 유가의 경전을 소지하는 것을 금했을 뿐 아니라 제후국의 사서(史書)에 대한 금지는 더욱 심하여 『사기』「육국연표(六國年表)」에는 "『시』·『서』를 다시 볼 수 있었던 것은 사람들의 집에 많이 숨겨 놓았기 때문인데, 역사기록은 오직 주나라 왕실에 보관되어 있었으므로 모두 없어져버렸다"고 하며 한탄하는 대목이 실려 있다. 짐작컨대 한조의 흥성과 더불어 민간에 숨겨졌던 『시경』·『서경』 등 유가 전적이 드러나고 협서령(挾書令)이 해제되어 문헌들이 다량 헌납, 수집되면서 비로소 사서를 편찬할 수 있는 실질적인 바탕이 마련되었을 것이다. 한대의 지식인들이 역사의 변천, 당시의 용어로 말하자면 고금지변(古今之變)에 관하여 논의하는 데 열의를 보였던 역사적 배경은 춘추전국시대의 오랜 전쟁에 막을 내린 위대한 과업을 수행한 진이 진시황으로부터 천대 만대 지속되리라는 진시황의 회구와는 달리 진이황(秦二皇)의 시기도 넘기지 못하고 멸망했다는 사실이었다. 이는 한초의 황제들로서는 반드시 그 이유를 파악하고 대처해야 할 중대한 문제였던 것이다. 한 고조는 육고(陸賈)에게 진의 멸망으로부터 얻어야 할 역사적 교훈에 대하여 논하라고 명한 바 있으며, 그밖에도 한초의 가의(賈誼)·가산(賈山)·동중서(董仲舒) 등은 모두 삼대(三代) 이래의 흥망성쇠를 논하였다. 여기서 다시 한 번 동중서가 답했다는 한 무제의 천인삼책을 떠올려 볼 필요가 있다. 무제 역시 첫 번째 책문에서 세 번째 책문에 이르기까지 집요하게 고금의 다스림에 대해서 물었다. 첫 번째 책문에서 오제 삼왕(五帝三王)의 도를 회복시킬 수 있는 방법과 삼대가 천명을 받았을 때의 부서(符瑞)는 무엇이었는지, 재이라는 변괴는 무슨 연유로 일어난 것인지 등에 숨김없이 답하도록 요구하였고 두 번째에서는 한가로이 무위로써 천하태평을 이루었던 요순과 수고로이 쉬지 않고서야 비로소 영내의 다스림을 이루었던 주 문왕을 들어, 제왕의 도가 다른 이유는 무엇인지를 물었다. 세 번째 책문에서는 삼왕의 도는 각각 본받고자 하는 바가 다르고 모두 부족함이 있는데 혹자는 오래도록 변치 않는 것이 도라고 하니 그 의미가 어떻게 다른가를 물었다. 바로 이 세 번째 책문에 대하여 동중서는 개제(改制)의 이치를 가지고 답하였으며 "하늘이 변치 않으면 도 역시 변치 않는다(天不變, 道亦不變)"는 유명한 답변을 했던 것이다. 일반적으로는 '천불변(天不變)'을 '하늘이 변하지 않으니' 라고 풀이하는데, 동중서 대책문의 전후 맥락을 잘 살펴보면 '하늘이 변하면, 도 역시 변한다'는 문장을 예상하게 하므로 여기에서의 '천불변(天不變)'은 '하늘이 변하지 않으면'이라고 풀이한 것이다. 종종 "天不變, 道亦不變"만을 독립적으로 인용함으로써 동중서의 중요한 선언처럼 인식되었지만 이는 단장취의의 대표적인 예다. 전한시대의 상황으로 미루어본다면 이미 무제기를 전후하여 한대의 지식인들 사이에 소위 역사철학이라고 할 만한 학문적 추구가 활발히 일어날 수밖에 없는 분위기가 무르익었던 셈이다.

양웅은 전형적인 한대의 지식인으로서 '천인지제'와 '고금지변'이라는 한대 학문의 두 관심의 축을 공유하고 있었다. 당대의 천문학자들과 비견할 만한 전문적인 지식을 가지고 우주론에 대한 사색을 펼쳤던 것처럼 양웅은 많은 고금의 문헌들을 두루 섭렵하여 태초의 개벽이라는 근원적 시간으로부터 어떻게 역사가 전개되어 왔는지에 대한 나름의 이해를 개진하였다. 또 그 안에서 인간 사회가 어떻게 이루어졌고 전개되어 왔는지, 그리고 양웅 당시까지 전해졌던 역사적 기록을 통하여 역사 변화에 어떤 규율이 있는지에 대하여도 탐구하였다. 그러나 우주론이 단순히 자연현상에 대한 관심과 탐구만이 아니라, 천지만물의 생성과 운행 안에 인간을 정위시켜 질서 있고 조화로운 우주 안에서 풍요롭게 삶을 영위하도록 의미를 부여하는 것이었듯이, 역사에 대한 논의 역시 단순히 시간의 시초와 그 변화의 양상을 파악하는 것에 그치는 것이 아니라 당대의 살아있는 인간이 역사의 흐름 속에 자신을 정위시키고 현재를 이해하며 미래에 대한 전망을 가질 수 있게 하기기 위한 것이다. 따라서 양웅의 역사에 대한 다양한 사색 가운데에서도 가장 중요한 것은 양웅이 그가 처한 시대를 어떻게 파악했으며 어떠한 비전을 가지고 어떻게 살아야 한다고 여겼는가 하는 문제다. 『논형(論衡)』「수송(須頌)」편에는 '사마천은 황제로부터 한 무제까지의 역사를 기록했으며 양웅은 선제로부터 애제·평제에 이르는 시기의 역사를 기록했다'는 말이 있다. 물론 『사기』를 보충하여 이어가려는 시도는 많이 있었고 양웅도 그 중의 하나였으나 애석하게도 이 저작은 남아있지 않다. 촉 지역의 역사를 기록한 『촉왕본기(蜀王本紀)』도 일실되었으나 남아 있는 일문(佚文)을 보면 촉 지역의 신화와 전설이 많이 기록되어 있으며, 『장자』풍의 궤기(詭奇)하고 신이로운 풍격을 느낄 수 있다. 과거를 통하여 현재를 이해하고 현재를 미루어 미래를 내다보는 것은 예나 지금이나 마찬가지다. 그리고 끊임없이 이렇게 하는 이유는 단순한 지적인 호기심도 있겠지만 바로 내가 지금 여기에서 어떻게 살아야 하는가, 그 의미는 무엇인가에 대한 통찰이 필요하며 바로 이를 얻을 수 있기 때문일 것이다. 양웅이 처했던 시대는 제국의 문화가 점차 기틀을 잡아갔던 시기이며 그에 수반되는 필연적인 현상, 즉 정통(政統)과 학통(學統)이 한 나라의 정통(正統)으로 융합되어가는 현상이 무르익던 시기였다. 이렇게 모든 것이 정합적인 하나의 통일체로 조직되어가던 시기에 그는 어떤 역사적인 전망을 가지고 어떻게 현실 속에서 그의 이상을 실현하고자 했는가 하는 것이 본 장의 주된 관심사다.

1. 인류사회의 전개과정에 대한 양웅의 이해

[가] 천지가 아직 열리지 않았을 때, 만물은 혼돈 속에서 아무 것도 나뉘지 않은 상태였다. 어떤 것은 어둡고 그윽한 색을 띠고 위로 올라가 하늘이 되고 어떤 것은 누런색을 띠고 아래로 가라앉아 땅이 되었다. 이렇게 하늘과 땅이 나뉘자, 아래 위가 서로 작용을 하여 만물을 낳게 되었다. 이리하여 처음으로 사람들이 출현하게 되었고 제왕이 비로소 존재하기 시작하였다. 그러나 그렇게 아득한 시대에는 모든 것이 혼매하여 알 수가 없었으므로 후세에 그 시대의 상황을 제대로 말할 수가 없다. 말할 수 있는 것이라고는 상고 시대에는 복희씨보다 더 잘 드러난 자가 없고, 중고 시대에는 요순보다 더 흥성한 자가 없었으며 지금과 비교적 가까운 시기에는 주 왕조보다 더 밝게 드러난 것이 없다.

權輿天地未袪, 睢睢盱盱. 或玄而萌, 或黃而牙. 玄黃剖判, 上下相嘔. 爰初生民, 帝王始存. 在乎混混茫茫之時, 豐闇罕漫而不昭察, 世莫得而云也. 厥有云者, 上罔顯於羲皇, 中莫盛於唐虞, 邇靡著於成周. 「劇秦美新」

[나] 어떤 이가 묻기를, "아득한 옛날에는 법이 없이도 다스려졌으니 법은 다스리기 위한 수단은 아닌 듯합니다." 그러자 대답하기를, "태고

에는 (사람들이 마치 금수와 같이 살았는데) 성인은 그것을 싫어하셨다. 그리하여 복희씨 때에 법이 시행되기 시작하였고 요임금 때에 완성되었다. 복희씨와 요임금의 이전에 올바른 예의와 도의가 없는 상태를 후세의 성인은 취하지 않으셨을 것이다."

或問, "太上無法而治, 法非所以爲治也." 曰, "鴻荒之世, 聖人惡之. 是以法始乎伏羲, 而成乎堯. 匪伏匪堯, 禮儀哨哨, 聖人不取也." 『法言』「問道」

앞에서 양웅의 우주에 관한 사색에 대하여 다루고 여기에서 그의 역사에 관한 사색을 다루니, 마치 전자는 공간(space), 후자는 시간(time)에 관한 것으로 보일 수도 있다. 그러나 본래 우주(宇宙)라는 말은 사방상하, 즉 육합(六合)을 가리키는 우(宇)와 왕래고금(往來古今)을 가리키는 주(宙)가 합한 말이듯이 공간과 시간은 애초에 분리하여 생각할 수가 없다. 시간과 공간을 추상적으로 어떻게 정의하든 인간에게 의미 있는 '시간의 인식'이란 본래 해와 달이 천지간에 운행하는 것을 전제로 하는 것이고, 역시 인간에게 의미 있는 '공간의 인식' 역시 시간의 흐름과 더불어 전개되는 것이기 때문이다. 양웅은 "하늘이 운행하지 않고 닫힌 상태를 우라고 하고 우를 열어 하늘이 운행하게 되는 것을 주라고 한다(闔天謂之宇, 闢宇謂之宙)"고 말한 바 있다. 천체의 구조가 전제되어야 비로소 해와 달이 운행하는 것이고 그래야 비로소 시간이 있게 된다는 것이니, 이 역시 공간과 시간의 연속체를 우주라고 한다는 사실과 위배되지 않는다. 천지만물의 생성을 깊이 숙고했던 양웅은 인류사회의 기원에 대하여도 나름의 사색을 전개하고 있다. 우주의 기원과 생성을 논하는 모든 논의가 어느 정도의 객관적이고 과학적인 사실을 바탕하고 있지만 상상을 포함한 추론의 내용을 내포하지 않을 수 없듯이, 인류 사회의 기원에 대한 역사 서술도 역시 상상력이 동원된 추론의 산물이다. 따라서 그것은 자신의 역사관·가치관과 결코 무관할 수 없다. 예를 들어, 인위적인 변화가 가해지지 않은 본래의 상태가 가장 완벽했다고 생각했던 『노자』의 저자는 어떠한 인간의 문화나 문명에 대하여도 부정적이므로 인류 역사의 전개를 발전적인 것으로 바라볼 수 없다. 반면, 인간 사회를 질서 있게 유지하는 데에는 법만 한 것이 없다고 여겼던 법가들의 경우 자연히 역사의 전개는 법적인 체제가 완비되어가는 발전의 과정으로 바라보게 될 것이다.

선진시대의 문헌 가운데 단순히 역사적 사실을 기록하는 것이 아니라 이러한 기록을 통하여 인류 사회의 기원과 전개과정을 논했던 것은 선진 제자 가운데 주로 법가적인 성격을 띤다고 여겨지는 텍스트들이다. 여기에는 분명히 이유가 있다. 법가적 이념을 가졌던 자들은 근본적인 변혁을 모색했으며 그를 위한 인간 사회의 모델을 제시하기 위하여 인류의 역사 전체에 대한 비판적인 시각을 절실하게 필요로 했을 것이다. 그들은 인류 사회의 기원에 관한 견해로부터 출발하여 점차 법적 제도가 갖추어져 가는 사회의 모습을 묘사했고 그것을 운영해나가는 절대 군주의 존재를 정당화하였다. 예를 들자면, 『상군서』의 「개색(開

塞)」편에서는 인류 역사의 기원과 변천과정을 묘사하며 그에 의거하여 시대에 따라 사회가 변화하면 원칙도 달라져야만 한다는 주장을 내세우고 있다. 즉, 천지가 생겨나 사람들이 처음으로 모여 살던 때에는 자기 피붙이만을 사랑하고 자기 욕심만 차렸는데(親親而愛私), 그러다보니 끊임없는 분쟁이 일어났고 따라서 현인이 정도를 세워 친친을 대신하여 어진 자를 높이고 인을 좋아하게 되었다고 한다(上賢而說仁). 점차 인구가 늘고 제도적인 장치가 없어 다시 사회적인 혼란이 야기되었으니 성인이 일어나 토지, 재물, 남녀의 몫을 정하고 법금(法禁)을 마련하고 관리를 두게 되었다고 한다. 관아가 성립되니 이를 통괄할 군주가 필요해졌고, 그리하여 어진 자를 높이는 것은 사라지고 존귀한 자를 받들게 되었다고 한다(貴貴而尊官). 이 세 단계를 상세(上世)·중세(中世)·하세(下世)라고 부르며 상앙은 이렇게 서로 정치의 원리가 달라진 것은 백성들의 생활방식이 바뀜에 따라 원칙의 중점이 바뀐 것이라고 하며 세상사가 변하면 행하는 도리도 달라지는 법이라고 말하고 있다.『한비자』「오두편」에서는 상고(上古)·중고(中古)·근고(近古)라는 이름으로 인류 역사의 전개과정을 세 단계로 나누었으나 구체적인 내용은 상앙과 조금 다르다. 상고시대부터 금수의 피해를 막아준 유소씨(有巢氏)와 불의 사용을 알려준 수인씨(燧人氏)를 사람들이 천하의 왕으로 삼았고, 중고시대에는 홍수가 나서 곤(鯀)과 우(禹)왕이 물길을 터놓았으며, 근고시대에는 걸(桀)·주(紂)의 난폭함을 탕(湯)과 무(武)왕이 정벌하여 벌하였다고 한다. 이어지는 말이 바로 한비가 의도하는 바로서, 우왕의 시대에 둥지를 짓고 나무를 비벼 불을 피우거나 은·주 시대에 우임금처럼 물길을 트면 비웃음거리가 되듯이 지금의 시대에 요·순·우·탕의 도리를 찬미한다면 역시 새로운 성인의 비웃음을 사게 될 것이니 본래 성인이란 고정불변의 법도[常可: 항상 옳고 가능한 것]를 본받지 않는다는 것이다. 각 시대마다 상황이 다르고 그에 따른 사회정치제도가 달라지게 마련이니 상고시대에는 도와 덕을 다투었고 중세에는 지모를 다투었으며 오늘날에는 기력을 다투니 이젠 인의를 표방하는 덕치를 내세울 것이 아니라 힘을 중시하는 법치로 개혁해야 한다는 것이 그의 핵심적인 주장이다. 이렇듯 인류 사회의 기원을 포함한 역사 기술은 현재와 미래에 대한 자신의 전망과 직결된다.

전쟁의 종식과 통일국가에 대한 희구가 점차 강해지는 전국시대를 거치면서 이는 비단 법가만의 관심사일 수는 없었다. 순자 역시 성인이 예를 제정한 이유를 설명하면서 인류 사회 초기의 무질서를 인간 본성의 악함에서 찾은 바 있고, 『여씨춘추』 시군람(恃君覽)의 「시군(恃君)」 편에서도 태고에 군주가 없던 시절에는 힘에 의한 끝없는 투쟁으로 종족의 씨가 마를 지경이었다가 군도를 확립하여 비로소 인간다운 삶이 가능해졌다는 내용이 있다. 결국, 고대 중국인들은 황제라 부르든 천자라 부르든 유일한 군주의 존재와 그 체제를 삶다운 삶을 영위하는 데 필수적인 조건으로 받아들였다는 것을 알 수 있고, 이는 동중서가 아직 선하지 않고 선할 가능성이 열려 있는 인간의 성을 선하게 완성시키기 위하여 왕의 교화가 필요하다는 식의 다소 억지스러운 논의에서 분명히 이어지고 있다. 이런 사례들을 보면, 절대군주권의 정당성을 주장하기 위한 목적을 포함하여 현재의 역사적 상황에 대하여, 혹은 미래의 전망에 대하여 자기 견해를 표명하고자 하는 자들은 인류 사회의 역사적 단계를 설정하여 자기 주장의 이론적 근거를 삼는 경우가 많다는 것을 알 수 있다.

그렇다면 양웅의 경우는 어떠한가? 발제문 [가]를 보면 그는 우주론의 대가답게 인류 사회의 전개를 이야기하면서 천지개벽 이전의 상태를 언급하고 있다. 앞서 말한 것과 같이 시공의 복합체로서의 우주라는 개념을 잘 보여주는 대목이다. 아직 천지가 열리지 않았던 시기란 그야말로 시간도 공간도 존재하기 이전의 까마득한 태초를 상정한 것이고, 혼돈으로부터 점차 나뉠 것이 나뉘고 올라갈 것이 올라가고 내려갈 것이 내려간다는 것은 혼돈(chaos)으로부터 질서(cosmos)가 형성되어 갔다는 의미다. 천지와 만물이 형성되고 사람들이 출현하게 되면서 제왕이 존재하게 되었다고 한 것은 인간 사회에서 제왕의 부재는 상상도 할 수 없을 만큼 제왕의 존재가 필수불가결하다는 그의 인식을 보여준다. 그런데 그는 [나]에서 복희씨와 요임금 등의 성왕이 인간 사회에 가져다 준 혜택을 바로 법이라는 것에서 찾고 있다. 물론 이때의 법은 법가들이 말하는 법이 아니라 인간 사회의 법도나 규범이라는 의미를 포함한 예악이다. [나]의 문장은 분명 그가 익히 알고 있으며 부분적으로 수용했던 『노자』를 의식하고 쓴 듯한 느낌이 든다. 『법언』「문도편」에서 양웅은 "노자가 말하는 도와 덕에 관한 이야기는 취할 바가 있다. 그러나 인의를 던져버리고 예학을 절멸시키자는 것에 대하여는 전혀 취할 바가 없다"고 말한 바 있는데, 이는 인간 사회의 인륜적 질서와 예악전장제도에 대한 도가와 유가의 차이를 극명하게 보여주는 예다. 복희씨와 요임금이 만들었다는 '법'의 유무가 양웅에게는 인간을 금수와 구별 지어주는 기준이었고 중국이 야만이나 팔황(八荒)이 아니고 중국일 수 있는 이유였다.

양웅이 비록 구구절절 복희씨와 요임금을 칭송하고 하·은·주 삼대를 태평시대라고 여겼지만 삼대의 유토피아를 꿈꾸는 태도는 전혀 보이지 않는다. 그 자신 명확히 표현하지는 않았지만, 양웅에게 역사는 계속 변화하는 것으로서, 그 움직임은 마치 음양의 두 기운이 끊임없이 성장하고 쇠퇴하기를 반복하고, 살아있는 사람의 몸이 신진대사를 계속하는 것과 마찬가지였던 것 같다. 『법언』「오백편」의 기사를 보면 양웅은『맹자』에 보이는 오백 년 만에 한 번씩 성인이 출현한다는 이야기도 근거 없는 것으로 여기고 있으며 황제의 종시설이라는 것도 부정하고 있는데 후자가 추연이 주장했다고 하는 오덕종시설인지는 확인할 길이 없다. 『법언』의 다른 곳에서 추연은 장주와 더불어 두 차례 언급된 바 있고 다른 제자들과 함께 추연이 비판받은 대목이 있는데 양웅은 대체로 추연에 대하여는 긍정적인 평가를 내리고 있지 않다. 비판의 요지는 두 가지로서, 하나는 추연이 천지 사이의 일을 잘 모른다는 것이고 또 하나는 그 말이 너무 우원하여 신뢰가 가지 않는다는 것이다. 양웅이 전국 말부터 인구에 회자되던 오덕종시설과 같은 왕조 순환의 사이클을 몰랐을 리는 없지만 그는 아마 그런 것을 신뢰하지도 않았으며 맹자나 추연이 말하는 것과 같은 식의 정해진 법칙에 따라서 역사가 변천하는 것이라고는 여기지 않았던 것 같다. 양웅이 제시한 것은 오직 계승과 변혁에 관한 논리, 즉 인혁(因革)의 논리뿐이었는데 이 역시 역사 변화의 법칙만으로 보기보다는 우주의 흐름이 보여주는 이치 정도의 의미로 이해하는 것이 더 타당할 것이다.

『태현경』「현영」에서 양웅은 "도에는 이어나가는 것과 따르는 것, 바꾸는 것과 변화하는 것이 있다(夫道有因有循, 有革有化)"고 했고 『법언』「문도편」에서 어떤 이가 도에는 그대로 이어가는 것이 있는지 없는지를 묻자, 이어나갈 만하면 그대로 이어나가고 그렇지 못하면 바꾼다고 하였으니 인순혁화(因循革化)의 이치는 비단 인사에만 한정된 것은 아닐 것이다. 「문명(問明)」편에 성탕은 크게 계승한 것(丕承)이라고 한 말에 대하여 어떤 이가 그 이유를 묻자 "작은 것에서 말미암아 크게 되었으니(작은 나라에서 일어나 천자가 된 것을 뜻함) 크다 하지 않겠는가! 하왕조(의 잘못)를 바로잡아 천명을 받았으니 어찌 (천명을) 계승했다고 하지 않겠는가!(由小致大, 不亦丕乎. 革夏以天, 不亦承乎)"라는 말이 있는 것으로 보아 양웅은 역대 왕조의 변천에도 역시 인혁의 논리가 적용된다고 보았음을 알 수 있다. 이는 하·은·주 삼대의 손익에 대한 공자의 말씀을 상기시키는데, 양웅은 어떤 이가 주를 계승한 진나라가 하의 예제로 다스리지 않았다고 하며 주를 계승할 나라가 있다면 백세 이후라도 예측할 수 있으리라고 하신 공자의 말씀에 대하여 의문을 제기하자, 주를 계승한 진나라가 태평성세를 바라지 않았기 때문이라고 하면서, 만약 바랐다고 하더라도 하나라의 도가 아닌 다른 도를 썼더라면 결코 이룰 수 없었을 것이라고 답했다. 이로 보면, 양웅은 공자의 말씀을 결코 틀릴 수가 없는 금과옥조로 받아들이면서도 하·은·주 삼대의 도가 계속 순환한다는 공자의 말씀을 그대로 수용한 것만은 아니다. 양웅은 도 그 자체에도 계속 이어갈 부분과 마땅히 개혁해야 할 부분이 있다고 생각했으니, 삼대의 마지막 왕조인 주대의 후반기에 살았던 공자와 전국의 혼란을 지나 육국을 통일한 진의 영광과 몰락, 이어 전한의 성립과 융성과 쇠락을 지낸 시기의 양웅은 그만큼 역사를 바라보는 지평이 달랐던 것이다.

2. 바람직한 역사 기술과 금·고문에 대한 양웅의 입장

[다] 어떤 이가 『주관』에 대해 묻자, 대답하기를 이는 관제를 세우는 일에 대한 것이라고 했고, 『좌전』에 대하여 묻자, 답하기를 (역사적인 인물에 대하여) 시비선악을 가려 품평, 감별을 한 것이라고 했으며, 사마천의 『사기』에 대하여 묻자, 답하기를 발생했던 일을 사실적으로 기록한 것이라고 했다.

或問周官. 曰, 立事. 左氏. 曰, 品藻. 太史遷. 曰, 實錄. 『法言』「重黎」

[라] 어떤 이가 말하기를, "옛 성인의 법으로 장차 다가올 세상을 다스리고자 하는 것은 받침대를 아교로 고정시키고 비파를 조율하는 것과 같이 무용하다는 말이 있습니다. 사실입니까?" 하니 대답하기를 "그렇다." …… 예악의 제정과 정벌은 원래 천자로부터 나오는 일이다. 그런데도 춘추시대에 제나라, 진나라의 제후는 정벌을 일삼았으나 실제로는 허여되었다. 그러니 고정되어 있지 않음은 분명하다.

或曰, 以往聖人之法治將來, 譬猶膠柱而調瑟, 有諸? 曰, 有之.……禮樂征伐, 自天子所出. 春秋之時, 齊晉實予. 不膠者卓矣. 『法言』「先知」

양웅 자신이 자신의 『법언』은 전(傳) 가운데 『논어』만큼 위대한 것이 없다고 여겨 『논어』를 모방하여 저작한 것이라고 밝힌 바 있고, 실제 『법언』의 구성과 문투는 『논어』를 많이 닮아 있다. 그런데 왜 서명을 '법언'이라고 했을까 하는 단순한 질문을 한 번 던져보자. 『논어』 「자한편」에는 "법어의 말을 능히 따르지 않을 수가 있겠는가?(法語之言, 能無從乎?)"라는 구절이 있는데, 주희는 '법어'란 바르게 말한 것이라고 하였고 이미 공안국도 과실이 있을 때 정도(正道)로써 일러주는 말이라고 하였다. 또, 『효경』의 「경대부장(卿大夫章)」에는 "옛 선왕의 법언이 아니면 말하지 말라(非先王之法言, 弗敢道)"는 말이 있고, 『장자』 「인간세편」에도 "법언에 말하기를, 있는 그대로를 전하고 과장된 말을 전하지 않으면 안전할 수 있다(法言曰, 傳其常情, 無傳其溢言, 則幾乎全)"는 구절이 있다. 이런 예를 보면, 법언이나 법어가 책 이름인지, 아니면 격언 같은 것인지는 분명치 않지만 양웅의 자서전에 보면 "사람들이 종종 나에게 물으니 나는 '법'을 가지고 그에 회답하였고, 이를 13권으로 찬술하였는데 『논어』와 비슷하였고, 『법언』이라 불렀다(人時有問雄者, 常用法應之, 譔以爲十三卷, 象論語, 號曰法言)"는 말이 있다. 이를 통하여 추측해보면 양웅이 말한 '법언'이란 선왕 이래 인간의 삶에서 규범이 되는 말이라는 의미일 것이다. 앞서 말했던 『효경』의 사회적 영향력을 생각한다면 아마도 『효경』에서 말하는 '옛 선왕의 본받을 만한 말'이라는 뜻을 취했을 가능성이 크다. 그럼, 『논어』를 모방했는데 왜 『법어』라고 하지 않고 『법언』이라고 했을까? 당시 이미 『국어(國語)』· 『논어(論語)』·『신어(新語)』 등 '어'라는 글자가 붙은 서명은 꽤 존재하고 있었다. 서명을 붙인다는 것은 상당히 신중을 요하는 것이었을 테니 양웅이 '법언'이라고 했을 때는 무의미하게 붙인 글자는 아닐 것이다. 양웅 자신이 어(語)와 언(言)의 사용을 어떻게 했는지 살펴보면, 대체로 '어'라고 할 때는 과거에 말해졌던 이야기를 가리키는 경향이 있고, '언'이라고 할 때는 말하는 동작을 뜻하는 경우가 많다. 그러니 만일 서명을 '법어'라고 했다면 그것은 과거의 선왕이 했던 말을 의미하게 될 것이고 '법언'이라고 했으니 선왕의 본받을 만한 말씀을 현재에 응용하여 구사한 것이라는 의미가 있을 것이라 생각된다.

이러한 『법언』은 『논어』와 마찬가지로 각 장의 이름을 처음 시작하는 말 가운데 의미를 가지는 두 글자를 취하여 붙였다. 예를 들어 '혹(或)', '혹문(或問)' 등의 글자는 제외하고 그 다음의 의미 있는 두 글자를 취하여 이름을 붙이고 있는 것도 『논어』와 완전히 동일하고, 문답형식과 간략한 서술문을 섞어놓은 것도 비슷하며, 『논어』의 말을 응용하여 구사한 문장도 꽤 많이 눈에 띈다. 양웅은 『법언』의 「과견편(寡見篇)」에서 유가의 오경에 대하여 말하기를, "천도를 설함에는 『역경』보다 잘 말한 것이 없고, 정사를 설함에는 『서경』보다 잘 말한 것이 없고, 몸가짐을 설함에는 『예』보다 잘 말한 것이 없고, 마음속의 생각을 설함에는 『시경』보다 더 잘 말한 것이 없고, 도리를 설함에는 『춘추』보다 더 잘 말한 것이 없다(說天者莫辯乎易, 說事者莫辯乎書, 說體者莫辯乎禮, 說志者莫辯乎詩, 說理者莫辯乎春秋)"고 하였다. 그런데 경학에 대하여 조금만 관심을 가져봤던 사람이라면, 금방 『한서』 「예문지」의 『춘추』에 관한 설명 중에 나왔던 말을 떠올릴 것이다. 즉, "옛날 왕자에게는 대대로 사관이 있어 군주가 행하는 일을 기록했는데, 이는 언행을 삼가고 법식을 밝히기 위한 것이었다. 좌사는 말을 기록하고, 우사는 일을 기록하였다(左史記言, 右史記事). 일을 기록한 것은 '춘추'라 하고 말을 기록한 것은 '상서'라고 하였다(事爲春秋, 言爲尙書). 제왕이라면 이같이 하지 않을 수 없었다"라는 것인데, 『한서』「예문지」는 유흠의「칠략(七略)」을 참고하여 이룬 것이므로 양웅과 시대적으로는 매우 가까운 시기의 것이다. 그런데 양웅은 『서경』은 일(事)에 관한 것으로, 『춘추』는 도리나 이치(理)에 관한 것이라고 이해하였던 것이다. 『한서』「예문지」의 저자와 양웅에게는 아마도 오경 모두가 역사 기록이기도 하고, 동시에 모두 역사 기록만은 아닌 제왕의 정사(政事)에 관한 텍스트였던 것 같다. 발제문 [다]의 내용을 보면 사마천의 『사기』야말로 일반적으로 현대인들이 역사 기술이라고 여기는 그런 의미에서의 역사 기술이라고 양웅은 보았던 것이다.

위와 같은 양웅의 말을 통하여 보자면 『법언』은 무엇과 가장 가까운 성격의 책일까? 오경 각각의 특성을 조금씩 다 가지고 있지만 아무래도 양웅 자신이 말한 『춘추』의 성격을 가장 많이 가지고 있다고 볼 수 있다. [다]에 등장하는 세 권의 책은 아무렇게나 선택된 것 같지는 않다. 단언할 수는 없어도 아마 이 세 서적은 그 당시 일반적으로 사서(史書)라고 여겨졌던 책이 아닐까 생각한다. 『사기』는 말할 것도 없고 『좌전』역시 다른 『춘추』의 두 전과는 달리 비교적 역사적인 사실을 기록하는 데 충실한 전이며, 『주관』은 그 연원이나 성서(成書)의 과정 모두 복잡하지만 공자를 포함한 유가들이 흠모하는 주나라의 예악전장제도와 관련된 것으로 믿어졌으므로 역사적인 기록의 성질을 띤 책으로 이해되었으리라 생각한다. 당대의 유지기(劉知幾)가 쓴 중국 최초의 사학 이론서 혹은 사학 비평서라고 일컬어지는『사통(史通)』에는 양호한 사서가 갖추어야 할 항목으로 「서사(敍事)」·「품조(品藻)」·「직서(直書)」가 나란히 세워져 있는데, 직접 양웅의 말로부터 영향을 받은 것은 아니라 할지라도 사학에 대한 양웅의 안목을 방증해주고 있다고 볼 수 있다. 양웅은 물론 사서라면 위와 같은 특성을 모두 갖추어야 한다고 말한 적은 없다. 하지만 입사(立事), 즉 주로 정사에 관한 사실을 서술하는 것, 품조(品藻)는 인물에 대한 품평, 즉 감상이나 비평을 담는 것, 실록(實錄)은 거짓이나 꾸밈없이 사실이나 문헌에 근거하여 사실적으로 기술하는 것을 말하는 것으로,『법언』에서 그가 이러한 것을 제한된 형식 안에서도 부분적으로나마 구현하고 있는 게 아닌가 생각된다. 또한 특히『법언』의 「중려」와 「연건」 두 편에 집중적으로 보이는 역사적 사건이나 인물에 대한 비평은 품조에 해당되는 것이겠고, 양웅 자신이 『법언』의 서문에서 「연건편」을 지은 이유에 대하여 말하면서도 '인물의 존귀한 점과 비천한 점을 서술하고 품평을 더하여 연건편을 지었다(尊卑之條, 稱述品藻, 譔淵騫)'고 하며 '품조'라는 말을 사용하였는데 이는 위진 시대에 활발하게 일어났던 인물 품평이라는 조류의 선구적 역할을 한 것이라 할 수 있을 것이다.

이제 양웅과 금고문 경학에 관한 문제를 생각해보자. 한초 협서율이 해제된 이후 유가의 경서들을 암송했던 사람들에 의존하여 당시의 자체인 예서(隸書)로 기록된 것을 금문경이라고 하며, 무제기에 갖추어진 오경박사에 14박사가 세워졌는데 이들은 당연히 모두 금문경에 속한 것이었고 사법(師法)을 중시했다. 이와 동시에 민간에서 대규모로 유서를 수집하는 작업도 지속적으로 이루어졌는데 서한 말 성제의 명으로 비서를 정리하던 유향·유흠 부자는 이전의 경서와는 다른 글자, 즉 한대 이전의 고문자인 주서(籒書)로 쓰인 유가 경전을 발견했다고 하는데 이를 고문경이라고 한다. 유흠은 고문으로 된 경서들도 박사관에 세우고자 했으나 금문학자들의 반대로 여의치 않게 되자 그 유명한 「이태상박사서(移太常博士書)」, 즉, 태상박사에게 보내는 편지를 통하여 금문학파의 결함을 지적하고 고문의 우수성을 주장하였다. 왕망은 자신에게 유익한 경우 금문경을 완전히 배제한 것은 아니나, 고문경에 속하는 『모시(毛詩)』·『일례(逸禮)』·『주관(周官)』 등에 밝은 학자들을 불러들여 주로 이들과 정치 개혁을 논의하였으므로 고문학의 발전에 긍정적인 기여를 한 인물이다. 유흠과 왕망 모두 양웅과는 절친한 사이였고 아마도 이런 이유로 양웅이 고문학파에 속하는 인물이라는 인상을 가지게 되었을 것이다.

그러나 양웅은 경학으로 입신한 것이 아니었고 사부로 황제의 환심을 사면서 관직에 오르게 되었으므로 특별히 금문이나 고문의 어떤 한 편에 설 필요는 없었을 것이다. 지적인 호기심이 왕성한 양웅은 금·고문에 상관없이 많은 경전을 독파했을 것은 충분히 예견할 수 있다. [다]에서 말하고 있는 세 종류의 책은 모두 대표적인 고문경이고『법언』에는 이 구절에서 언급된『좌전』이라는 말 외에 공양이나 곡량 등『춘추』의 다른 전의 이름을 언급한 적은 없다. 그러나 이 문장의『좌전』이 다른 춘추전을 의식하고 쓰인 것 같진 않다. 금·고문경학의 핵심적인 주제가 바로『춘추』를 둘러싸고 논의되었던 것을 생각한다면,『법언』에서『춘추』에 대하여 논한 것이나『춘추』와 관련된 언급을 통하여 그의 금고문에 대한 태도를 보다 정확히 이해할 수 있을 것이다. 양웅은『춘추』와 같은 역사서나 역사에 관한 전문적인 저술을 남기지는 않았지만 그가『춘추』의 내용을 숙지하고 있다는 것은 그의 사부작품을 통해서도 이미 알 수 있다. 예를 들면 그가 43세에 지었던「교렵부(校獵賦)」에 인용된 "초 영왕이 운몽에서 수렵한 것을 사치스럽다 여기고, 송 소공이 맹저에서 수렵한 것을 헛된 호화로움이라 여기며 초 영왕이 장화대를 지은 것을 그르다 여기고 주 문공이 영대를 지은 것을 옳다고 여기네(奢雲夢，侈孟諸，非章華，是靈臺)"라는 구절만 보아도 그가『춘추』의 기사를 얼마나 상세히 알고 사부에 응용하고 있는지를 알 수 있다. 운몽(소공 3년)·맹저(문공 10년)·장화(소공 7년) 등의 이야기는 모두『좌전』에만 기록이 되어 있으니 양웅이 고문경인『좌전』을 읽었던 것은 분명하다.

그런데 [라]에서 주목해야 할 표현이 있으니 그것은 바로 '실여(實予)'라는 표현으로, 이때의 여(予)는 허여한다는 의미의 여(與)와 같은 뜻으로 사용되었다. 이 '실여'라는 표현은『춘추』삼전 가운데 유일하게『공양전』에서만 수차례 등장하는『공양전』만의 독특한 표현으로 원칙적으로는 잘못된 것이지만 현실적으로는 인정할 수밖에 없고 그래서 인정한다는 의미로 사용되고 있다. '문면 상으로는 허여하지 않는다(文不與)'는 말과 함께 보이는 경우가 많은데 이는『맹자』에 나타나는 경권(經權)에 대한 관념과도 통한다. 즉, 원칙적으로 보아 최선은 아니지만 주어진 상황에서는 최선의 선택이라는 것이다. 따라서 이는 양웅이 『공양전』을 읽었다는 사실을 말해준다. 또 다른 예를 들자면, "교활하게 전략을 써서 이기는 것과 교활한 전략을 쓰지 않고 지는 것은 어떤 것이 더 낫습니까?" 하는 질문에 대하여 "패하는 쪽이 더 낫다"고 답하는 대목이 「선지편」에 있는데 이는 그 유명한 송양공(宋襄公)의 인(仁)에 관한 이야기를 배경으로 하고 있을 것이라 짐작된다. 적국의 대오가 정비되기 전에 공격하는 것은 군자가 싸움에 임하는 도리가 아니라고 여겨 선제공격을 허락하지 않다가 결국 패전했던 송양공을 『좌전』과 『곡량전』은 비판하고 있으며 이를 긍정적으로 평가하는 것은 오직 『공양전』밖에 없다. 또, 「중려편」에서 자신이 한 말을 지키지 않는 일이 없어야(不食其言) 믿음이 간다고 할 것이라 하며 진(晉)의 순식(盾息)·조(趙)의 정영(程嬰)·공손저구(公孫杵臼)를 들고 있는데, 『좌전』과 『공양전』 모두 순식이 신의를 지키기 위하여 목숨을 바친 일을 기록하고 있지만 『공양전』은 순식이 현명한 이유에 대하여 불식기언(不食其言)이라고 하고 있어 양웅이 이 대목 역시 『공양전』을 취했다는 것을 알 수 있다. 앞서 보았던 「과견편」의 오경에 대한 평가를 다시금 떠올려본다면 양웅이 도리·이치(理)에 관한 것이라고 이해하였던 『춘추』는 「중려편」에서 '품조'에 관한 내용을 담고 있다고 했던 고문경이었던 『좌전』보다는 아무래도 금문경이었던 『공양전』에 가까운 것이라 판단할 수밖에 없다.

한대 상수역학을 발전시켰던 학자들은 예외 없이 금문학에 속하는 사람들이었으므로 양웅이 상수역의 독특한 형태인 괘기설을 발전시켜 『태현경』을 만들었다는 것만을 생각하면 양웅은 금문학과 더 가깝다. 또, 『춘추』의 경우는 『좌전』과 『공양전』 모두를 취하고 있음을 확인할 수 있으나 사상적으로는 후자와 더 가깝다고 할 수 있다. 그러나 그를 고문학파에 속한다고 여겼던 이들은 첫째, 그가 유흠이나 왕망 등 친분 관계를 통해서 보아도 고문학파와 가깝다고 보았고, 둘째로는 그의 사상 중에 괴이하고 허탄한 것을 배제하는 경향이 고문학자들의 태도와 일맥상통함을 지적하곤 한다. 양웅은 분명히 신선술을 부정했고 불로장생의 가능성도 부정했다. 용의 형상을 만들어 비를 내리게 하는 것도 부정했고 별로 길흉을 점치기보다는 덕을 쌓는 것을 더 중시한다고 했다. 양웅이 부정했던 이러한 성향을 가진 것이 바로 금문경학이라고 여기기 때문에 이를 부정했다는 이유로 양웅을 고문학파에 귀속시키는 것은 성급한 판단이다. 왜냐하면 금문경학의 성격을 나타내는 핵심어는 신선술·기우·점성 등의 단어라기보다는 재이(災異)라고 하는 것이 더 정확하다는 것에는 이의가 없을 것이다. 그런데 재이에 대하여 양웅은 전혀 부정적인 태도를 보이지 않고 있다.

덕행이 훌륭한 자로는 원공·기리계·하황공·각리선생이 있고 언사로 공을 세운 이에는 누경과 육고가 있다. 도리를 굳게 지켜 굽히지 않는 이로는 왕릉·신도가 있고 지조 지키기를 한결같이 한 사람에는 주창과 급암이 있다. 유학을 굳게 지킨 사람에는 원고생·신공이 있고 재이에 밝은 자로는 동중서·하후승·경방이 있다(美行, 園公, 綺里季,

夏黃公, 角里先生. 言辭, 婁敬, 陸賈. 執正, 王陵, 申屠嘉. 折節, 周昌, 汲黯. 守儒, 轅固, 申公. 蕭異, 董相, 夏候勝, 京房). 『法言』「淵蹇」

이 문장은 진한시대의 훌륭한 인물들을 그 덕행이나 재주의 항목별로 나열하고 있는 것인데, 여기에서 재이는 다른 여러 항목 중의 하나로 열거되어 있을 뿐이며 재이에 밝은 대표적인 동상(董相), 즉 동중서에 대하여 양웅은 비판적이기보다는 "하고자 했으나 이루지 못했다"고 하여 동정적인 심경을 내비치고 있으니 아마도 사불우(士不遇)의 경우로 자기와 같은 처지라고 보았는지도 모른다. 뿐만 아니라 공의자(公儀子)와 더불어 동중서는 뛰어난 재능을 가진 자들이었다고 하며 "선을 보아도 만약 명백히 인식하지 못하거나 마음 쓰는 것이 확고하지 못하다면 어찌 그와 같은 행위를 할 수 있겠는가"라고 존경심을 표하며 칭송한 바 있다. 금문학을 대표하는 동중서에게도 전혀 인격적으로나 학문적으로나 반감이 없었으니 우리가 한대 금고문 경학의 관계를 투쟁적인 것으로만 이해한다면 이 같은 양웅의 모습은 오히려 이상하게 느껴질 것이다. 물론 투쟁적인 상황도 전개되었고 이는 고문경이 출현했던 시기 유흠과 태상박사들 사이에 오갔던 논의에서도 드러난다. 광무제가 주관해갔던 후한초의 금고문 논쟁은 결국 『좌전』을 박사관에 세우는 결과를 이끌어냈으며 후에 다시 폐립되었고, 후한의 장제(章帝)는 직접 백호관 회의를 주관하고 참석하여 통일된 경학에 따른 통치 이념을 정립하고자 하기도 하였다.

이런 이백 년 가까운 과정을 거쳐 후한 말에 이르러 비로소 금, 고문을 대립적으로 바라보고 한 쪽만 취하기보다는 양쪽에 두루 통하는 박학(博學)의 학풍이 일어나게 되었고 그 대표적 인물이 바로 정현(鄭玄)이었다는 것이 일반적인 이해다. 그러나 아마도 경학으로 입신하거나 경학을 이록의 수단으로 했던 이들과는 어느 정도 거리가 있었던 지식인들의 경우 반드시 어느 한 쪽에 서야만 했던 것도 아니고 실제로도 그렇지 않았음을 양웅을 통하여 알 수 있다. 앞서 말했듯이 양웅은 경학으로써 입신한 경우가 아니었으므로 왕성한 그의 지식욕에 따라 자유로이 금고문을 출입하며 독서할 수 있었으리라 생각된다. 그동안 많은 연구자들이 천인상관적 사고방식의 영향 하에 있는 재이설을 한대 경학의 금문학파가 드러낸 폐해처럼 여기고, 고문학파는 보다 합리적이어서 미신적인 금문학파의 재이설을 거부한 것으로 설명하곤 하였다. 그러나 이는 사서(史書)에 기록된 한대 경학자들에 대한 기록이나 일부 금문학파 혹은 고문학파에 속하는 학자의 경향을 가지고 금·고문학 전체를 평가한 데서 오는 말미암은 섣부른 결론이다. 이렇게 말할 수 있는 단적인 근거가 바로 양웅이다. 금문학에서는 공자를 신비적인 성인으로 만들어가는 것에 비하여 고문학에서는 공자보다는 주공의 지위와 업적을 한층 높이 평가한다는 것도 사실이지만, 이 역시 양웅에게서는 뚜렷하지 않다. 양웅에게 공자는 분명히 성인 그 자체였다. 그러나 공자는 주공을 배운 사람이라고 명언하고 있어 양웅에게는 '공자냐 주공이냐'가 아니라 '공자도 주공도' 높이 존숭되고 있다. 그럼, 다음 절을 공자에 대한 양웅의 이해로부터 시작해보자.

3. 제자 비평과 인물 비평을 통해서 본 양웅의 학술사

[마] 옛날에 양주와 묵적의 사설(邪說)이 공자의 도를 막자 맹자는 변설로써 그 길을 터서 넓혔다. 그 후에 길을 막는 자가 있으니 은근히 나 자신을 맹자에 비해본다.

古者, 楊墨塞路, 孟子辭而闢之, 廓如也. 后之塞路者有矣. 竊自比於孟子. 「吾子」

[바] 장주와 양주의 설은 방탕하여 도덕규범을 무시하고 묵적과 안영은 검소한 것만을 강조하여 예악을 폐지하려 한다. 신불해와 한비의 설은 음험하며 덕으로 교화하는 바가 없다. 추연의 설은 우원하여 믿을 수가 없다.

莊·楊蕩而不法, 墨·晏儉而廢禮. 申·韓險而無化. 鄒衍迂而不信. 「五百」

한대에 유가의 사상을 지배적인 지도이념으로 받아들이기 시작하고 유자들이 대거 등용되어가는 과정에서 가장 뚜렷이 나타나는 것은 유가의 경전들에 대한 해석이 풍부해지고 재이설과 관련되면서 그것을 정치에 응용하는 현상이었다. 무제기의 동중서에게서 이미 우리는 그 전형적인 모습을 발견할 수 있다. 그러나 동중서에게 공자는, 아직 당시의 황제인 무제를 능가하는 존재, 즉 초월성을 띤 절대적 존재로서의 성인이 아니었다. 대책문에서 그는 한 무제에게 공자는 상서로운 부응을 불러들일 능력은 있지만 지위가 비천하여 그렇게 하지 못함을 비탄하였는데 무제는 그러한 능력도 있고 그러한 지위에 있다고 하며, 그럼에도 불구하고 하늘의 부응이 이르지 않는 것은 아직 교화가 널리 펼쳐지지 못했기 때문이라고 아뢰고 있다. 동중서가 공자를 소왕(素王)이라고 인식하긴 하지만, 그래도 공자는 황제에 비하여 지위가 비천한 자로 인식되고 있다. 그러나 양웅에게 공자는 도로 들어갈 수 있는 유일한 통로로 인식되고 있으며 하늘의 도가 바로 공자의 가르침에 있는 것이니 공자의 존재는 그저 황제와 비교할 수 있는 존재는 아니다.

> 하늘의 도는 중니의 가르침에 있지 않은가! 중니는 그 가르침을 널리 전했다. (지금 그 도는) 유가의 손에 있지 않은가. 그러므로 만약 그 가르침을 다시 널리 전하고자 한다면 모든 유가로 하여금 목탁이 되게 하는 것 만한 게 없다(天之道, 不在仲尼乎! 仲尼駕說者也. 不在茲儒乎. 如將復駕其所說, 則莫若使諸儒金口而木舌). 『法言』「學行」

하늘의 도가 바로 공자에게 있다고 하니 공자의 가르침은 그 자체로 불변의 진리로서 온 중국에 전달되고 확산되어야만 하는 것이 된다. 양웅의 시대에 공자는 점차 절대적이고 초월적인 성인이 되어가는 중이었다. 가장 일반적인 경향은 전한 말 성행했던 참위학에서 공자를 신비하게 묘사하거나 신통력을 가진 것으로 묘사하는 것이었다. 참위학이 언제부터 시작되었는지에 관하여는 이설이 분분하나 성행한 것은 전한 말의 애제·평제시기로, 양웅이 침잠하여 『태현경』의 저작에 몰두하던 시기와 맞물린다. 따라서 참위가 성행하던 시기에 양웅은 참위 그 자체와는 달리 우주의 근원적인 이치를 사색하였고 공자를 참위서에서처럼 예언의 능력이 있는 신비한 인물로 여기지는 않았다. 그러나 분명히 공자는 동중서에서보다는 극도의 존숭 대상이 되었다. [마]에서 보이는 맹자가 양주와 묵적이 공자의 도를 막으므로 이들을 물리치려 했다고 한다면, 양웅은 공자의 도를 위하여 무엇을 물리치려 했던 것일까? 맹자가 보기에 양주의 주장이 위험한 이유는 질서와 예악이 존재하는 국가의 유지가 문제되기 때문이었고, 묵적이 위험한 이유는 겸애를 주장하면서 가족적인 유가의 윤리관이 위협을 받기 때문이었다. 그리하여 맹자는 양주에게는 나를 위한다(爲我)는 이유로 군주를 없애는 것(無君)이라 하였고 묵적에게는 모두를 두루 사랑하여(兼愛) 아비를 없애는 것(無父)이라고 비난했던 것이다. 그러면 양웅은 어떤 이유로 무엇을 비난하는 것일까?

양웅은 공자의 도를 기준으로 삼아 [바]에서 나타나듯, 대부분의 제자 사상의 단점을 지적하고 있다. 그는 제자(諸子)란 "자기의 지식에 바탕을 두고 공자와 도를 같이 하지 않는 사람(以其知異於孔子者)"이라고 했고, 또한 오경을 버리고 도를 이루려는 것은 있을 수 없는 일이라고 하며 다시 한 번 제자의 설을 애호하는 자는 결코 참된 도를 알 수 없다고 못 박고 있다. 그런데 맹자는 공자와 다를 바가 없다고 선언하였으니 양웅이 보기에 맹자는 한갓 제자 중의 한 사람이 아니었던 셈이다. 이렇듯 맹자를 극찬하는 양웅은 순자에 대하여는 역시 공자의 학통에서 나온 것으로 인정하지만 조금은 다른 바가 있다고 했다. 이렇듯 양웅은 공자에서 맹자로 이어진 그 학맥만을 유일하게 인정하고 있으며 나머지에 대하여는 배타적인 태도를 보인다. 제자 가운데 오직 노자만을 긍정적으로 평가하지만 그것도 부분적인 긍정일 뿐으로, 노자가 인의를 경시하는 것은 받아들이지 못하지만 노자의 도와 덕은 취할 바가 있다고 하였다. 이때 양웅이 인정하는 노자의 도와 덕에서 국가의 통치에 유익한 황로적 의미의 도와 덕이라는 의미를 완전히 배제할 수는 없겠지만 그보다는 양웅이 우주론적 사유를 펼치면서 『노자』에서 제기되고 있는 우주의 근원과 생성의 문제를 수용하였다는 점이 더 중요하다. 뿐만 아니라 양웅은 『노자』에서 도·덕·인·의·예라는 다섯 덕목은 앞의 것이 잃어버려지고 난 후에 비로소 드러나는 것(故失道而後德, 失德而後仁, 失仁而後義, 失義而後禮)이라고 언급하는 바로 그 순서대로 언급하며 이 다섯 덕목은 사람의 본성에 바탕을 둔 것으로 마땅히 모두 갖추어야 한다고 말하는 것으로 보아, 제자 가운데 『노자』는 특별히 양웅에게 많은 영향을 끼쳤음을 알 수 있다.

제자 비평에서 가장 뚜렷이 비난의 대상이 되는 것은 신불해와 한비 등의 법가로, 위에서 말한 '음험하고 도덕의 교화가 없다'는 말을 「문도편」에서 한층 자세히 비판하여 말하기를 신·한이 주장하는 법술은 어질지 못하고 잔혹함의 극치이며, 법이란 오직 요순과, 문무의 법일 뿐이니 그들이 말하는 법은 참된 법이 아니라고 말한다. 한비에 대하여는 「문명편」에서 다시 한 번 그가 유세했던 태도를 들어 비판하기를, 군자는 오직 예로써 움직이고 의로써 멈출 뿐인데 한비는 수단과 방법을 가리지 않고 군주에게 나아가려 했다고 지적했다. 양웅은 군자라면 마땅히 자신의 유세 내용이 도에 맞는지 맞지 않는지를 근심할 뿐, 받아들여지는지 아닌지를 근심할 것이 아니라고 여겼던 것이다. [바]에서 장자를 노자와는 달리 양주와 같은 계열로 파악하고 있는 것에서 양웅의 혜안이 돋보이며, 아마도 안영이 묵자와 같은 계열에 속하게 된 것은 그가 제나라의 영공·장공·경공 등 삼대의 군주를 거치며 명재상 노릇을 했음에도 불구하고 천한 신분의 사람들이 사는 누추한 곳에서 기거했다는 이야기에 근거했을 것으로 짐작된다. 그런데 양웅이 과거의 제자학을 비판하는 것은 자신의 사상의 골격과 내용을 밝히며 구조화하는 작업을 위한 것일 테고, 맹자가 위기감을 느끼면서 양·묵을 막아내고자 했듯이 양웅이 막고자 한 것은 당시의 어떠한 것이었을까 하는 것은 여전히 의문으로 남는다. 만약 양웅을 미신적인 금문경학의 재이설을 타파하고자 했던 고문경학의 대표주자쯤으로 치부하는 경우, 그가 애써 막아내고자 하는 것은 금문경학이었다는 견해는 평여우란이 제기한 이래 종종 반복되었다. 하지만 양웅이 재이에 밝은 것을 하나의 장점으로 여기고 있었음은 앞에서 이미 지적했다. 또한 양웅이 연금술도 부정했고 신선 장생술도 부정했지만 이는 그가 사명감을 가지고 힘써 막아야 할 만한 대상은 아니었을 것이다. 불사의 신선의 존재나 장생술을 부정하고 연금술을 부정하는 양웅의 태도는 바로 노장사상과 종교 전통으로서의 도교의 분기점을 말해주는 것 같아 흥미롭다. 이들이 보여주는 가장 다른 점은 바로 생사에 대한 태도라 할 수 있을 것이다. 역대의 도가적인 성향의 사상가들이 생과 사를 여일하게 보고 생만을 즐거워하고 죽음을 싫어하는 어리석은 집착에서 벗어나도록 권유한 것에 비하면 도교도들, 특히 도교의 전문가인 도사의 집단에서는 끊임없이 죽음을 육체적으로 초월하고자 애써왔던 것이 아니겠는가?

아마도 양웅에게는 맹자처럼 구체적인 눈앞의 대상은 없었을 것 같다. 다만 양웅에게는 순수한 공자의 가르침으로서의 '유(儒)'에 대한 강조가 두드러지게 나타난다. 동중서의 경우에도 그 자신은 "육예의 학과에 속하지 않는 것과 공자의 학술에 속하지 않는 여러 학술은 그 길을 끊어버려 이들이 나란히 세상에 출현하지 못하게 해야 한다"고 했지만 정작 동중서 자신의 사상에는 공자의 가르침뿐 아니라 음양오행적인 사고는 물론이고 묵가·법가·도가적 사고 등, 이미 황로학에서 이루어진 여러 학설의 융합이 그대로 나타난다. 이런 상황은 양웅에게도 마찬가지다. [마]에서 양주와 묵적의 사상을 이단사설이라 여겨 이를 막는 것을 사명으로 여겼던 맹자에 자신을 빗대어 보고 있는 것에서도 공자의 가르침만을 정통의 학문으로 인정하는 것을 알 수 있다. 「문명편」에서 양웅은 공자를 '성인'이라고 분명하게 말했고 「오백편」에서는 공자를 '신명(神明)'하다고 했는데 이어지는 내용을 보면 신명하다는 것은 이 세상 만물에 신비한 작용을 한다는 것을 의미한다. 작은 것은 작게 이루어지고 큰 것은 크게 이루어지고 산천·구릉·초목·금수 모두 마찬가지로 공자의 신비한 작용에 의하여 그렇게 된다는 식의 내용으로, 이는 마치 참위서에서 공자를 신비한 능력의 소유자로 묘사하는 것과 비슷한 느낌을 준다. 분명히 이런 부분이 섞여 있어 연구자들을 당황시키지만 우리의 이해를 곤란하게 하고 해석을 방해한다고 하여 무시해서는 안 될 것이다. 「오자편」에서 양웅은 배를 타지 않으면 물을 건널 수 없듯이 오경을 통하지 않고는 도를 인식할 수 없다고 했고 공자만이 참된 도에 이르는 유일한 문이라고 하였다.

이렇듯 공자와 공자의 가르침만을 올바른 것으로 여겼지만 정작 그 자신은 공자의 가르침만이 아니라 노자의 사상과 음양오행적인 사고의 틀을 활발히 응용하였으며, 「태현부」와 『태현경』에서는 특히 『노자』의 길흉화복에 대한 통찰을 양웅이 그대로 수용하고 있음이 잘 나타난다. 양웅은 실제 많은 선진시대의 다른 사상 유파들의 영향을 받고 여러 사상의 조류를 부분적으로 취사선택을 하여 자기 안에 수용, 융합하고 있음에도 불구하고 언표하기로는 참된 유, 혹은 순수한 유만을 주장하며 다른 사상의 조류에 대하여 배타적인 태도를 보이는 것이다. 양웅은 잡박함을 경계하는 태도를 보이는데, 잡박하다는 판단의 기준은 바로 '성인의 말씀'으로서, 「문신편」에서 회남왕 유안과 태사공 사마천에 대하여 그들은 참으로 많은 지식을 가지고 있지만 많이 알아서 잡박해지는 건 오히려 근심할 바라고 하며 오직 성인만이 잡박하지 않다고 말한 것에서도 알 수 있다. 같은 편에서 양웅은 『태현경』을 왜 저술했는가 하는 물음에 대하여 인의를 위한 것이라고 했고 누가 인의를 위하지 않겠냐고 하자 잡박하지 않도록 한 것일 뿐이라고 답하였다. 그러나 직접 『태현경』의 내용을 보면, 인위를 위한 것이고 잡박하지 않도록

했을 뿐이라는 말은 쉽게 이해되지 않는다. 다만 양웅 자신이 이렇게 믿고 있었음은 틀림이 없다. 역시 같은 편에서 양웅은 어찌하여 『태현경』을 지었는가 하는 물음에 대하여, "(『태현경』에) 기록한 일은 옛 성인의 도를 전하는 것이고, 책 자체는 새로 저작한 것이다"(其事則述, 其書則作) 라고 하였던 것이다. 양웅 자신은 『주역』이 담고 있는 옛 성현의 도를 『태현경』에서 그대로 재현하고 있을 뿐, 새로이 독창적인 사고를 전개하고 있는 것이 아니고 다만 표현양식만을 바꾸어 책으로 만들었다고 스스로 생각했다는 것이다. 우리에게는 양웅이 한대 상수역의 괘기설을 계승, 변화시켜 81수, 729찬의 형태로 『주역』을 개조하고 거기에다가 율력사상에 근거하여 천문·역법의 삼진법적인 수리적 전개를 도입하고 별자리·음양오행 등의 요소까지 첨가하였다는 것이 상당히 잡박하게 보이지만 양웅은 결코 이로 인하여 잡박한 것이라고 여기지는 않았던 것이다.

양웅의 인물비평에서 드러나는 하나의 특징은 바로 은자에 대한 존숭으로, 특히 그는 한대의 은자들에 대하여 극히 높이 평가했다. 이는 『노자』의 사상과는 무관한 것으로, 양웅의 스승이었던 엄군평의 영향과 당시 사회의 혼란상으로 인한 것으로 보인다. 바로 앞 절에서 인용했던 「연건편」의 문장에서 양웅이 덕행이 훌륭한 자라고 하며 열거했던 원공·기리계·하황공·각리선생 네 사람은 모두 한초의 은자들이었다. 은자를 칭송한 예는 『법언』 곳곳에 보이는데, 그 가운데 「문신편」에는 '군자는 죽은 뒤에 이름이 알려지지 않을 것을 근심한다'는 공자의 말씀은 덕을 갖추었다는 명성을 바라는 것이지 권력자의 명성을 바라는 것이 아니라고 하면서, 전한 성제기의 은자인 정자진(鄭子眞)의 예를 들고 있다. 초 지역 출신의 공승(龔勝)과 공사(龔舍), 두 분의 공 선생은 권세에 따르지 않는 청렴결백한 이들이었다고 한 후에 촉 지역의 장(莊) 선생, 즉 엄군평이라 불렸던 그의 스승에 대하여 상세히 기록하고 있다. 뛰어난 재주와 지혜를 지녔으면서도 겉으로 드러내지 않았고, 이름을 팔며 이득을 구하지 않았으며, 평생을 도읍 안에서 점을 쳐주는 일로 연명하였으나 절조를 잃지 않았다고 하였다. 또한 촉 지방의 인재를 알려달라고 하자 양웅은 이중원(李仲元)이라는 자를 들어 말하기를 "이익과 권세 앞에 자기의 뜻을 굽히는 일이 없고 출세를 위해 그 몸을 수고롭게 하지 않았다"고 하였다. 그런데 왜 벼슬을 하여 사람들이 우러러보는 지위에 나가지 않는 것이냐고 묻자, "밝게 빛나는 것은 자신의 힘이지만 높이 끌어올리는 것은 하늘이 하는 일"이라고 답하였다. 여기에서도 양웅은 인간 외적인 힘의 영향력을 역시 '하늘'이라고 표현하고 있는데, 이는 하늘을 인격화했다고 하기보다는, 시(時)를 만나는가의 여부에 운명이 달려 있다고 했던 것과 같은 의미라고 볼 수 있을 것이다. 양웅이 생각하는 군자란 치세엔 몸을 드러내고 난세엔 몸을 숨기는 봉황과 같은 존재이니, 명철보신은 군자가 귀하게 여기는 바라고 여겼던 것이다. 더러운 진흙탕에서 유희하는 장자는 양웅이 보기엔 참된 은자가 아니었던 것 같다. 그는 유가적인 은자, 다시 말하면 출사가 전제된 은자를 높이 표방했던 것이다.

양웅은 「연건편」에서 은자를 몇 가지로 분류하고 있는데, 첫째가 성인의 은둔이라는 의미의 성은(聖隱)으로 기자(箕子)를 예로 들었고, 둘째는 현은(賢隱), 곧 현자의 은둔으로 접여(接輿)를 예로 들었다. 마지막으로 회은(詼隱)이 있는데, 농담을 하거나 우스갯짓을 하여 그 시대에 받아들여지지 않을 경우 은둔하는 경우를 말한다고 한다. 이러한 말은 사람들이 동방삭을 조은(朝隱), 즉 조정 안에서 은둔했던 자가 아니냐고 한 것에 대하여 양웅이 부정하면서 했던 말이다. 양웅은 동방삭이 회은과 비슷하지만 은자는 아니라고 판단했으므로 회달(詼達)이라고 했던 것 같다. 이어, 유하혜(柳下惠)가 조은이 아닌가 하는 질문에 대하여 군자라면 그를 조심성 없는 사람이라고 한다고 답하며 그런 상황에서 덕이 높은 자는 아사하고, 덕이 낮은 자는 조정에 출사하여 은둔했다고 답했다. 양웅은 이러한 조은, 즉 녹은에 대하여는 비교적 낮게 평가했다. 양웅의 한대 은자들에 대한 평가는 그대로 『한서』에 채택된 경우가 많았을 정도로 영향력이 있었고, 『논형』 「일문편」에 "양자운이 『법언』을 지었는데, 촉 땅의 부자들이 돈 십만 전을 싸들고 와서 책에 실어주기를 원했는데 양웅은 들어주지 않았다"는 말이 있는 것으로 미루어보아 당시 양웅의 인물평에 대한 신뢰도는 대단했던 것 같다. 양웅은 이 돈을 받고 인물평을 실어줄 정도의 속된 인품을 가진 사람은 아니었지만 그 자신은 그가 흠모해 마지않는 한대의 은자들과 같은 삶을 택하지는 않았다. 필자가 판단하기에 양웅은 때가 아니라고 생각할 경우 적은 녹을 받으며 조정에서 은거한다는 조은(朝隱), 혹은 녹은(祿隱)의 방식을 선택한 것이라고 생각된다. 양웅 스스로는 자신을 어떻게 생각했던 것일까?

4. 우주론과 공명하는 한 제국의 이상적 청사진

[사] 한 사람의 군주, 삼공, 구경, 그리고 27명의 대부와 81명의 원사가 있으니, 적은 것은 많은 것을 다스리며 무는 유를 다스린다. 『태현경』의 방법은 그것을 밝게 드러낸다.

一辟, 三公, 九卿, 二十七大夫, 八十一元士, 少則制衆, 無則治有, 玄術瑩之.「玄瑩」

[아] 배운다는 것은 타고난 본성을 닦기 위한 것이다. 보는 것, 듣는 것, 말하는 것, 용모, 생각하는 것, 이 다섯 가지는 본성에 포함되어 있는 것이다. 배우면 바르게 되고 배우지 않으면 그릇되게 된다.

學者, 所以修性也. 視·聽·言·貌·思, 性所有也. 學則正, 否則邪.「學行」

대부분의 양웅 연구에서 양웅의 정치관이라는 제목으로 다루는 내용은 대체로 공맹의 정치에 대한 원칙들과 별로 다른 바가 없다. 예를 들면, 인정(仁政)을 펼쳐야 한다거나 덕으로 교화해야 한다거나 현능한 자를 숭상하고 등용해야 한다는 등의 내용에서 벗어나지 않고 있으니 이런 것을 반복할 필요는 없을 것 같다. 쉬푸관(徐復觀)은 「양웅논구(揚雄論究)」라는 글에서 양웅의 정치관을 다음과 같이 네 가지로 정리한 바 있다. 양웅은 원칙적으로 예악을 중시했고, 법도를 중시했으며, 이제 삼왕(二帝三王)을 중시했고, 때에 따라 옛 것을 따르거나 변화한다는 수시인혁(隨時因革)을 중시했다는 것이다. 그러나 잘 생각해보면 이 역시 역대 유가들의 일반적인 정치관의 틀에서 벗어나는 것은 아니다. 발제문 [사]의 내용 가운데 전반부, 즉 '1벽·3공·9경·27대부·81원사'라는 대목은 『예기』「왕제편」에도 그대로 보이며, 『춘추번로』의 「관제상천(官制象天)」과 「작국(爵國)」 두 편에도 종종 등장한다. 관제와 행정 단위가 전부 하늘의 형상과 구조, 더 나아가 우주의 리듬을 반영하고 있(어야 한)다는 생각은 갑자기 제국의 형성과 함께 나타난 것이 아니다. 『시경』·『서경』·『좌전』 등의 경서나 공자를 비롯한 춘추시대의 제자 문헌의 경우, 관제 자체에 대한 관심보다는 정치 지도자가 갖추어야 할 덕목이나 군신간의 관계 등에 더 비중이 두어졌던 것이 사실이다. 그러나 점차 전국 중기를 전후하여 관제는 천도와 부합되어야 한다는 사고가 갖추어지기 시작했으며 특히 천도는 특별한 의미를 가진 숫자로 표현되었다.

이러한 숫자 가운데 삼(三)이라는 숫자는 꼭 셋이라는 의미가 아니라 여럿이라는 의미로 사용되는 허수로도, 또 글자 그대로 셋을 의미하는 실수로도 종종 사용되었다. 『논어』만을 보아도 하루에 세 번 성찰한다

(三省)거나, 유익한 세 벗과 손해를 입히는 세 벗의 이야기라거나 군자의 세 가지 경계해야 할 것이라거나 하는 식으로 삼(三)이라는 수는 빈번히 나타난다. 특히 「계사전」·「설괘전」 등에 이르면 역의 원리를 숫자 삼(三)과 관련지어 표현하는 경우가 많이 보인다. 예를 들면, 삼극(三極)이니 삼재(三才)니 하는 말이 나타나는데 이는 모두 천(도)·지(도)·인(도)이라는 특수한 의미를 가지고 있다. 이는 「중용」에서 인간이 천지의 화육을 도와 천지와 더불어 참여한다고 했던 것에서 천·지·인이 셋이 된다는 삼재(三才)라는 것과도 통한다. '삼공(三公)'이라는 표현은 『노자』 제62장에 보이지만 백서본에는 삼경(三卿)으로 되어 있고 곽점 죽간본에는 이 장이 없다. 쉬푸관은 백서본에 삼공이라는 표현이 보이지 않는 것으로 미루어 『맹자』와 『묵자』에 보이는 삼공이라는 표현은 후대에 고친 것이라고 추측하였다. 더구나 『맹자』에는 삼군(三軍)이라는 표현이 다섯 번이나 나온다고 하며 이는 필시 삼경(三卿)에 해당한다고 하였는데 이에 대하여 단언할 수는 없겠지만 더욱 문제가 되는 것은 언제부터, 어느 문헌에서부터 삼공·구경 등의 표현이 쓰였는가보다 왜 하필 삼공이었는지, 또 왜 하필 구경이었는지 하는 문제가 아닐까 생각한다. 이는 아무래도 삼(三)이라는 숫자를 우주 만물의 생성과 연결 짓는 사고로부터 비롯된 것이라고 보는 것이 적합할 것이다. 『노자』 42장의 "도가 일(一)을 낳고 일이 이(二)를 낳고 이가 삼(三)을 낳고 삼이 만물을 낳는다"는 구절이나 이러한 우주 생성론적인 사고 방식이 『예기』나 『춘추번로』에서 관제를 설명할 때는 전혀 드러나지 않지만 분명 삼(三)이라는 숫자가 『노자』로부터 생성론적인 역량과 의

미를 부여받는다는 것을 배제하기 어렵다. 이런 점이 명증하게 드러나는 것이 바로 발제문 [사]의 내용이다.

3의 삼배수인 3, 9, 27, 81이라는 숫자들은『태현경』의 골격을 이루는 중요한 의미를 가지고 있고, 그 의미는 우주의 생성과 구조로부터 말미암은 것이었으며 더 자세히 말하자면 음률의 기본 정수 및 역법의 기본 정수와 관계있는 것이었다. 그런데 양웅은 한 제국의 관제 역시 천지자연의 생성과정 및 구조와 맞물리는 것이어야 한다는 생각을 분명하게 제시하고 있다. 이러한 숫자들의 나열에 이어 그는 적은 것이 많은 것을 제어하고 무가 유를 다스린다고 설명했을 뿐 아니라 그가 우주의 근원적 이치라고 여겼던 현(玄)과 관련짓고 있는 것이다. 결국 양웅에게 있어서 모든 천사와 인사는 현이라는 하나의 근원을 가지고 있으며, 우주만물의 생성과정과 구조에서 삼(三)이라는 숫자와 그 삼배수들이 중요했다면 당연히 인간 사회의 정치적 구조에서도 중요할 수밖에 없다. 더구나 81수의 네 획에 해당되는 방(方)・주(州)・부(部)・가(家)는 각각 방백(方伯)・구주(九州)・군현(郡縣)・가족(家族)이라는 사회적, 행정적 단위의 의미를 가진 것이었다. 양웅은 율력의 기본 정수를 근간으로 하여『주역』의 구조를 개변하였고, 그리하여 얻은 81수의 구조 안에 시간적으로는 한 해, 공간적으로는 중국, 천지간의 모든 것을, 나아가 인간 사회의 지배질서까지를 모두 담아냈다. 더 세부적으로는 음률뿐 아니라 도량형, 즉 도(度)・량(量)・형(衡)・권(權)과도 수적인 통일을 이루고 있으며『태현경』「현수」에서 나열하고 있는 오행에 따른 방향・계절・일진・소리・색・맛 등이 고려되어 있다. 이야말로 조셉 니담이 『주역』을 '자연현상에 대한 관리적 접근'이라고 불렀던 것의 가장 종합적이고도 온전한 형태가 아닐까? 니담은 『주역』의 보편적인 기호체계가 중국에서는 놀라운 지속성을 보였던 현상을 설명하면서 이는 우주적인 정리 시스템이며 동시에 관료적인 사회질서와 기본적으로 일치하는 세계관이었기 때문은 아니었을까 하는 의문을 제기하며, 이에 대하여 자연현상에 대한 관리적 접근이라고 불렀던 것인데 그 대목에서 그가 예로 들고 있는 것은 다름아닌 『주례』다.

양웅이 '관직을 설명한 책'이라고 했던 『주례』, 즉 『주관』이라는 책은 천관(天官)·지관(地官)·춘관(春官)·하관(夏官)·추관(秋官)·동관(冬官, 亡佚되었음)의 육관으로 이루어져 있으니 권차 구성이나 관제의 명칭 자체가 우주적 사유를 반영하고 있고 따라서 후에 자연스럽게 『주역』의 괘와 연결되었던 것이다. 니담은 『주역』의 체계가 어떤 의미에서는 지상의 관료제에 해당하는 하늘의 관료제라고 볼 수 있으며 또 『주역』을 탄생시킨 인간 문명의 특정한 사회질서를 자연계에 반영시킨 것이라고 할 수 있다고 했다. 이러한 견해가 한 치의 오차 없이 적용될 수 있는 것도 『주역』이라기보다는 『태현경』이다. 아마도 자연현상을 인문적인 관점으로 바라보고 이해하는 것과 인문적 사건이나 현상에서 자연의 질서와 조화를 도모하는 것은 어느 문화권에서나, 어느 시기에나 보이는 경향일 것이다. 이 두 영역이 아무런 상관이 없다고 여기는 것이 오히려 이상하지 않겠는가? 그런데 많은 이들이 천인상관(天人相關)·천인감응(天人感應)·천인합일(天人合一) 등의 용어를 가지고 한대사상의 특징을 지적하는 것은 한대에 이러한 추구가 유독 강렬하였고 다양한 시도가 이루어졌기 때문일 것이다. 천지만물과 사람이 동일한 원초적인 기에 의하여 생성되었다는 보편적인 우주 생성론과, 같은 기가 서로 감응하여 어떠한 작용을 한다는 동기감응의 원칙은 자연의 영역과 인간의 영역이 서로를 반영하고 서로에게 영향을 미칠 수 있는 기초적인 토대를 이루었다.

여기에 등장하는 것이 분류의 틀인데 분류의 틀로는 가장 보편적으로 사용된 것이 음양오행이었고 그 위에 특별한 의미를 지닌 숫자들과 『주역』의 소성괘와 같은 분류의 체계였다. 이를 가리켜 동중서는 "셀 수 있는 것은 수로써 상응하고 셀 수 없는 것은 유로써 상응한다(於其可數也, 副數, 不可數者, 副類)"고 말했다. 이로써 사람은 하늘에 따라 만들어진 것으로 형체뿐 아니라 모든 언행과 인륜도덕까지도 하늘을 본받아(法天)하는 존재임을 천명했던 것이다. 이러한 한대 사상계의 추세를 가장 온전하게 드러내고 있는 것이 바로 양웅의 『태현경』이라고 생각한다. 자연현상과 인문현상이 완전히 구조적으로, 또 수리적으로 상호 부합되지 않으면 안 된다는 신념에 의하여 몇 개의 기본정수를 가지고 천상의 질서와 제국의 질서를 재조직했던 것은 분명히 전한말의 유자였던 양웅이 보여주는 독특한 시도이자 그 시대의 전형을 보여주는 것임에 분명하다. 피라미드형 관제의 정점에 있던 천자에게 많은 기대가 부어지는 것은 당연할 것이다.

천지가 귀하게 여기는 것은 생명이고, 만물 가운데 존귀한 것은 사람이다. 인류 가운데 가장 중요한 것은 나라를 다스리는 일이고 그 다스림이 말미암는 바는 곧 군주다. 천지간의 만인·만물에게 골고루 은혜를 나누어 베풀고 기강을 잃지 않도록 하는 것은 군주만한 자가 없다(天地之所貴曰生, 物之所尊曰人. 人之大倫曰治, 治之所因曰辟. 崇天普地, 分羣偶物, 使不失其統者, 莫若乎辟). 『太玄經』「玄文」

천지가 쉼 없이 움직여 조화로운 순환의 리듬을 보여주듯이, 군주된 자는 끊임없이 자신을 경계하여 엄숙하고도 중대한 군주의 책임을 이루어야 한다는 것이다. 양웅은 치국의 근본을 군주 한 사람에게 두고 있기 때문에 군주가 바로 서면 정치도 바로 설 것이라는 소박한 기대를 하고 있다. 또 한 가지 정사에 막대한 영향력을 끼치는 사항으로는 참된 유자의 등용이 있다. 노나라가 유자를 등용했음에도 불구하고 영토가 삭감된 이유를 묻자 진정한 유자를 등용한 것이 아니기 때문이라고 답하면서 주공이 등용되었을 때 사방의 제후가 앞을 다투어 호경(鎬京)으로 조공하려 왔으며, 노나라에서 일시적으로나마 공자를 기용했을 때 제나라 사람들은 두려워하며 침략했던 경계의 땅을 반환했다는 예를 들고 있다. 그러나 군주를 선장에, 신하를 노에 비유하는 대목을 보면 제국의 형성 이전에 자유로이 자신의 기량을 발휘하던 지식인들이 제국 하의 관료가 되면서 운신의 폭이 지극히 협소한 군신관계 속으로 고착되고 함몰되어가는 무기력함을 느끼게 된다. 물론 노가 없으면 배가 나아갈 수 없다는 점을 들어 현신의 등용이 그만큼 중요하다는 것을 지적한 비유이긴 하나 노를 바꾸거나 부러뜨릴 수도 있는 선장에게 노는 단지 하나의 도구일 뿐, 선장을 각성시키거나 변화시킬 수는 없다.

항해를 도울 수는 있겠지만 항선의 방향을 바꿀 수는 없다. 똑같이 물을 건너는 배의 비유를 가지고 순자는 「왕제편」에서 물(백성)은 배(군주)를 싣기도 하지만 뒤엎기도 한다는 말을 인용하며 군주가 반드시 지켜야 할 덕목을 명시하고 있는 것에 비하면 왠지 지식인의 활달한 기상은 사라진 듯한 느낌이 든다. 사불우를 읊은 문학작품들 속에서 이미 확인했듯이 제국이 형성되기 이전과 그 이후 지식인의 역할에는 현실적으로 차이가 있을 수밖에 없고 이는 바로 관제 자체에 우주론적인 정치이념이 담기며 그 의미가 부각되는 과정과도 맞물린다. 제국의 관제 속의 신하는 근대 이후의 기술적인 관리자와는 다르겠지만, 자기의 이상을 펼쳐 보이며 그것을 받아들여줄 군주를 만나고자 여러 나라를 유세하던 제국 형성 이전의 지식인들과도 다르다. 공자의 지혜와 덕성을 흠모하고 맹자의 사명감을 자신의 것으로 하고자 했던 양웅은 한 제국 하의 말단관리로서 여전히 우주의 근원적 이치를 이해하며 천사와 인사에 통달한 참된 유자가 등용되어야 한다고 했다. 하지만 이는 다만 그의 희구였을 뿐, 현실적으로 그가 할 수 있었던 것은 오직 눈에 띄지 않는 조정의 한 구석에서 묵묵히 탐구하고 저술하는 것이었다.

공자는 스스로를 호학하는 자라고 하였다. 물론 그 배움이란 단순히 지적인 호기심이 남들보다 더 왕성하여 독서량이 풍부하다는 정도의 의미는 아니다. "군자가 먹음에 배부름을 구하지 않으며, 거처할 때에 편안함을 구하지 않으며, 일을 민첩히 하고 말을 삼가며, 도가 있는 이에게 나아가 바로 잡는다면 배우기를 좋아한다고 이를 만하다(君子食無求飽, 居無求安, 敏於事而愼於言, 就有道而正焉, 可謂好學也已)"는 공자의 말씀을 보면 그가 중시한 배움이란 단순히 기술과 지식의 습득이나 학문의 연마이기보다는 덕행을 닦는 것, 즉 총체적인 인격의 도야에 가까운 것이라고 할 수 있다. 덕행이 가장 뛰어났다는 제자 안연만을 오직 호학하는 자라고 허여한 것을 보아도 공자의 배움이란 지식의 축적에 국한되지는 않음을 알 수 있다.

발제문 [아]에서 양웅은 배움이란 본성을 닦는 것이라 하였고, 이어서 '보고 듣고 말하는 것이나 용모나 사려' 이 다섯 가지를 가리켜 모두 성(性)이 가지고 있는 바'라고 하였다. 이 다섯 가지는『서경』「홍범편」에서 오행(五行)·팔정(八政) 등과 더불어 언급되는 오사(五事)인데, 양웅은 이것을 태어날 때부터 인간이 가지고 있는 것이라고 한 것이다. 고대 중국인들이 논의했던 성(性)이라는 것이 추상화된 선천적 본성만은 아니므로 오히려 시·청·언·모·사라는 다섯 측면을 두루 성(性)에 관한 논의에 포함하는 것은 전혀 무리가 아니다. 따라서 [아]의 문장에서 배우면 바르게 되고 안 배우면 치우치게 되는 것의 주어가 오사이든, 성이든 크게 상관이 없고 결국은 같은 의미가 될 것이다. 그러나『법언』에는 선악이라는 기준으로 인간의 성을 논하는 대목이 나온다.

사람의 성은 선과 악이 혼재하고 있다. 그 선함을 닦으면 선인이 되고 악함을 닦으면 악인이 된다. 기라는 것은 선악으로 태워가는 말과 같구나(人之性也善惡混. 修其善則爲善人, 修其惡則爲惡人. 氣也者, 所以適善惡之馬也與).『法言』「修身」

짐작컨대 양웅 자신은 성에 대한 논의를 그리 비중 있게 생각하진 않았던 것 같다. [아]에서 보았다시피 그에게는 오히려 배움이 더 중요했고 타고난 본래적인 상태를 성이라고 한다면 그는 본래적인 상태보다는 그것이 배움에 의하여 바르게 변화할 수 있다는 것 자체에 더 관심이 있었던 것이다. 왕충이『논형』「본성편」에서 당시까지의 모든 인성론을 정리하면서 마지막으로 언급한 양웅의 '인성에는 선악이 섞여 있다(人性善惡混)'는 말을 하면서 이는 중인(中人)에 대한 말이라고 하였는데 이로 인하여 양웅은 인성 선악혼재설을 주장했던 것으로 알려지게 되었다. 그리고 이보다는 당대에 한유(韓愈)가 「원성(原性)」에서 양웅의 성설로서 '사람의 성에는 선악이 혼재되어 있다(人之性善惡混)'는 말을 하였고, 한유의 문장이 워낙 광범위하게 읽힘으로써 양웅은 인성 선악혼재설의 주창자로 널리 알려지게 되었던 것으로 보인다. 물론『법언』에는 양웅이 성인(聖人)·현인(賢人)·중인(衆人)이라는 세 가지 부류로 나누어 서술하는 곳도 있고 현인·군자와 소인을 나누어 기술한 부분도 있다. 그러나 이는 마치『논어』에서 군자와 소인에 관한 논의가 자주 등장하는 것이 본성에 관한 것이라기보다는 학문과 수신에 관한 것이듯, 양웅의 이 같은 서술 역시 성(性)과 관련지어 논한 것은 아니다. 양웅이 인성에 관하여 논한 것은 단 한 번, 위의 「수신편」에 실린 문장이 전부이니 새로운 인성설의 주창자라고 할 만큼 인성에 대한 논의에 관심이 있었던 것이 아니다. 필자가 보기에 「수신편」의 문장은 단독적으로가 아니라 「학행편」의 문장과 같이 고려되어야 할 것이다. 양웅은 그가 그토록 지치지 않고 지속했던 배움을 통하여 무엇을 하고자 했을까? 필자는 이에 대한 대답을 「문명편」의 한 대목에서 발견할 수 있다고 생각한다.

어떤 이가 사람은 무엇을 중요하게 여기느냐고 하자 답하기를 앎(知)이라고 하였다. 지식으로 인하여 오히려 생명을 잃는 이가 많은데 그 이유는 무엇인가 라고 묻자, 순임금의 현신이었던 고요씨(皐陶氏)가 「고요모(皐陶謨)」를 지었던 것과 기자(箕子)가 무왕을 위하여 「홍범」을 지었던 예를 들면서 이들은 앎으로 인하여 목숨을 잃은 것과는 무관하지 않는가?(或問, 人何尙. 曰, 尙智. 曰, 多以智殺身者, 何其尙. 曰, 昔乎皐陶以其智爲帝謨, 殺身者遠矣. 箕子以其智爲武王陳洪範, 殺身者遠矣).

양웅은 전한 말기를 살아가는 한 유가적 지식인으로서의 자신에게 끊임없이 배움으로써 지혜와 덕행을 닦아 「고요모」·「홍범」과 같은 치세의 요강, 천사와 인사에 두루 통하는 위대한 법도에 관한 저술을 남기는 역할을 스스로 부여했던 것이 아닐까? 양웅은 현실을 성인의 치세로 이끌 수 있는 강력한 영향력을 발휘할 만한 올바른 지혜를 담은 저작을 통하여 수신(修身)을 치인(治人)으로, 나아가 치국(治國)·평천하(平天下)로의 길로 이끌고자 하였던 것이다.

5. 자신이 처한 시대에 대한 양웅의 이해

[자] 한이 일어나 210년이 되었으니 중천(中天)이 가깝지 아니한가! 벽옹을 근본으로 하고 교학으로 가르치고 예악으로 문식하고 수레와 의복으로 드러내고 정전법과 형법을 부활시키고 노역을 면제하였으니 위대하도다.

漢興二百一十載, 而中天其庶矣乎. 辟廱以本之, 校學以敎之, 禮樂以容之, 輿服以表之, 復其井刑, 勉人役, 唐矣夫. 『法言』「孝至」

[차] 하늘과 땅과 사람에 두루 통달하는 것을 유학의 도라고 하고, 하늘과 땅에는 통달했으나 사람에게는 통달하지 못하는 것을 기예라고 한다.

通天·地·人, 曰儒. 通天·地而不通人, 曰伎. 『法言』「君子」

역대 왕조의 흥망성쇠와 그 연속성 상에 있는 그가 처한 당대에 대하여 양웅이 구체적으로 어떻게 생각했는지를 생각해보자. 이는 그가 자신의 시대를 어떻게 바라보았으며 그 안에서 그의 역할은 어떤 것이라고 생각했는가를 알기 위한 첫걸음이다. 그가 보는 역사시대는 요순시대부터로, 요순시대와 주나라 때는 태평성세였으나 주 말기로 가면서 천하가 혼란해졌고 진(秦)이 무력으로 육국을 병탄하여 통일 제국을 이루었다고 한다. 진은 무력에 있어서는 그 어떤 나라보다 강하여 천하를 겸병할 수 있었지만 그래도 볼 만한 것이 없는 것은 '덕'이라는 이유라고 하면서, 진에 대하여는 부정적인 입장을 견지하는데, 이는 한초의 집중된 '과진(過秦)' 논의의 영향을 받은 까닭일 것이다. 양웅은 초한(楚漢) 전쟁을 거쳐 성립한 한 왕조(漢王朝)가 인사와 천명이 조합되어 천운으로 이루어졌고 보기 드문 성세를 이루었다고 여겼다. 그런데 문제는 양웅 당시의 세상을 그가 어떻게 평가하고 있었는가 하는 점이며 이는 양웅 평가에 있어서 아킬레스의 건과 같은 왕망과의 관계 및 신왕조에 대한 태도와 관련되어 있다. 이궤(李軌) 이래 『법언』에 대한 역대의 중요한 주석과 교감을 참조하고 왕영보(汪榮寶) 자신의 해석과 판단을 더하여 만든 『법언의소(法言義疏)』는 『법언』의 이해에 필수적인 참고서인데 여기에는 양웅이 암묵적으로 왕망을 비판하고 조소하는 의미가 숨어 있다는 설명이 자주 보인다. 그러나 『법언』의 마지막 편인 「효지편」 후반부에 있는 문장들과 「극진미신」도 모두 그렇게 정당화할 수가 있는가 하는 것이 문제다. 양웅이 변절하지 않았다고 옹호하려 하는 이들은 「효지편」의 "주공 이래로 안한공 왕망만큼 훌륭한 인물은 없다. 그가 힘써 노력한 것은 아형이라 불린 이윤(伊尹)보다도 더 훌륭하다(周公以來, 未有漢公之懿也. 勤勞則過於阿衡)"라는 문장에 대하여 왕망을 신의 황제라 하지 않고 안한공(安漢公)이라고 했다거나 천자의 지위를 넘본 일이 없는 것으로 이름난 이윤을 언급한 것은 양웅이 고심하여 왕망을 비판하는 대목이라고 애써 변호한다. 발제문 [자]는 바로 위의 문장에 이어 나오는 것으로 아무리 왕망을 은연중에 비판하는 의미로 이해하려 해도 모순이 생긴다.

이 문장에서 명백한 것부터 이야기해보자면, 첫째, 벽옹에 대한 기사로부터 끝까지는 모두 왕망이 한 일이고 위대하다는 말로 끝나고 있다. 둘째, 전한 말기에는 210년이라는 숫자가 독특한 의미를 가진 것이었는데 이는 바로 한조의 명운이 건국 후 210년에 다하게 된다는 믿음이 퍼져 있었다는 사실이다. 물론 명운이 다 하면 재수명(再受命)에 의하여 다시 한의 국운을 지속시킬 수 있다는 믿음도 애제에게는 있었던 듯하다. 그런데 필자가 주목하는 것은 선제(宣帝) 시기의 노온서(路溫舒)나 애제 시기의 곡영(谷永)은 모두 삼칠(三七)이라는 숫자를 가지고 210년이 한제국(漢帝國)의 정해진 수명임을 말하고 있었으며,『한서』의「애제기(哀帝紀)」·「이심전(李尋傳)」, 그리고「왕망전(王莽傳)」등에 보이는 감충가(甘忠可)·하하량(夏賀良) 등의 설에 의하면 '한가(漢家)는 천지의 큰 종말을 맞아서 마땅히 하늘에서 새로이 명을 받아야 한다'거나 '한가의 역운(歷運)이 쇠함을 당하였으니 마땅히 다시 명을 받아야 한다'고 분명히 기술되어 있다. 전한 말기 한 왕실은 공교롭게도 소제·성제·애제·평제 모두 후사가 없는 상황으로, 매번 친족 중에 후계자를 찾을 때마다 20~30명, 많으면 40~50명의 후보자를 뽑았는데 상식적으로야 연장자면서 현능한 자에게 우선권이 주어질 것 같지만 실제는 조종당하기 쉬운 어린아이가 추대되는 경우가 많았다. 이때 황후의 역할이 컸는데 평소엔 거의 권한이 없던 황후는 황제가 죽으면 황태후 자리에 올라 인새와 인수를 넘겨받고 후계자 선택에 결정적인 영향력을 행사했으니 이것이 바로 전한 말 외척이 득세하는 배경이며 또한 왕망이 황제의 자리에까지 등극할 수 있었던 배경이기도 하였다. 왕망은 성제가 죽고 황태후가 되었던 원제의 황후 왕정군(王政君)의 친정 조카였고 그는 애제의 뒤를 잇기 위해 영입된 중산왕의 아홉 살짜리 유간(劉衎)을 평제(平帝)로 즉위된 지 5년 만에 시해했다고 전해진다. 그 후, 두 살짜리 어린아이인 유영(劉嬰)을 황제자리에 앉히고 자신은 대사마 신분으로 안한공이 되었다가 9년에 신이라는 왕조를 세우고 황제 자리에 올랐던 것이다. 『한서』중 그 어떤 본기나 열전보다도 많은 분량을 차지하는 「왕망전」에는 거섭(居攝) 3년인 8년에 왕망이 태후에게 상주하는 말 속에서 '한조 12세, 삼칠(三七)의 액운을 만났다'고 했으며, 그 다음해 시건국(始建國) 1년에는 유자(孺子), 즉 대를 잇기로 한 적자인 유영에게 '아! 자영이여. 옛날 하늘이 태조를 도와 12세를 거쳐 왔고 210년간 나라를 누렸다. 이제 역수(曆數)가 나에게 있다'고 했다는 기록이 있다. 이를 보면, 왕망은 삼칠(三七), 즉 210년이라는 숫자를 한조의 명운이 다하고 새로이 왕망의 신왕조가 천명을 받을 수밖에 없는 정통성을 지지하는 특별한 의미로 이용했음을 알 수 있다. 따라서 위의 문장에서 양웅이 사용했던 210년이라는 말과 중천이라는 말은 한왕조의 국운이 다 되었다는 말로 볼 수밖에 없고, 신의 황제가 아니라 안한공이라는 말을 사용한 바로 앞의 문장을 함께 고려하면, 양웅의 이 발언은

신의 건국 이전인 평제시기에 이루어졌던 것 같고 양웅이 왕망을 암묵적으로 기롱하고 비판했다고 보는 것은 지나치다고 생각한다. 앞서 말한 전한 말의 혼란스런 분위기 속에서 그나마 외척들 가운데 왕망은 가장 현능한 자로서 과거 황문랑의 동료들이던 사부의 대가 양웅과 종실이었던 유흠의 호감과 지지를 얻었다고 판단하는 것이 옳을 것이다. 따라서 중천이 곧 기울어질 부정적인 의미를 지녔든, 최상의 상태를 누리고 있다는 긍정적인 의미를 지녔든 그건 한왕조가 아니라 왕망에 의하여 부흥될 중천이거나 혹은 왕망에 의해 이루어질 중천이라고 보아야 한다. 더구나 이 문장([자])은 『법언』의 가장 마지막 문장으로, 『법언』이라는 책 전체의 구성을 생각할 때 이는 매우 의미 깊은 배치로 보인다. 「양웅전」에 기록된 『법언』의 서문은 양웅 스스로가 각 장을 저술한 동기 혹은 의미를 담고 있는데 모두 다 옮길 필요는 없을 것이고 요점을 들어 전체의 구조를 살펴보도록 하자.

13편으로 이루어진 『법언』의 제1편 「학행(學行)」은 사람이라면 배움에 의하여 바른 도리를 알게 된다는 취지이고 제2편 「오자(吾子)」는 공자가 이룬 왕도를 제자의 괴담으로부터 지키고자 한다는 취지다. 제3편 「수신(修身)」· 제4편 「문도(問道)」, 제5편 「문신(問神)」, 제6편 「문명(問明)」, 이 네 편의 요지는 한 마디로 말하면 자신을 닦는다는 수신이고, 성인의 도를 듣고 인·의·도·덕·예를 실천해나감으로써 밝은 지혜를 가진 사람이 되도록 하는 것에 관한 내용을 담고 있다. 제7편 「과견(寡見)」· 제8편 「오백(五百)」· 제9편 「선지(先知)」 이 세 편의 요지는 성인 공자의 도가 당시에도 통용되며 정치적으로 구현되는 것으로서, 그 요체는 중화의 덕을 행하고 백성의 실정을 아는 것에 있다는 것이다. 제10편 「중려(重黎)」와 제11편 「연건(淵騫)」은 주로 역사적인 사건이나 인물들을 들어 품평을 가하는 것으로, 본래 한 편이었다가 길어서 임시로 둘로 나뉜 것이라는 설이 있다. 본래 이 두 편은 춘추 이후의 인물들을 논평한 내용으로, 서 역시 공통이었고 이궤(李軌)의 주 본에는 「연건」편의 서문이 없던 것을 후인이 위작하여 『한서』 「양웅전」에 삽입했으리라는 것이다. 사실 여부는 확인할 수 없고 다만 그만큼 이 두 편의 성격이 유사하다는 것은 분명하다. 제12편 「군자(君子)」는 오직 도에 열중하고 예법을 나날이 실천함으로써 성인의 법도를 널리 여는 것을, 마지막 제13편 「효지(孝至)」는 효야말로 인간의 도리 중 지극한 것으로서 모든 덕행은 이에 포함된다는 것을 밝히고 있다. 마치다 사브로(町田三郎)는 『법언』 13편의 구조에 대하여 제3편부터 11편까지가 본문이라면 제1 · 2편은 서두이고 제12 · 13편은 결론으로 수미대응을 이루고 있다고 하였다. 반드시 이렇게 이해할 필요는 없지만 효에 대한 내용을 마지막 편으로 배치한 것만을 생각해도 장절의 배치는 치밀하게 구상되었음에 틀림없다. 왜냐하면 『효경』에 의한 교화는 한대의 전통적인 지배정책이며 그것이 한층 더 사회에 침투되고 현실화되어갔던 것은 원제기(기원전 48~기원전 33) 이후이니, 양웅이 경사에서 활동하던 시대에 『효경』은 더욱 광범위하게 보급되었을 것이고 그 영향력도 컸을 것이다. 「효지편」을 가장 뒷부분에 배치한 것은 이런 사회적 분위기와 무관하지 않을 것이며 왕망과 신왕조에 대한 호의적이고 긍정적인 내용의 문장을 제일 끝에 배치한 것은 다분히 의도적인 것이었으리라 생각한다.

이 시점에서 다시 한 번 제1장에서 언급했던 양웅의 투각사건을 생각해볼 필요가 있다. 이번엔 「양웅전」이 아니라 「왕망전」에 기록된 투각사건을 둘러싼 전후사정을 살펴보자. 「양웅전」만 보면 이 사건은 그저 우연치 않게 일어났던 해프닝에 불과한 듯하지만 이는 양웅의 자랑스럽지 않은 면모를 굳이 부각시키지 않으려는 호의에 찬 배려였던 것 같고, 「왕망전」을 통해서 보면 이 사건의 범위와 그 결과는 엄청난 것이었다. 왕망은 시건국 원년 부명(符命)과 상서(祥瑞) 등을 42권으로 정리하여 왕기(王奇) 등으로 하여금 천하에 배포시켰고 부명의 내용과 일치한다는 이유로 떡장수 왕성(王盛)을 전장군숭신공(前將軍崇新公)으로 임명하기도 했다. 그러나 부명의 잦은 출현은 황제의 자리에 오른 후에는 오히려 위협적인 요소라고 판단한 왕망은 다음 해인 시건국 2년에 일체의 부명을 금했다. 당시 왕망의 브레인 역할을 했던 유흠(劉歆)·견풍(甄豐)·왕순(王舜) 등도 왕망을 황제에 등극시키고자 하는 것은 아니었으므로 유흠과 왕순은 내심 두려워했다고 하며 견풍은 평소보다 오히려 당당했다고 한다. 이런 견풍과 왕성이 동렬의 장군의 자리에 있게 된 셈이니 왕망 역시 마음이 편치 않던 때에 견풍의 아들 심(尋)이 부명을 만들어 신실(新室)은 섬(陝) 지역을 동서로 나누어 이백(二伯)을 세워야 한다고 상주하였고 결과적으로 아버지를 우백(右伯)의 직위로 올라가게 했다. 그런데 견풍이 임지로 떠나기 직전 또 하나의 부명이 출현하였으니 이는 "옛날 한 평제의 황후인 황황실주(黃皇室主: 왕망의 딸로 평제비가 되었다가 평제가 죽고 왕망이 제위에 오르자 황황실주

라는 호를 내렸다)가 심의 처가 된다(故漢氏平帝后黃皇室主爲尋之妻)"는
것으로 왕망은 이에 대하여 황황실주는 바로 신왕조라고 하며 반역죄
로 조치를 취하여 추급했던 것이었다. 견풍은 자살했고 견심은 도망가
다 잡혀 죽음을 당했으며 유흠의 아들 분(棻)과 그 동생 영(泳)뿐 아니
라 친척·문인들까지 수백 명이 죽음에 처해졌다. 주모자인 견심·유
분 등은 극형에 처해져 사체유기까지 시켰으니 이는 실로 엄청난 사건
이었던 셈이다. 이들 주모자에게 양웅은 기자(奇字)를 가르쳤으니, 양웅
은 스스로 죄를 인정할 수밖에 없었을 테고 따라서 자살을 택했을 것이
다. 이러한 급박한 상황에서 죽음을 눈앞에 둔 63세의 노인 양웅은 왕
망의 특별조치로 인하여 목숨을 건지게 되었던 것이니, 병을 이유로 관
직을 떠났다가 왕망의 대부로 부름을 받아 돌아온 양웅이 어떠한 태도
를 지니게 되었을지는 어느 정도 짐작할 수 있을 것이다.

그런데 양웅은 한(漢)과 신(新)을 완전히 별개의 왕조라고 여기지는
않았던 것 같다. 이 두 왕조를 잇는 혈통적인 고리는 바로 원후 왕정군
이었는데, 원제 초원(初元) 원년에 황후가 되었던 그녀는 성제 때에는
황태후가, 애제 때에는 태황태후가 되었으며 평제를 거쳐 왕망의 신이
세워지자 신실문모태황태후(新室文母太皇太后)로 불리다가 시건국 5년
(13)에 세상을 떠났다. 전후 내막이야 어찌 되었든 양웅은 이 원후를 기
리는 「원후뢰(元后誄)」를 썼는데 뇌(誄)란 앞에서도 말했듯이 사자(死
者)의 공덕을 엮어 기술함으로써 애도의 뜻을 표하는 글로 지금의 애도
사와 같은 것이다. 양웅에 대한 찬반 문제의 핵심에 놓이는 「극진미신」
은 시건국 2년 즈음에 상주되었다고 하며 양웅은 이 작품의 앞부분에

서 사마상여가 「봉선문(封禪文)」을 지어 한가의 미덕을 기린 것을 본받고자 했다고 스스로 밝히고 있다. 유협의『문심조룡』에는 양웅의 「극진미신」과 반고의 「전인(典引)」은 비록 태산의 제사에서 실제 돌에 새겨지지는 않았지만 형식적으로는 사마상여의 「봉선문」을 답습하고 있다고 하며 '봉선'이라는 분류에 넣었다. 유협의 영향을 받은 소명태자의『문선』에서도 「극진미신」은 「봉선문」·「전인」과 나란히 '부명(符命)'이라는 분류에 실려 있다.

그러나 「극진미신」을 그가 모방했다는 「봉선문」과 비교해보면 눈에 띄는 차이가 있는데 그것은 「봉선문」에는 거의 보이지 않는 역사적인 사건의 기술이 「극진미신」에는 나타난다는 사실이다. 더 구체적으로 말하자면 왕망의 업적을 열거하고 있다는 점으로, 어떤 일을 열거했고 어떤 일은 열거하지 않았는지를 보면 양웅이 왕망과 신에 대해 가지고 있었던 사고를 어느 정도 파악할 수 있으리라 생각한다. 왕망의 업적 중 무엇보다도 양웅은 예제에 관한 업적을 중시했는데, 예를 들어, '육경'의 이념에 따라『악경』에도 학관을 세웠던 것과 거복(車服) 제도, 그리고 교사(郊祀)·삼궁(三宮)·종묘(宗廟) 제도 등 전한 중·후기부터 논의되었다가 왕망에 이르러 확정되었던 제반 제도에 관한 것이 포함되었다. 이러한 왕망의 제도 개혁은 고문학설에 근거를 두고 있던 것으로 되도록 유가의 학설에서 술수적이거나 주술적인 면을 배제하고 순수하게 예교적인 방향으로 예제를 확립해나가려는 노력이었다고 평가된다. 대외적인 정책으로는 북방의 선우를 포용하고자 했던 왕망의 태도를 칭송하고 있고 내정으로 가장 중요한 것은 시건국 원년(9)에 시행했던 토지와 농노에 대한 개선을 의도했던 정전법과 노비 제한에 관한 법이었다. 물론 왕망이 시행했던 일련의 개혁은 실질적으로는 현실의 개선이 아니라 개악이 되어버렸을 만큼 성과가 없었고 결국 왕망은 현실 감각이 없는 기분파 이상주의자로 낙인찍혔다. 양웅이 분명히 알고 있었으나 언급하지 않았던 일은 왕망이 즉위한 직후에 행했던 화폐개혁과 시건국 2년에 행했던 소금・철에 대한 국가독점 정책 등으로, 전자는 토지개혁과 마찬가지로 의도는 구민(救民)에 있었으나 결과적으로 혼란만 가중시켰던 까닭이었을 것 같고 후자는 관(官)과 민(民)이 이익을 다투어서는 안 된다는 양웅의 신념 때문이었으리라 생각된다.

위와 같은 사실을 모두 종합적으로 판단할 때, 양웅에게 의미 있었던 관념은 역운, 혹은 역수라는 것과 문인이자 관료로서 바람직한 도를 실현하는 정치였을 뿐, 권력의 주체가 한가(漢家)인지 신실(新室)인지, 유씨인지 왕씨인지 하는 것은 부차적인 문제였던 것 같다. 『태현경』은 이미 천지간의 만물・만사는 모두 성쇠(盛衰)를 필연적으로 겪을 수밖에 없고 모든 것에는 정해진 때가 있다는 관념을 양웅이 가지고 있었다는 것을 보여준다. 천문역수에 의하면 사물의 성쇠에는 정해진 명수(命數)가 있다고 하는 역운이라는 관념을 양웅 역시 받아들이고 있었다는 것은 그가 210이라는 숫자를 언급한 것으로부터 알 수 있고 한 고조가 한을 세운 기원전 206년으로부터 세어 평제 4년, 즉 4년까지는 꼭 210년이 되니 양웅이 보기에 전한 말의 상황은 더 이상 기대를 걸 수 없었으므로 그 기대를 표면적으로나마 유가의 이념에 투철하고 총명했던 왕망에게 옮겨갔던 것은 충분히 짐작할 수 있는 일이다. 그런 상황에서 왜 군이 유씨의 한가여야만 했겠는가? 왜 허수아비로 세워진 아홉 살짜리, 두 살짜리 어린 황제만을 천자라 여기고 혼란과 고통만 가중시키는 유씨의 한가를 위해 충성을 다해야 했겠는가? 혈통적으로도 원후에 의하여 한과 신은 단절된 것이 아니었고 역운에 따라 필연적으로 발생하는 변화라고 여겼던 양웅에게, 한의 충신으로서 암암리에 왕망을 기롱하고 지속적으로 비판을 가했다고 해야만 그를 보호하는 것도 아니고, 자신의 이익과 일신의 영달을 위하여 왕망에게 아첨했다고 하는 것도 올바른 평가가 아니다. 살아있는 사람의 속마음도, 심지어 자기 자신의 마음도 샅샅이 알기 어려우니 이천 년 전 양웅의 마음속이 어떠했는지 단언할 수는 없지만 남아있는 관련 기사들을 가지고 전한 말 양웅의 시대를 배경으로 판단한다면 양웅은 분명히 왕망에게 기대감을 가지고 있었다고 보는 것이 타당할 것이다. 그리고 역대왕조의 변화든, 양웅 당시의 변화든 모든 변화는 양웅에게 있어서는 도의 인혁(因革), 즉 인순(因循)과 개혁(改革)에 따른 변화일 뿐이었을 것이다. 그는 자신이 처한 시대에서 유자로서의 사명을 다하고자 했고, [차]의 내용에서 보듯이 그가 말하는 진정한 유자란 다름아닌 하늘과 땅, 그리고 인간에까지 두루 통달한 사람이다. 천사에만 밝다고 한다면 기교가 뛰어나고 재주 있는 자이기는 하겠지만 그것만으로는 부족하며 인사에까지 통달하였을 때 비로소 제 역할을 다 하는 현능한 신하이자 관리가 될 수 있다고 한다. 이런 까닭에 양웅은 천지의 이치를 반영하고 있는 점서, 그로써 인사를 알맞은 방식으로 대처하고 처리할 수 있는 점서를 만들고자 했을 것이다. 내가 학문을 닦고 덕을 닦아나가는 그 인위적인 노력이나 의지의 관철과는 무관하게 천지자연은 운행되면서 간혹 이변을 보이기도 하고 나와 내 주위에서는 끊임없이 예기치 못한 길흉화복이 발생하고 그에 따라 희노애락을 느끼는 것이 삶의 현장이다. 이 복잡다단한 삶의 마디마디에서 우주적 질서에 부합하는 적절한 결단을 내리면서 살도록 돕는 점서의 제작은 양웅의 안목에서는 분명 진정한 유자의 몫이었을 것이다.

제4장
운명[命]에 대한
다양한 사색

운명이란 누구에게나 상당한 비중이 느껴지는 주제다. 우리들의 삶은 크고 작은 사건들로 이어져 있으며 그 안에서 희노애락을 느끼고 행·불행을 경험하게 된다. 선행과 선업은 반드시 선과를 가져오고 악행과 악업 역시 어김없이 악과를 가져온다면 아마도 사람들은 운명이라는 문제를 둘러싸고 그다지 많은 사색을 하지 않을지도 모르겠다. 종교 교리와 종교적 신념에서 사후세계를 상정하지 않을 수 없는 이유가 바로 여기에 있다. 불행하게도 현실 속에서 우리는 식언을 일삼고 온갖 비리와 악행을 저지르는 자들이 권세와 부귀영화를 누리며 사는 모습도 목도하게 되며, 내가 싫은 것은 남에게 하지 않고 나의 이익보다는 모두의 이익을 먼저 생각하는 사람들이 오랜 고통에 시달리다가 끝내 고통 속에 생을 마감하는 모습 또한 목도한다. 그럴 때 역시 인간의 노력이나 재능과는 별반 관계가 없는 '운명'이라는 것이 있는가보다 하는 막연한 생각을 할 수도 있을 것이다. '운명적'이라고 느끼는 것은 인위적인 노력의 영역을 벗어난 어떤 거역할 수 없는 힘의 흐름을 감지하는 것이고 인간이라면 그것을 알고 싶어 하는 것이 인지상정이리라. 동서고금을 막론하고 인간의 삶과 삶의 배경은 죽기 전에 한 번도 운명에 대하여 생각하지 않아도 좋을 만큼 완벽하게 질서 잡힌 것이 결코 아니다. 우리는 살아서는 이 혼돈스럽고 무질서한 생을 벗어날 수 없고 상실감과 절망감 없이 이로부터 벗어나는 사람도 없다. 따라서 아무리 합리적인 사고의 소유자라고 해도 운명이라는 주제로부터 완전히 자유롭지 못할 것이며, 미지의 불안감에 익숙해졌을 법한 21세기의 현대인들 역시 이로부터 자유롭지 못하다. 운명이라는 것이 존재한다고 믿으면서 그것을 알고자 추구하고 사색해야만 할 것인가? 아니면 그런 것은 없다고 믿으면서 모든 것은 인간이 하기에 달렸고 받아들이기에 달렸다고 여길 것인가? 어쩌면 자신이 조우하는 바에 따라 이 두 생각을 시계추처럼 왔다 갔다 넘나드는 것이야말로 모든 인간의 운명일지도 모른다.

명(命)이라고 하면 우리는 주로 개인적 길흉화복을 위주로 하는 운명을 떠올리지만 고대로부터 명이라는 말에는 천명(天命)이라는 의미, 하늘이 인간을 낳아 인간에게 부여한 본성으로서의 성명(性命)이라는 의미, 심지어 위정자의 정령(政令)이라는 의미 등 다양한 함의가 있다. 갑골문에서 명은 다만 상제(上帝)와 은왕(殷王) 사이의 종교적 계약 관념에 입각한 상세의 명령 혹은 다른 신들의 명령이라는 의미로 사용되었다. 그러다가 주대에는 명과 관련하여 중국 사상사 전체를 통하여 중요한 의미를 갖는 새로운 관념이 생겨났으니 바로 천명(天命)이라는 것이었다. 주대의 통치자와 지식인들은 새로운 왕조 수립의 정당성을 확보하기 위하여 천명은 항상된 것이 아니라 덕 있는 자에게 주어지는 것이고, 따라서 수명(受命) 이후에도 끊임없이 덕을 닦음으로써만이 천명을 영원히 보존할 수 있다고 하였다. 이 혁명론은 인간의 주체적인 수덕(修德)을 강조하는 측면이 있지만 그 배후에는 여전히 인간의 힘만으로는 닿을 수 없는 초월적인 하늘의 영역이 자리한다. 인간은 노력할 뿐이고, 명을 바꾸는 주체는 결국 하늘이기 때문이다.

탕쥔이(唐君毅)가 「원명(原命)」이라는 문장에서 지적했듯이, 공자는 명을 알 것(知命)을 주장했고 맹자는 명을 세울 것(立命)을 주장했으며 또 순자는 명을 제어할 것(制命)을 주장했다. 묵자는 명을 부정했고(非命) 노자는 명으로 돌아갈 것(復命)을, 장자는 명에 편안해 할 것(安命)을 주장했다. 춘추전국시대를 거치면서 여러 사상가들은 명이라는 단어를 둘러싸고 이처럼 다양한 주장을 펴나갔던 것이다. 그러나 그들이 말하는 명은 다 같은 것이 아니고 심지어 한 사상가의 말 안에서도 명의 의미에는 다소 출입이 있다. 대체로 말하자면, 통제 불가능한 불가항력적인 힘과 예측 불가능한 길흉화복을 그 내용으로 하는 운명으로서의 명과 맹자가 강조하는 도덕적인 본성이라는 의미의 내재적인 명, 이 두 가지 의미가 공존하며 사상가에 따라 비중이 달라졌던 것이라고 할 수 있다. 진한 교체기를 거쳐 양한시대를 지나면서 명에 대한 논의는 점차 풍부하고 다채로워졌던 것이 사실이다. 음양오행이라는 것이 우주의 생성과 운행을 설명하는 도식으로, 또 우주 만사만물을 분류하고 이해, 설명하는 틀로 확립되어가면서, 천사와 인사의 관계, 즉 '천인지제'는 매우 보편적인 사고의 주제가 되었다. 게다가 재이설과 참위설의 유행 또한 명에 대한 논의가 풍부해지게 된 배경이 되었을 것이다. 양웅은 위와 같은 사상계의 흐름을 배경으로 사부를 지었고『태현경』과『법언』을 저술하였다. 필생의 저술을 통하여 그는 자연과 인사, 과거와 현재를 관통하는 다양한 주제들에 대하여 논했으나 그 가운데 명이라는 것은 그에게 매우 중심적인 주제였다고 생각된다. 추측컨대 재주는 출중했으나 가세는 이미 기울었고 명민하고 박학다식했으나 말은 더듬었던 양웅은 어려서부터 운명이라는 주제를 두고두고 생각하지 않을 수 없었을 것이다. 본 장에서는 운명에 대한 양웅의 생각을 서술해보고자 하는데, 대체로 시간적인 순서에 따라 운명에 대한 양웅의 표현을 살펴보고자 한다. 양웅의 운명관은 때에 따라 도가적인 언어로나 유가적인 방식으로 표현되고 있을 뿐 기본적으로 일관성을 유지한다고 말할 수 있다. 다만 시기와 입장의 차이가 표현의 차이를 만들고 있을 뿐 아니라 '명(命)'의 함의에 있어서 다소 차이를 보이기도 하므로 양웅이 생각하는 '명'이란 과연 어떠한 것이었는지를 그의 삶의 궤적을 따라 밝혀보고자 하는 것이 본 장의 주된 의도다.

1. 「반이소(反離騷)」를 중심으로 : '우불우(遇不遇), 명(命)야'

[가] 양웅은 매번 부를 지을 때마다 사마상여의 작품을 모방하였고 그것을 모범으로 삼았다. 또, 굴원의 사부는 사마상여보다 낫다고 보았지만 굴원이 당시에 받아들여지지 않아 「이소」를 짓고는 스스로 강에 투신하여 죽은 것을 괴이하게 여겼다. 굴원의 「이소」에 슬픔의 감정을 느끼고 읽을 때마다 눈물을 흘리지 않을 때가 없었다. 그는 군자가 시운(時運)을 얻으면 크게 그 뜻을 행할 수 있지만 시운을 얻지 못하면 마치 용과 뱀처럼 칩거하는 것이다. 만나고 못 만나는 것은 운명이니 꼭 투신할 필요가 있겠는가! 라고 여겼다. 그리하여 문장을 쓰면서 여기저기에 「이소」의 어구를 취하면서도 그 반대하는 의미를 나타냈다. 민산으로부터 장강에 이를 던져 굴원을 애도하고는 「반이소」라 이름하였다.

每作賦, 常擬之以爲式. 又怪屈原文過相, 至不容, 作離騷, 自投江而死, 悲其文, 讀之未嘗不流涕也. 以爲君子得時則大行, 不得時則龍蛇, 遇不遇, 命也, 何必湛身哉! 乃作書, 往往摭離騷文而反之. 自岷山投諸江流, 以弔屈原, 名曰反離騷. 『漢書』「揚雄傳」

[나] 저 성현과 철인이 제대로 등용되지 못한 것은 본래 시와 명이 있기 때문이었네. 비록 심정이 우울하여 탄식하였으나 다만 초왕이 끝내 깨닫고 반성하지 못할까 걱정하였네. 옛날에 공자가 조국인 노나라를 떠날 때 차마 떠나지 못하여 머뭇거리고 주저하다가 두루 먼 곳을 주유하더니 마침내 노나라의 고도로 돌아갔다네. 당신(굴원)은 왜 하필 상수의 심연과 급류 속으로 몸을 던졌는가! 어찌하여 당신은 어부가 말한 바 술지게미를 먹고 진한 술 마시는 것을 혼탁하다고 여기며, 또 하필 목욕하고 옷을 털어 허유·노담이 중시하던 몸을 버리고 팽함의 자취를 밟았는가!

夫聖哲之(不)遭兮, 固時命之所有. 增欷以於邑兮, 吾恐靈修之不纍改. 昔仲尼之去魯兮, 斐斐遲遲而周邁, 終回復於舊都兮, 何必湘淵與濤瀨! 沿漁父之鋪歠兮, 絜沐浴之振衣, 棄由、聃之所珍兮, 躓彭咸之所遺! 「反離騷」

굴원(屈原, 대략 기원전 343~277)은 초나라 왕족과 동성으로, 학식이 뛰어나 초나라 회왕(懷王)의 좌도(左徒)라는 중책을 맡아 신임을 받으면서 내정과 외교에서 활약하였으나, 법령을 입안할 때 궁정의 정적들과 충돌하여 중상모략으로 신임을 잃게 되었다. 굴원은 재능을 펼치지도 못했고 정치적 포부 역시 실현하지 못한 채 초나라가 쇠락해가는 것에 비분강개하며 그의 열정적인 애국심을 시로써 토로하였으니, 그것이 바로 「이소(離騷)」다. 기원전 278년, 진나라가 초나라를 공격하고 수도인 영(郢)을 점령하니 초나라 경양왕은 도망을 가버렸다. 굴원은 이 소식을 듣고 초나라가 곧 망하게 될 것을 예견하고 상심한 나머지 커다란 돌덩이를 안고 먹라강에서 투신자살하였으니 이때 그의 나이는 62세였다고 한다. 이런 비극적인 삶을 살았던 굴원은 재능은 출중하나 명군을 만나지 못하여 뜻을 이루지 못했던 수많은 중국 지식인과 문인들에게 하나의 전형이 되었다. 전한 초, 문제의 총애를 받으며 최연소의 나이로 태중대부(太中大夫)의 지위에 올라 진(秦)으로부터 내려온 율령·관제와 예악제도 등을 개정하고 전한의 관제를 정비하기 위해 노력하다가, 고관들의 질시로 장사왕(長沙王)의 태부(太傅)로 좌천되었던 가의(賈誼)는 자신의 불우함을 굴원에 비유하여 「조굴원부(弔屈原賦)」를 지었다. 이리하여 『사기』에는 이 두 사람의 전기가 함께 실려 있다.

발제문 [가]는 「양웅전」 중에서 「반이소」라는 작품을 짓게 된 배경을 설명하는 내용이다. 양웅은 그가 사부의 창작에 열중할 때 늘 모방하고자 했던 사마상여보다도 굴원의 사부가 더 낫다고 평가하였다. 굴원은 재주가 출중하며 사람됨이 순결하며 의기가 높다고 칭송하였고 따라서 굴원이 때 아닌 죽음을 자초한 것에 대하여 양웅은 애도하는 마음을 표현하였다. 그러나 한편으로는 "군자가 시운(時運)을 얻으면 크게 그 뜻을 행할 수 있지만 시운을 얻지 못하면 마치 용이나 뱀처럼 칩거하는 것이다. 만나고 못 만나는 것은 명이니 투신할 필요가 있겠는가!"라고 하며 굴원에게 반문하는 형식을 통하여 자신의 생각과 의지를 표현하고 있다. 그런데 이 대목에서 나온 "만나고 만나지 못하는 것이

명이다(遇不遇, 命也)"라고 한 구절에서 과연 무엇을 만나고 만나지 못한다는 것일까? 바로 앞 문장을 보면 시(時), 즉 시운(時運) 내지 호기(好機)를 말하는 것 같다. 그런데 이 '우불우'라는 말은 전국시대로부터 진한시기를 통한 시기의 문헌에 매우 자주 등장하므로, 양웅의 시기를 전후하여 사용되었던 용례를 통하여 양웅이 의미하고자 했던 것을 더 정확하게 이해할 수 있을 것이며 동시에 '우불우'를 명이라고 말한 양웅의 운명관을 이해하는 데 도움이 될 것이다.

'우불우'에 대한 기사는 1993년에 곽점(郭店)에서 출토된 초간(楚簡)의 한 편인「궁달이시(窮達以時)」와「당우지도(唐虞之道)」에도 나타나고 있으며 이 출토자료의 연대를 전국 중·후기라고 한다면 거의 동시대의『순자』에도, 그리고 한대의 문헌인『한시외전(韓詩外傳)』,『설원(說苑)』,『논형(論衡)』등에도 나타난다. 그럼, 우선 시기적으로 이른 곽점 초간의 예를 살펴보자. 초간의 글자의 형태는 다르지만 전문가들의 교감을 거쳐 해독된 의미를 가지고 보자면,「궁달이시」에는 '만나고 못 만나는 것은 하늘에 달린 것이다(遇不遇, 天也)'라는 표현이 나오는 외에 '우(遇)+고유명사(모두 군주의 이름임)'의 형태가 있고「당우지도」에는 '성스러움으로써 명을 만나고 어짊으로써 때를 만난다(聖以遇命, 仁以遇時)'라는 표현이 보인다. 즉, '우(遇)+보통명사(예를 들면, 遇命이나 遇時)'의 형태도 있다는 것이다.「궁달이시」는 순임금이 요임금을 만난 이야기를 비롯한 많은 전래 설화들을 나열한 후에 '우불우, 천야(遇不遇, 天也)'라는 구절로 단락을 맺고 있는데, 마찬가지로『순자』의「유좌편(宥坐篇)」에서도 비간(比干)이나 오자서(吳子胥)의 설화들을 공자의 말로 인용한 후에, "무릇 만나고 못 만나는 것은 시운이고 현명하고 불초한 것은 재질이다(夫遇不遇者, 時也. 賢不肖者, 材也)"라고 말한다. 「유좌편」을 포함한 『순자』 후반부의 7편은 순자 자신의 저작이 아니며 전한 초기에 이루어진 것이라고 하는데, 이 구절은 『한시외전』(제7권)이나 『설원』「잡언편(雜言篇)」, 『논형』「봉우편(逢遇篇)」, 『공자가어』「재액편(在厄篇)」에서 똑같은 형태로, 혹은 다른 구절이 조금 첨가된 형태로 나타난다. 양웅의 경우와 같이 '우불우'를 시(時)가 아니라 명(命)이라고 한 경우도 『후한서』「부섭전(傅燮傳)」에 보이는데 이를 통해서 보면 결국 「궁달이시」의 '우불우, 천야(遇不遇, 天也)'의 '천(天)'은 '시(時)' 혹은 '명(命)'으로 바뀌어 사용되었던 것이다. 그렇다면 왜 천은 주로 시라는 표현으로 바뀌어가는 것인지, 그 의미는 무엇인지를 생각해봐야겠고, 이어 시와 명은 과연 같은지 다른지, 만약 다르다면 어떻게 다른지의 문제를 밝혀야 한다.

『여씨춘추』「우합편(遇合篇)」에서는 '우'를 '합(合)'이라고 하면서 군주와 신하의 만남에 관한 설화를 예로 하고 있다. 『사기』에는 우합(偶合, 혹은 遇合)이라는 단어가 몇 차례 등장하는데 모두 군주와 신하의 만남에 관한 맥락에서 사용되고 있으며, 『한서』「두전관한전찬(竇田灌韓傳贊)」에는 '우합에는 명이 있다(遇合有命)'라는 표현도 보인다. 이어 『논형』「봉우편」에서는 어짊과 불초함(賢不肖)과 우합의 여부는 일치되지 않는다는 사실을 지적하고 있으며 「명의편(命義篇)」에서는 우(遇)를 "그 군주를 만나서 등용되는 것(遇其主而用也)"이라고 정의하고 있다. 이 같은 사실로 미루어보면 전국 중후기로부터 한대에 이르기까지

'우불우'라는 문제는 결국 군주가 될 자의 일이거나 군주와 사인(士人)의 해후 여부를 둘러싼 맥락에서 언급되는 것임을 알 수 있다. 양웅의 '우불우, 명야(遇不遇, 命也)'라는 구절만을 보면 마치 모든 사람이 길흉화복과 관련된 갖가지 세상사를 만나는 것이 운명에 다름 아니라는 의미로 이해될 수 있겠지만 당시 사상계의 컨텍스트로 들어가 보면 이와는 별 관계가 없는 것임을 알 수 있다.

『여씨춘추』「장공편(長攻篇)」에는 걸주가 비록 불초했으나 탕무를 만나지 않았다면 망하지 않았을 것이고, 탕무가 비록 현명하나 걸주를 만나지 않았다면 왕 노릇하지 못했을 것이라고 하면서 그 만남은 하늘에 달린 것일 뿐 현명함과 불초함 때문이 아니라는 기사가 있다. 이때의 천(天)이란 결국 인간의 재능이나 노력과는 다른 차원에 속한다는 의미다. 또 「신인편(愼人篇)」을 보면, 순임금이 요임금을 만나서 천자가 된 설화를 이야기하는 과정에서 '순우요(舜遇堯)'라는 표현이 나온 후에 '우요(遇堯)'라고 해도 될 부분에 '우시(遇時)'라고 표현한 것을 볼 수 있다. 이는 앞서 필자가 양웅의 '우불우, 명야(遇不遇, 命也)'에서 도대체 무엇을 만난다는 것인가 하는 질문과 연결하여 생각해볼 문제다. 순이 천자의 지위에 등극할 수 있었던 것은 바로 요임금이라는 사람을 만났기 때문이라는 생각으로부터 점차 이러한 만남 자체를 주도하는 시(時)라는 것에 생각이 미치게 되었다는 것이다. 군주를 만났기 때문이라 하든 시운(時運)을 만났기 때문이라 하든 결국 인간의 재능이나 노력으로는 도달할 수 없는 영역에 속하는 것임엔 틀림없다. 단지 특수한 사건의 인식으로부터 점차 인간사를 우주적인 흐름 속에서 인식하는 진한 사상계의 커다란 방향과 동일한 맥락 속에서 이해할 수 있다.

앞에서 인용했던 『순자』 「유좌편」의 대목을 보면, 위와 같은 말을 한 후에 곧 이어서 다시 한 번 "어질고 불초한 것은 재질이요, 하고 하지 않는 것은 인사다. 만나고 만나지 못하는 것은 시운이고 죽고 사는 것은 명이다"라고 하여, 재질(材)·인사(人)·시운(時)·명(命)이라는 네 관념을 병칭하고 있다. 여기에서 주목할 것은 바로 시와 명이라는 대목이다. 재질과 인사, 이 둘은 별로 상관성이 없이 나열되었을 수도 있고 재질은 보다 선천적인 측면을, 인사는 후천적인 측면을 강조하는 정도의 의미로 상대적인 관계를 이룬다고 볼 수도 있다. 그렇다면 시와 명은 어떤 관계인가? 둘 다 우연성이라는 함의를 가지면서 거의 같은 의미로 사용되기도 하지만, 『순자』의 경우와 같이 이 둘을 굳이 구별하여 사용하기도 하는데, 그 경우 명은 시보다 범위가 크며 보다 중대한 영향력을 가진 것이다. 사람이 태어나고 죽는 것에 관한 것이 명이고 호기를 만나고 못 만나는 것이 시이니, 사람의 일생 동안 벌어지는 인간사가 시의 지배를 받는다면, 살고 죽는 문제와 같이 보다 결정적인 경우에는 명이 좌우한다는 의미일 것이다. 『논형』에는 바로 이런 의미의 시와 명이 나란히 등장하는 예가 몇 차례 나타난다. 예를 들면, "무릇 사람의 곤궁함과 영달함, 화와 복이 이르는 것에 있어서 큰 것은 명이고 작은 것은 시다.……곤궁함과 영달함에는 시가 있고 만나고 만나지 못하는 것에는 명이 있다(凡人窮達禍福之至, 大之則命, 小之則時.……窮達有時, 遭遇有命也)"는 「화허편(禍虛篇)」의 구절이나, "화복이 이르는 것은 시 때문이고 사생이 도래하는 것은 명 때문이다(禍福之至, 時也,

死生之到, 命也)"라는 「변수편(辨崇篇)」의 구절 등이 그것이다.

양웅보다 시기적으로 150여 년 정도 앞섰던 가의는 「조굴원부」에서 굴원의 불행이 어지러운 세상을 만난 것에서 비롯된 것이라고 하면서 굴원과 같은 고결한 자가 난세에서는 살 수 없다는 것을 거듭 비유로써 밝히고 있으나, 굴원이 달리 어떻게 했어야 한다는 식의 발상은 보이지 않는다. 자신의 처지와 너무나 흡사했기 때문인지 「조굴원부」에서 가의는 굴원이 뜨거운 충정과 출중한 재능이 있음에도 불구하고 오히려 소인배들과 명철하지 못한 군주로 인하여 맞았던 불운에 대하여 애도할 뿐이다. 직역하자면 '만났던 시운이 상서롭지 못하다(逢時不祥)'는 표현이 있다고 해도 이를 일반화하여 운명이라는 주제를 건드리고 있지는 않은 듯하다. 동중서가 절망 속에 붓을 휘둘러 썼다고 하는 「사불우부(士不遇賦)」에서도 시운이 오는 것은 너무나 늦고 가는 것은 너무나 빠르다(時來曷遲, 去之速矣)는 한탄이 보이고, 자기가 처한 시대를 원망한다. 동중서 역시 삼대(三代)의 말세를 고통 속에서 살아냈던 청렴 지사들의 예를 나열하면서 세인들이 너무도 쉽게 정도(正道)를 외면하는 것을 개탄하지만, 자신은 안 될 줄을 알면서도 해나가고자 하는 공자의 처세 태도를 고수하고자 한다는 의지를 보이고 있다. 여기에서도 하늘을 불신하거나 운명이라는 주제를 결부시키는 내용은 발견할 수 없다. 그런데 사마천의 「비사불우부(悲士不遇賦)」는 조금 다르다. "슬프구나! 선비가 제 때가 아닌 때에 태어나서 세상에 드러나는 것을 부끄러워하며 홀로 조용히 지내는구나!(悲夫! 士生之不辰, 愧顯彰而獨存)"라고 한탄하는 것에서는 굴원이나 가의·동중서와 다를 바 없으며, 그럼에도 불구하고 부귀나 생사에 연연하지 않고 다만 자신의 뜻을 세상에 전하고 후세에 남기고자 분투하고자 하는 의지를 표명하고 있는 점 또한 동중서와 동일하다. 그러나 사마천은 "천지의 이치라는 것도 기댈 만한 것이 못 되고 사람의 지혜라는 것 역시 믿을 만한 것이 못 된다(理不可據, 智不可恃)"라고 하며 "저절로 그러한 바에 맡겨 마침내 하나의 근원으로 돌아가노라(委之自然, 終歸一矣)"라고 한 점에서 분명히 유가와는 차이를 보이고 있으며, 무엇보다도 중요한 것은 천도에 대하여 심각한 의문을 제기하고 있다(天道微哉, 吁嗟闊兮)는 사실이다.

어느 시기를 막론하고 원칙에 충실하고 순수하게 신념을 지키고자 했던 이들은 그렇지 못한 다수에 의하여 곤경에 처하게 되거나 그가 처한 시대의 세태에 대하여 한숨을 지을 수밖에 없는지도 모르겠다. 그러나 유난히 한대의 문인들에게는 시운을 만나지 못함을 슬퍼하는 주제를 다룬 작품이 많다. 이미 말한 가의·동중서·사마천 외에도 엄기(嚴忌)·동방삭(東方朔)·왕포(王褒)·환담(桓譚)·반고(班固)·장형(張衡)·왕일(王逸)·채옹(蔡邕) 등을 비롯한 수십 명의 한대 문인들은 '비사불우'를 다룬 작품을 남겼다. 이들은 비간(比干)과 백이와 숙제, 그리고 공자·맹자와 굴원 등의 인물을 사불우(士不遇)의 전형으로 들었으며, 무제기를 거쳐 점차 제국의 기틀이 자리잡아가면서부터는 정치형태의 변화로 인하여 사인들의 운신의 폭이 좁아진다는 역사적 경험을 지적하기도 했다. 양웅의 「반이소」는 위의 사부작품의 맥락에 서 있으며 하늘의 이치와 인간의 지혜도 신뢰할 수 없다고 했던 사마천에서 한 걸음 더 나아가 좀 더 개인적인 차원의 운명이라는 주제를 부각시키고 있다. [나]에서 양웅은 굴원을 애도하면서 동시에 애정 어린 책망을 하고 있다. 「반이소」의 형식은 굴원의 「이소」를 모방하고 있으나 애써 형식상의 완전한 모방을 도모했던 것 같지는 않다. 「이소」는 375구, 2400여 자로 되어 있고 짝수구의 끝에 격구로 운을 맞추고 있으며, 환운(換韻)한 곳은 70여 구, 앞의 여섯 자·뒤의 여섯 자 사이에 조자(助字)인 '혜(兮)'를 넣어 이구일연(二句一連)이 되지만, 「반이소」는 때론 압운을 무시하기도 하고 「이소」의 마지막에 놓인 결어인 '난(亂)'도 배치하지 않았다. 다만 「이소」와 마찬가지로 앞뒤의 각 여섯 자 사이에 '혜(兮)'를 넣었으며 이구일연(二句一連), 사행일구(四行一句)를 이루어 모두 25구 100행으로 이루어져 있다. 그리고 중화(重華)·영분(靈氛)·신룡(神龍)·운사(雲師)·향초(香草) 등 「이소」에 등장하는 단어들을 「반이소」에서도 많이 사용하여 「이소」의 이미지를 재현시키면서도 반문의 형식을 반복하고 있다. 필자는 「반이소」의 문학적 성취를 논하기에는 역부족이며 다만 작품에서 드러나는 양웅의 명에 대한 사고를 따라가 보고자 한다. 양웅은 「이소」와 같이 우선 자신의 가세(家世)를 나열하지만 비교적 간략히 끝낸 후에 굴원을 애도하여 말하기를 "진정 하늘의 도는 밝지 못하구나! 왜 순결무구한 사람이 오히려 화를 입는단 말인가!……굴원은 바른 도리와 기준을 갖추었지만 불길한 요성(妖星)의 발자취를 밟았구나!(제9~10행……제19~20행)"라고 하여 이 천지만물과 인사를 지배하는 어떤 우주적 법칙이 있음에도 불구하고 그것이 그리 밝지 못하기 때문에 굴원이 화를 입은 것이며, 동시에 굴원의 불운은 요성 즉, 불길한 우주의 기운에 접촉했기 때문이라고 한다. "수많은 아름다운 풀을 몸에 지니고 또 선염하고 무성한 향기로운 꽃을 드날리고 있다가, 늦여름의 호된 서리를 만나 끝내 때아니게 일찍 시들어 초췌해지고 영광을 잃음을 슬피 여기네"(제45~48행)라는 대목에서도 양웅은 굴원이 그의 재능이나 도덕적 자질과는 상관없이 화를 입게 되었음을 표현하고 있다. 왜냐하면 때에 맞는 자연스러운 가을 서리를 대비하지 못한 것이 아니라 때아닌 늦여름의 서리를 맞았다고 말하기 때문이다. 그러나 양웅이 굴원에게 면죄부를 주는 것은 아니다. 양웅이 굴원을 칭송하고 사모하며 그의 처지를 안타까워하면서도 책망하듯 힐난하는 이유는 이러한 외부적인 상황에도 불구하고 군자라면 자기에게 닥치는 상황을 받아들이고 그 안에서도 마땅히 해야 할 바를 묵묵히 하며 자신을 지켜나가야 하기 때문이다. 양웅은 성인과 철인조차도 제대로 등용되지 못하는 일이 있으니 이것이 바로 운명이라고 말한다. 발제문 [나]에서 고딕체로 표시한 부분의 부조(不遭)와 시명(時命)이란 바로 인간의 능력이나 노력으로는 어찌할 수 없는 운명적인 힘의 작용을 의미하는 단어다. 양웅도 그러한 것이 있음을 인정하고 있었던 것이다. 굴원은 「이소」 안에서 자신을 알아줄 수 있는 어진 임금을 만나고자 화려한 행장을 하고 천상의 나라로 여행길에 오르지만 결국은 고국인 초나라가 눈에 밟혀 끝내 임금을 버리고 초나라를 등지지 못한다고 말했다. 그러나 양웅은 성인인 공자마저도 자기의 기량을 떨치고 포부를 펼칠 만한 지위와 환경을 구하기 위하여 고국을 떠나 천하를 주유하였고, 최후에는 다시 고국으로 돌아가게 되었다고 하며, 왜 굳이 목숨을 버려야 했는가를 굴원에게 묻고 있다. 결국 [나]의 내용은 굴원을 책망하는 것이지만 양웅 스스로 다짐하는 말이기도 했을 것이다. 양웅은 인간이 어찌 할 수 없는 운명적인 힘의 작용을 인정하였지만, 이를 주체적으로 받아들여 가능한 최선을 다해야 한다는 적극적인 태도를 보여주고 있는 셈이다.

중화(重華)의 묘 앞에서 "하늘은 공평무사하여 사람의 덕을 보고 이를 도우시니 성철(聖哲)의 거룩한 덕행이 있어 이로써 천하를 얻게 되네"라고 읊은 「이소」의 구절을 보면 굴원에게는 하늘의 공평무사함과 선함에 대한 신뢰가 있었다. 그러나 양웅에게는 하늘의 의지가 선하다거나 하는 믿음이 없었으며, 다만 하늘은 시의 흐름, 바꿔 말하면 대자연의 운행을 가능케 하는 초월적인 실재였다. 이 하늘의 이치는 반드시 명철한 것만은 아니어서 굴원과 같은 순결하고 고귀한 이로 하여금 화를 입게 하기도 하는데, 이럴 경우 인간에게 가능한 것이라고는 시기(時機)를 알고 그것을 받아들이며 수양할 수 있을 뿐이라는 것이다. 주희는 『초사집주』의 「후어(後語)」에서 한의 조정에서 삼 세에 걸쳐 출사했던 양웅이 왕망에게 나아가 대부 노릇을 했다는 것을 위시하여 양웅의 처세에 대한 사실을 나열한 후 양웅은 굴원의 죄인이며 「반이소」는 「이소」의 참적(讒賊)이라고 심히 비난했다. 주희는 양웅이 시운을 만나지 못하면 용이나 뱀처럼 칩거하는 것이라더니 어찌 왕망의 대부가 되었는가 하는 언행의 불일치를 지적한다. 그러나 양웅이 「이소」의 구절을 가지고 반문한다고 하여 굴원과 그의 「이소」를 낮게 평가하는 것이 아님은 주희 역시 잘 알고 있었을 것이다. 다만 양웅이 굴원에게 전적으로 찬동하지 않았다는 것은 부정할 수 없다. 『법언』「오자(吾子)」

편에서도 양웅은 "(굴원을) 어찌 지혜롭다고 하겠는가!"라고 평했다. 양웅에게는 시운과 밀접한 관계에 있는 명이라는 관념이 있었고 그가 보기에 굴원은 명을 아는(知命) 자는 아니었다고 여겼던 것 같다. 그리고 공자도 말씀하셨듯이 군자라면 명을 알아야만 하는 것이다. 위에서 보았듯이 「이소」 이래 한대의 많은 현인들이 시운을 제대로 만나지 못하여 뜻을 펼치지 못하는 자신의 처지를 읊은 일련의 사부들이 있어 왔는데 양웅의 「반이소」에서는 주인공이 아닌 관찰자의 입장에서 이 운명이라는 것을 다소 담담하게 바라보는 시선이 느껴진다. 그것은 양웅이 가의만큼 충분히 굴원과 자신을 동일시하지 않아서라기보다는 명에 대한 양웅의 인식 때문일 것이다.

　'우불우'에 관한 기사들을 통하여 우리는 선진시대로부터 한대에 이르기까지 천인지제에 대한 논의는 바로 우불우, 혹은 시나 명이라는 관념을 둘러싸고 지식인들 사이에서 진행되었다는 사실을 알 수 있다. 건안칠자(建安七子)의 한 사람이기도 한 후한 말의 서간(徐幹)은 『중론(中論)』 「수본(修本)」편에서 "만나고 못 만나는 것은 나에게 달린 것이 아니라 때에 달린 것이다(遇不遇, 非我也, 時也)"라고 했는데, 이는 여기에서 시(時)와 나(我)의 관계는 바로 천과 인의 관계로 치환될 수 있다. 앞서 살펴본 문헌들에서 현명함과 불초함은 재질(材)의 문제이고 만나고 못 만나는 것(=등용되고 등용되지 못하는 것)은 시운(時)이라는 대비가 반복 출현한다는 것 자체가 전자는 인간의 영역이고 후자는 하늘의 영역임을 나누어 사고하고 있음을 보여준다. 이제껏의 논의를 통하여 볼 때, 양웅이 '우불우'를 명이라고 한 의미는 군주를 만나 등용되거나 그렇지 못한 것은 어찌할 수 없는 영역에 속하는 일이라는 뜻이라고 말할 수 있다. '어찌 투신할 필요가 있겠는가'라는 이어지는 말로 미루어볼 때, 군자라면 시운을 얻었을 경우에는 자신의 뜻과 기량을 크게 떨치는 것이고 그렇지 못할 경우엔 조용히 물러나 칩거할 뿐 크게 슬퍼하거나 낙담하지는 않아야 할 것이라고 하는 것이다. 이는 사사로움이 없는 자연의 이치와 운행에 대하여 기뻐하거나 상심할 이유가 없는 것과 마찬가지다. 필자에게 남는 의문 한 가지는 바로 양웅이 우불우로 결정되는 명을 필연적인 것이라고 여겼는지 하는 문제인데 이는 「궁달이시」나 「당우지도」와 같은 죽간으로부터 양웅·왕충 등에 이르기까지 우불우를 논하는 모든 문헌에서도 그다지 명확하지 않다. 순임금이 요임금을 만났다는 사건 자체는 매우 우연적인 것일 수 있다. 그러나 그것이 어떠한 인위적인 힘에 의해서도 어그러질 수 없는 것이었음을 생각한다면 필연성에 의하여 이루어진 사건이라고 해야 한다. 초간 자료에서 우불우의 주체는 천자 혹은 왕이었지만 점차 한대에 이르면서 사인(士人)의 우불우가 주를 이루고 있다. 따라서 초간 자료에서는 덕을 갖춘 자가 왕 노릇 하는 것 자체는 하늘의 이치라는 필연적인 측면이 강조되는 반면, 전제 군주가 지배하는 제국 하의 사인들이 주체가 될 경우 그들의 입장에서는 우연적인 요소가 강조될 수밖에 없었고 그 대표적인 예가 바로 왕충의 『논형』이라 할 수 있다. 양웅의 경우, 우불우의 역사적 사건들은 과거에도 그랬듯이 양웅 당시에도 마땅하고 적절한 것이 아니었다고 여겼으며 군자로서 할 수 있는 최선의 길은 시(時)의 여하를 알고 자신의 우불우의 상황을 수용하고 따르는 것이었다. 그러므로 양웅에게서 우리는 희노애락에 부침하는 우리의 인지상정을 재고하도록 하면서 불구나 심지어 죽음의 상황조차도 담담하게 수용하라고 권하는 『장자』와 같은 태도의 일단을 발견하게 된다.

2. 「해조」와 「태현부」를 중심으로 : 명에 대한 도가적 수용

[다] 지위가 극히 높은 사람은 그 종족이 모두 위험하고 청렴하게 자신을 지키는 자는 반드시 보전하게 된다. 그러므로 아득함을 알고 침묵할 줄 아는 것이 도를 지키는 지극함이다. 맑고 고요히 지낼 수 있는 것이 신명의 경지다. 적막함에 거한다면 덕에 머물게 된다. 시대는 달라지고 상황이 변했으나 사람의 도리는 달라지지 않았다. 그들(전대의 사인들)과 나는 시대가 다르니 아직 어떠한지를 모르는 것이다. 지금 선생은 올빼미 정도의 자질로 봉황을 비웃고, 도마뱀 정도의 자질로 구룡을 비웃고 있으니 큰 오류가 아니겠는가? 나의 현(=『태현경』)이 희다고 비웃고 있으니 나 역시 당신의 오류가 심함을 비웃게 된다. 유부, 편작과 같은 명의를 만나지 못하니 진실로 슬프도다!

位極者宗危, 自守者身全. 是故知玄知默, 守道之極. 爰清爰靜, 遊神之廷. 惟寂惟寞, 守德之宅. 世異事變, 人道不殊, 彼我易時, 未知何如. 今子迺以鴟梟而笑鳳凰, 執蜥蜓而謝龜龍, 不亦病乎! 子徒笑我玄之尚白, 吾亦笑子之病甚, 不遭臾附, 扁鵲, 悲夫! 「解嘲」

[라] 본래 모든 사물은 성할 때가 있고 쇠할 때가 있으니 인간 세상의 일에서 지극히 높은 데에 달한 것이야 어떻겠는가?……성인이 법전을 만들어 세상을 구제하니 백성들을 몰아 조정이 반포한 법령의 그물에 집어넣은 셈이로구나. 인의 도덕을 펼쳐 강령으로 삼으니 진실하고 곧은 마음을 품고서 세속을 교정하는구나. 존숭하고 선발할 만한 자들을 가려서 관작을 줌으로써 세인들을 유도하니 자신이 죽어 이름이 사라질 것을 근심하는구나. 어찌 허유·노담과 같은 현인을 본받아 깊고 적막한 산골짜기에서 현묘하고 고요한 도를 지키며 지내지 않겠는가?

自夫物有盛衰兮, 況人事之所極……聖作典以濟時兮, 驅蒸民而入甲, 張仁義以爲綱兮, 懷忠貞以矯俗, 指尊選以誘世兮, 疾身歿而名滅. 豈若師由聃兮, 執玄静于中谷.「太玄賦」

『태현경』에 담긴 명에 대한 사고는 다음 절에서 다루기로 하고, 먼저 『태현경』의 저작을 전후한 시기에 지은 작품에 나타난 명에 대한 양웅의 관념을 살펴보고자 한다. [다]의 첫머리에 보면 양웅 스스로 『태현경』을 저작하게 된 계기를 말하고 있는데, 이것이 바로 「반이소」에서 그가 말한 바 '시운을 얻지 못하여 마치 용이나 뱀처럼 칩거하는' 방법이었을 것이다. 「해조(解嘲)」는 말 그대로 남들의 조소를 풀어 해명한다는 것으로, 동방삭(東方朔)의 「답객난(答客難)」을 모방하여 쓴 문장이다. 「답객난」은 동방삭이 재주를 품고도 시운을 못 만나 등용되지 못하는 자신의 삶에 대한 분개를 한 손님이 묻고 주인인 동방삭이 대답하는 형식으로 담아낸 문장으로, 가상의 질의자로 하여금 문제를 제기하게 하고 답변하는 과정을 통하여 자신의 지론을 효과적으로 천명하고자 하는 의도를 가진 것이다. 양웅 역시 「해조」에서 자신과 자신의 『태현경』에 관한 조소에 대하여 답변의 형식을 빌어서 자신의 입장을 변호하며 이해시키고자 하였다. 「답객난」은 소진(蘇秦)이나 장의(張儀)와 같은 사람들도 모두 큰 벼슬을 하였는데, 그들보다 더 재능이 뛰어나고 충성심도 강하며 전심전력을 다했던 동방삭은 기껏 시종(侍從)의 낭관(郎官)밖에 되지 못했던 이유를 설명하고 있는데, 그 내용이 양웅의 「해조」와 상당히 유사하다. 답인즉슨, 그것은 처한 시대적 상황이 달랐기 때문이라는 것이다. 소진과 장의는 주 왕실이 쇠락하여 천하가 분쟁에 휩싸여 있을 때 살았으므로, 자신들의 재능을 펼쳐 보이며 크게 중용되어 최고의 관록을 얻을 수 있었지만, 동방삭 당시에는 천하가 통일되어, 나라는 태평하고 백성들은 편안하여 재능이 있어도 펼쳐 볼 곳이 없다는 것이다. 그러니 설사 소진이나 장의가 다시 살아난다 해도, 필시 옛날처럼 출세하지는 못할 것이라고 말한다. 이어서 "대롱으로 하늘을 쳐다보고, 조개껍질로 바닷물을 재고, 대나무 막대로 종을 울린다(以莞窺天, 以蠡測海, 以莛撞鍾)"는 유명한 말로, 세상 사람들이 권변(權變)도 모르고 대도(大道)도 모른다고 하며 자신이 이해받지 못하고 있는 답답함을 토로하고 있다. 「답객난」은 "물이 너무 맑으면 오히려 물고기가 없고 사람이 너무 철저하게 살피면 동지가 없다"는 또 다른 유명한 말의 출전이기도 하다. 발제문 [다]에서 "나의 현(=『태현경』)이 희다고 비웃는다"고 한 것은 『한서』「양웅전」에서 「해조」를 지은 배경을 설명하는 대목에 그 배경이 나온다. 즉, 애제 때에 정명(丁明)·부안(傅晏)·동현(董賢)이 조정을 장악하자 사람들은 다투어 그들에게 아부하여 높은 관직과 재물을 얻었으나 이때에 양웅은 『태현경』을 지으면서 스스로를 조용히 지키며 담박하고 무위하는 자세를 지키고 있었는데 혹자는 양웅이 '현(본래 어둡다는 뜻)'을 '백(청렴결백하다는 뜻의 은유)'이라 여긴다고 조소하였다는 것이다. 양웅이 자신을 조소하는 세상 사람들을 오히려 비웃으며 안타까워하는 심경을 내비치는 것 역시 「답객난」을 그대로 모방한 것이고, 통일제국 하에서 오히려 선비들이 제대로 능력을 발휘하지도, 적절한 대우를 받지도 못한다는 동방삭의 주장도 그대로 답습하고 있다. 그 주장이란, 전국 시기 천하가 사분오열되었을 때는 군웅들이 패권을 다투면서 참된 선비를 얻으면 부강해지고 선비를 잃으면 빈곤해지는 식으로 사인을 얻고 잃는 것이 부귀와 권세를 얻는 데에 직결되었으므로 사인들은 높은 지위를 누리며 존중받았는데, 천하가 통일되고 국가가 안정되자 통치자들은 더 이상 사인들의 도움을 필요로 하지 않게 되었고 이들의 사회적 지위는 급격히 떨어졌다는 것이다. 그리하여 오히려 언행이 바르고 뛰어난 사인들은 중용되지 못할 뿐 아니라 끔찍한 재화를 당하기도 한다는 것이다. 이런 상황이 바로 시운을 만나지 못했다고 하는 한대 사인들의 공통적인 시대 배경이다. 동중서나 사마천의 우불우에 관한 논의에서도 이런 식의 발상은 보이지 않지만 점차 무제기를 지나면서 이러한 논의가 자리잡게 되었던 것으로 보인다. 춘추전국시대 지식인들의 공통된 문제 상황은 오랜 전쟁을 종식시키기 위한 마지막 통일 전쟁을 거쳐 천하무도의 세상을 천하유도의 세상으로 만드는 것이었다. 그러나 아이러니하게도 막상 통일이 이루어지고 거대한 제국이 형성되자 지식인들은 오히려 자기 역할과 정체성을 회의하게 되었다. 이는 한대 지식인들의 공통적인 고민으로 자리 잡으면서 앞 절에서 말했던 '비사불우(悲士不遇)'라는 주제를 담은 문학작품들을 생산해냈던 것이다.

위의 짤막한 발제문 [다]만 봐도 「해조」에는 『노자』의 용어가 다수 출현하고 있음을 알 수 있다. 한 마디로 말하자면 물극필반(物極必反)의 도리를 들어 본인의 처세와 심경을 노래하고 있는데 이것은 바로 『도덕경』에서 설파하고 있는 교훈이기도 하다. 이는 이미 정해진 우주와 역사의 흐름이라는 틀을 배경으로 하는 자신의 명을 관조하는 태도다. [라]의 「태현부」역시 '물극필반'이라는 사고를 기조로 하고 있지만 「태현부」는 거기에서 그치지 않고 한 걸음 더 나아가 유가적인 예악전장(禮樂典章)을 부정하고 도가적인 무위청정(無爲淸靜)을 주장하고 있는 점이 눈에 띈다. 그래서 본 절의 제목을 '운명에 대한 도가적 수용'이라고 붙여 보았지만 그 중에서도 특히 『노자』에 보이는 관념을 말한다. 물론 유가라고 해서 운명을 부정하거나 거역하고자 하는 것은 아니며 시를 중시하는 것 역시 마찬가지다. 그러나 「해조」와 「태현부」 그리고 역시 『태현경』의 난해함에 대하여 책망하며 제기하는 어떤 문객의 물음에 답하는 문답체 형식의 또 다른 작품 「해난」등을 보면, 『태현경』의 저작 즈음 양웅의 정신세계는 『노자』가 제시하는 우주관과 인생관에 철저히 몰입되어 있었던 것 같다.

양웅은 결코 현실적인 야심이 적은 자가 아니었다. 그러나 그는 애제가 즉위한 후에 적극적이고 진취적인 치세의 이상을 잠시 접고 홀로 묵묵히 자수(自守)하는 자세를 지키면서 그렇게 은둔하듯 해야만 하는 이유를 『노자』에 근거하여 주장하는 것이다. 양웅의 일생을 통해서도 알 수 있듯이 양웅이 늘 이렇게 고요히 자수하고만 있었던 것은 결코 아니다. 성제 시기에 상경하여 일이 년 내에 여러 차례 사부를 헌상하였으며 왕망이 권력을 장악한 이후에도 역시 그는 왕망의 신임을 받으면서 활발한 저술활동을 하였고 대부의 지위에 올랐다. 이러한 그의 행적을 통해서도 분명 양웅은 인위적인 노력으로는 어쩔 수 없는 것, 즉 명이라는 것이 있고 그 명은 시(시기, 시운)라고 바꾸어 말해도 좋을 만큼 시가 명에 가장 결정적인 영향을 끼친다고 여겼으리라는 것을 짐작하게 된다. 때가 아닐 때에 자수하지 않고 고위의 관직과 부귀영화를 향해 돌진한다면 화가 미치는 이치 또한 피할 수 없다고 그는 파악하고 있다. 「해조」에서는 명이라는 말은 쓰고 있지 않지만 시라는 말을 통하여 '우불우'의 문제를 전개하고 있다. [다]의 내용에 이어 양웅은 범저(范雎)·채택(蔡澤)·누경(婁敬)·숙손통(叔孫通) 등의 예를 들면서 이들은 호기를 얻었거나 시기적절했기 때문에 등용되어 이름을 떨쳤다고 하였다. 또한 한초의 소하(蘇何)·조참(曹參)·장량(張良)·진평(陳平) 등의 인물도 물론 재주가 출중했지만 무언가를 할 만한 적절한 시기를 제대로 만났기 때문에 높이 등용되었다고 말한 후에, "무엇인가를 할 만한 시기에 그것을 한다면 순조로울 것이고 무언가를 할 수 없는 시기에 하지 않아야 할 일을 하면 위험하고 흉하다(爲可爲於可爲之時則順,

爲不可爲於不可爲之時則凶)"라고 말한다. 이를 통해서 보아도 양웅의 관심은 어디까지나 재주를 가진 사인이 등용되는가 아닌가 하는 문제에 집중이 되어 있고 그 관건은 시임을 확신하고 있다는 사실을 명확히 알 수 있다.

「반이소」에서도 물론 명이란 인간의 영역 밖에 있는 것이었는데 「해조」에서는 더욱 이러한 외재적인 운명이 강조되고 있다. [라]에서 양웅은 이 세상 만물에 필연적으로 성쇠가 있듯이 인간사에도, 다시 말하면 한 사람의 운명에도 성쇠가 있게 마련이고 이것은 불가피한 대자연의 운행법칙과도 같아서 안다고 해도 피할 수 있는 것이 아니라고 말한다. 그러나 이를 아는 것은 중요하다. '물극필반'이라는 자연의 이치, 인간사의 이치도 알아야 하고 자신이 지금 어떤 때에 처해 있는지를 아는 것도 중요하다. 그래야만 비로소 자신의 명을 자연스럽게 받아들일 수가 있는 것이다. 인간이 대자연의 일부라는 것은 굳이 도가가 아니어도 누구나 인정하겠지만, 인간이 대자연의 일부로서 천지만물과 아무런 차별화가 되지 않는다는 것은 분명 유가와는 구별되는 도가의 특징이라고 할 수 있는데 위의 [다]·[라]에서 양웅은 바로 그런 관점에서 말하고 있다. 또한 여기에서 양웅이 재차 강조하는 처세의 기본은 "발돋움하는 자는 오래 서 있지 못하고 큰 걸음으로 급히 걷는 사람은 멀리 걸어가지 못한다(企者不立, 跨者不行)"는 이치에 다름 아니다.

본 절의 제목에서 '도가적인 수용'이라는 표현을 썼는데 '도가적'이라는 말의 함의를 '유가적'이라는 말과 비교하여 조금 구체적으로 생각해보자. 우선, 도가적이라는 말과 대비하여 유가적이라는 말을 사용하는 경우 무엇이 대비되는지를 따져보아야겠다. 가장 먼저 떠오르는 것이 '자연 대 인간', 혹은 '자연 대 문명'이라는 것이다. 그러나 늘 변화무궁한 천지만을 떠올렸지, 정지부동의 상태를 상상하지 않았던 고대 중국인들에게 자연은 그것 자체로 끊임없이 유동하는 유기체였고 그 안에는 인간도 포함되어 있다. 이런 의미에서 자연과 인간은 유가에게도 도가에게도 모두 대립적이기만 한 용어가 아니다. 다만 유가와 도가의 차이는 그 자연 안의 인간의 행위에 대한 가치평가에서 나타난다. 도가의 경우 인간도 인간의 행위(인사)도 자연의 움직임을 따라야 하며 조금이라도 자연 그대로의 상태를 바꾸는 것은 완벽함을 손상하는 것이라고 여겼다. 따라서 인간의 문명은 결코 바람직한 것이 아니다. 유가 역시 인간은 자연을 본받아야 하고 인간의 행위와 삶의 방식은 자연의 변화를 순응해야 한다고 생각하지만, 그러면서도 유가는 자연 안에서 인간의 창조적인 행위로 인하여 나타나는 인문적 현상을 무한히 긍정하고 중시하였다. 때로 그것은 자연의 본래적인 상태를 본받고 순응하기만 하는 것이 아니라 약간의 변화를 가하기도 하는데, 그것이 바로 문명이고 인문현상이며 예악전장(禮樂典章)은 그 가운데에서도 가장 대표적인 예다. 논의를 이끌어가기 위한 나름의 작업 가설적 범위설정이긴 하지만 필자가 유가적 혹은 도가적이라고 하는 것은 이런 측면에 초점을 두고 말한 것이다. 바로 이 까닭에 필자는 「태현부」에서 성인이 만들었다는 법전이나 법령의 반포도 부정하고 인의도덕이니 충정이니 하는 인륜의 강령도 부정하며 현능한 자를 선발하여 관작을 주는 것에 이어 입신양명도 모두 부정하는 양웅의 태도를 도가적이라고 말했다.

또 한 가지, 인간의 삶의 과정을 성쇠를 거듭하는 천지지간의 만사만물과 같은 이치로서 파악하고 그것을 수용하고 순응하라고 말하는 것 역시 도가적인 태도라고 말할 수 있을 것이다. 여기에 공자와 같이 안 될 줄을 알면서도 해나가는 태도나, 맹자와 같이 왕도정치의 심성론적 기초와 정전제 등의 경제적 기초를 주장하고 혁명이론을 펼치면서 인간 삶의 조건과 질을 개선해 나가고자 하는 기개는 보이지 않는다. 쇠할 때가 되어 쇠하게 된 것이니 그렇다는 사실을 알고 받아들이고 소극적인 자세로 자신을 낮추라고 하는 것은 분명 유가적이기보다는 도가적인 것에 더 가까운 태도라 생각한다.

3. 『태현경』에 보이는 운명관 :
'시불시, 명야(時不時, 命也)'

[마] 그러므로 현이라는 것은 쓰임이 지극한 것이다. 그것을 보고 아는 것을 지혜로움이라고 하고, 보고 아끼는 것을 어짊이라고 한다. 그것을 가지고 결단하는 것을 용기라고 하며, 차별 없이 잘 다스려 널리 적용하는 것을 사사로움이 없이 공평하다고 한다. 이로써 만물과 두루 짝할 수 있는 것을 통달했다고 하며, 어떤 속박이나 장애가 없는 것을 성스럽다고 한다. 때에 맞는가 맞지 않는가 하는 것을 명이라고 하며, 형체가 텅 비었고 만물이 가는 길을 도라고 한다. 인하여 따르고 변혁하는 바가 없어 천하의 이치가 얻어지는 것을 덕이라고 한다.

故玄者用之至也. 見而知之者, 智也. 視而愛之者, 仁也. 斷而決之者, 勇也. 兼制而博用者, 公也. 能以偶物者, 通也. 無所繫軸者, 聖也. 時與不時者, 命也. 虛形萬物所道之謂道也, 因循無革, 天下之理得之謂德也. 『太玄經』「玄攡」

[바] 어떤 이가 묻기를……"중수(中首)의 제3찬의 찬사(贊辭)에서 '용이 가운데(中)에서 나온다'고 하였는데 이는 무슨 말인가?" 답하기를, "용의 덕이 처음 드러난 것이다. 음이 극에 이르지 않으면 양이 생

거나지 않고 어지러움이 극에 이르지 않으면 덕이 드러나지 않는다. 군
자는 덕을 닦아 때를 기다리며 적당한 때에 앞서서 일어나지 않고 적당
한 때보다 뒤늦게 수그러들지도 않는다. 움직이든 멈추든, 은미하든 뚜
렷하든 그 법도를 잃지 않는 자는 오직 군자로구나!"

或曰……"'龍出于中', 何爲也?" 曰, "龍德始著者也. 陰不極則陽不生,
亂不極則德不形. 君子修德以俟時, 不先時而起, 不後時而縮. 動止微章,
不失其法者, 其唯君子乎!" 『太玄經』 「玄文」

양웅의 자전에 의하면 성제에게 등용된 후 그는 겨우 일이 년이라는
짧은 기간 안에 무려 사부를 네 작품이나 헌상하였다가 성제가 붕어하
고 애제가 제위에 오르자 더 이상 사부를 헌상하지 않고 점차 우주적인
이치를 탐구하기 시작하여 『태현경』을 짓게 되었다고 한다. 『태현경』
은 『주역』을 모방하여 저작한 점서(占書) 형태의 저작으로, 대자연의
구조와 운행규율을 제국의 모든 통치구조 및 제도와 유비관계로 파악
하고, 나아가 인사의 구체적인 길흉 역시 이와 대응된다는 사고에 바탕
을 두고 만든 한대 상수역학의 특이한 결실이다. 그런데 『태현경』에는
양웅의 풍부한 고문자와 방언의 지식이 발휘되었던 까닭인지, 그리고
해박한 천문학적 지식이 녹아들어 있어서인지 당시엔 그다지 많이 읽
히지도 않았고 읽는 사람들도 그 난해함을 탓하고 조롱하는 자들이 적
지 않았다. 그의 전기에 실린 「해난(解難)」은 바로 그 난해함을 비난하

는 자들에 대하여 변명하는 내용의 글인데, 양웅은 모든 위대한 사물은 필시 평범하지 않은 표현 형식을 가지고 있으며, 심원한 도리는 보통 사람들이 잘 이해할 수가 없는 것이니, 보통 사람들이 알지 못한다고 하여 이 심원한 도리에 대한 탐구를 포기할 수는 없는 것이라고 한다. 결국, 일반인들이 『태현경』을 어렵게 여긴다고 하여 이 저작이 위대하지 않은 것은 아니라는 의미로, 『태현경』에 대한 그의 자부심을 표현하고 있다.

그렇다면 『태현경』에 담겨있는 명에 대한 생각은 구체적으로 어떠한 것인가? 난해하기로 이름난 『태현경』을 영역(英譯)한 바 있는 마이클 닐런(Michael Nylon)에 의하면 『태현경』 전체에서 명(命)이라는 글자는 열 번밖에 나오질 않는다고 한다. 그 가운데 세 번은 왕의 명령이라는 의미로 사용되었고, 나머지 일곱 번 가운데에서도 우리가 주목하는 인간의 운명에 대하여 결정적인 단서를 제공하는 예는 그리 많지 않다. 『태현경』을 통틀어 봐도 위의 [마] 문장이 명을 직접적으로 설명한 유일한 예인데, 여기에서 말하는 명의 내용은 「반이소」나 「해조」에서 이미 보았던 명과 완전히 일치한다. 시운을 만나고 못 만나는 것이 바로 명이며 이는 인간이 어찌할 수 있는 범위 밖의 일이라는 것이다. 그러므로 『태현경』 안에는 시라는 것 역시 인간이 어찌할 수 없는 것임을 천명하는 구절이 여러 차례 발견된다. 예를 들면 중수(中首, 즉 81수 가운데 첫 번째 수)의 상구(上九)의 측사(測辭)에서 말하기를, "사람이 죽어 혼백이 각각 갈 곳으로 돌아갔다고 한 것은 정해진 시를 인간이 이길 수가 없다는 것을 말하는 것이다(顚靈之反, 時不克也)"라고 하였고,

제41수인 응수(應首)의 측사에서 "크게 밝은 것이 극함에 이르렀다는 것은 (이제 쇠퇴할 것을) 그치게 할 수 없음을 말하는 것이다(元離之極, 不可遏也)"라고 하였으니 이는 모두 시의 흐름이 인간의 영역을 초월한 것이므로 인간이 그것에 영향을 미칠 수 없다고 인식하고 있음을 말해 준다. 나중에 다시 설명하겠지만, 『태현경』 81수 가운데 제1수·11수·21수·31수·41수·51수·61수·71수·81수는 특히 중요한 의미를 가진다. 또한 제1수와 제41수에서 시(時)에 관한 언급이 보이는 것은 우연이 아니다. 왜냐하면 이는 한 해에 있어서 음양의 유동적 흐름의 중요한 마디를 이루는 시기이기 때문이다. 그런데 『태현경』의 내용을 보면 천지와 음양 변화의 규율로부터 군신·부자·부부의 상하, 귀천 관계를 비롯한 유가적인 사회질서를 유추하여 강조하며, 「태현부」에서는 비난하던 유가의 인의(仁義)·지용(智勇)·공업(功業) 등을 중시하고 있다. 양웅을 유가라고 평가하는 데에는 양웅 자신이 스스로를 유자라고 인식했다는 사실 외에도 그의 대표작인 『태현경』이 『주역』의 체제를 모방하고 있다는 것에 있으니 잠시 옆길로 들어가 『주역』의 성격에 대하여 생각해보고자 한다. 조금 구체적으로 말하자면 『주역』이 유가의 경서라고 하여 『주역』적인 것은 유가적인 사상이라고 말할 수 있을지에 관한 것이다.

　천구잉(陳鼓應)은 『역전과 도가사상(易傳與道家思想)』이라는 책에서 역전이 형성되었던 시기, 즉 전국 중·후기는 도가사상이 성행하던 시기이며, 역전 가운데에서도 「계사전」은 유가사상이 주축이 된 것이 아니라 도가사상이 주축을 이룬다는 주장을 하고 있다. 필자가 보기에 천구잉의 이 저서는『주역』을 보는 새로운 관점을 하나 열어준 의미가 있는 것은 분명하지만 역시 위에서 이미 말했던 것과 마찬가지로 '유가의 사상'과 '도가의 사상'에 대한 범위설정을 분명히 하고 난 후에 논의가 전개되어야 참다운 설득력을 갖출 수 있다고 생각한다. 예를 들어 역전이 전국시대 직하(稷下)의 도가 저작이라거나 황로사상과 상통하는 부분이 많이 있다거나 하는 이유로 도가의 사상이라고 하면서 동시에 제학(齊學)도, 황로학도 제반 사상을 융합하는 성격이 강했다고 말한다면, 역전은 과연 통째로 도가의 사상이 될 수 있는 것일까? 필자가 보기엔 이러한 주장보다 더 선행되어야 할 과제는 과연 학파적인 자기정체성이 언제부터 있었으며, 또 학파간의 대립적인 양상은 어떠했는지, 교류는 얼마나 활발했는지 하는 것을 밝히는 것이라고 생각한다. 분명한 것은 유가니 도가니 하는 학파적 인식이 생기기 전에『시경』・『서경』・『역경』이 이미 부분적으로 존재하고 있었고, 그에 대한 다양한 이해가 전개되었을 것이며, 그 가운데『역경』의 경우는 본래 있었던 '경(經)'의 부분에 대한 이해와 해석들이 이루어지고 모이면서 '전(傳)'의 내용을 이루어갔다는 것이다.

선진 시기의 제자는 은주 시대로부터 내려오는 지적 유산들 외에도 같은 시대적 배경을 공유하고 있었으며, 전국 중・후기로부터 진한 교체기에 이르는 시기의 사상가들의 경우엔 더더욱 그러하다는 것을 잊지 않아야 한다. 또한 학파간이 대립의식이 심화되기만 했는지 혹은 약화되기도 했는지 단정할 수는 없으나, 분명한 것은 직하와 같은 곳에서 다양한 학파에 속하는 지식인들이 함께 기거하며 토론하기도 하였고,

또 한 주군의 문하에 서로 다른 사고를 가진 수천 명의 식객들이 각자의 주장을 자유롭게 펼치고 글을 남기고 또 그것이 같이 묶여 급기야 『한서』「예문지」에서 잡가로 분류되는 저작을 낳았다는 사실이다. 다시 말하면 전국시대의 후기, 그리고 진한 교체기에는 대립의식의 강약은 모르겠지만, 다양한 사상들 사이의 교류와 융합은 점차 활발해졌으며 한 사상가가 여러 사상을 흡수하는 것이 오히려 자연스럽다고 할 정도였다고 말할 수 있다. 이 같은 시대적, 사상적 배경을 생각한다면 『주역』, 그 중에서도 특히 역전의 내용을 전적으로 유가적 사상 혹은 도가적 사상이라고 귀속시키는 것은 불가능하고도 무의미한 일이 아닐까 생각된다. 이러한 사상 간의 융합을 최초로 성공적으로 이끌어낸 사상적 흐름이 바로 황로사상이며, 역사적으로 큰 영향력을 남겼던 두 번째의 유력한 사례가 바로 전한 무제기에 동중서가 제시했던 유학의 기치를 내건 종합적 사상체계라고 필자는 생각한다. 동중서는 황로학이 이미 마련해놓은 여러 사상들의 종합을 바탕으로 하여 거기에 새로운 시대적 요구를 잘 반영한 유가의 경학이라는 요소를 벼리로 내세웠던 것이다.

다시 본론으로 돌아가자면, 『태현경』은 『역경』의 체제와 구조를 모방했을 뿐 아니라, 십익(十翼)을 포함한 『주역』 전체의 사상적 영향을 받아 그것을 계승하고 있는 것이 사실이다. 하지만 그것 때문에 『태현경』을 유가적이라고 말하기는 어렵고 『태현경』이 보여주는 명에 대한 사고를 유가적이라고 말하기도 어렵다. 이를 판단하기 위해서는 구체적으로 『주역』과 『태현경』 안에서 명이라는 개념이 어떻게 사용되는

지를 살펴보아야 할 것이다. 『주역』의 64괘 효사에서도 명이라는 글자가 몇 번 나오지만 주로 구체적인 명령을 뜻하는 경우가 많고 다소 추상화된 운명이라는 의미로 쓰이는 것은 상사(象辭)를 비롯하여 「계사전」·「설괘전」 등 십익에 본격적으로 등장한다. 그 중에서도 「설괘전」에는 "옛날 성인이 역(易)을 만드실 때……이치(理)를 궁구하고 본성(性)을 다하여 명(命)에 이른다"라고 하였고 또, "옛날 성인이 역(易)을 만드실 때 장차 성명의 이치(性命之理)를 따르고자 하셨다"는 말도 보인다. 여기에서 이(理)란 만물에 갖추어져 있는 이법(理法)이며, 성(性)이란 인간성으로서 인간에게 갖추어져 있는 이법이다. 명(命)이란 천명이든 운명이든, 이치(理)와 본성(性)을 궁구함으로써 도달할 수 있는 것이며, 달리 말하면 역전에서 말하는 인간의 운명은 천지 만물과 인간성의 본원으로서의 우주의 이법에 다름아니다. 그러므로 운명의 실제적인 내용은 우주 자연계에 존재하며 흐르는 음양소장의 이법과 관련될 수밖에 없고, 따라서 인간이 감지할 수 있는 가장 밀접한 음양소장의 이치인 시(時)가 운명을 좌우하는 결정적인 요인이 되는 것은 지극히 당연한 것이다. 시의 중요성을 강조하는 대목은 역전에 수도 없이 많으며 단전(象傳)에서는 거의 모든 괘를 군자의 언행과 관련하여 언급하고 있는데 그 가운데 많은 부분이 '때에 알맞다'는 것과 관계있다. 『태현경』에도 일관되게 나타나는 양웅의 운명에 대한 이해는 바로 이 시(時)라는 요소만을 운명과 결부지었던 결과다.

　　[바]의 내용은 시에 꼭 알맞게 행동거지를 해나가는 군자는 어떤 경우에도 법도를 잃지 않음을 칭송한 것으로서, 시는 다만 우주 자연의

이치일 뿐이니 체념하라고 하는 것이 아니라 덕을 닦으면서 때를 기다리라고 말하고 있다. 그렇다면, 인간은 정해진 시운에 내맡겨진 채 내면적인 덕성만을 닦고 행·불행을 수동적으로 받아들이면서 살아갈 수밖엔 없다는 것인가? 이 문제에 대하여 양웅은 인간의 삶의 과정과 질에 영향을 미치는 요소를 시운에만 국한시키지 않았고, 시운(時)과 더불어 덕성(德)·도구(器)·지위(位) 등 네 가지 요소를 함께 고려했다고 마이클 닐런은 설명한 바 있다. 물론 양웅이 이 네 가지 요소를 한자리에서 들어 말한 적은 없다. 양웅에게 중요한 것은 결국 인간이 이 세상에서 어떻게 살아가는가 하는 문제였고 그것은 오로지 시운과 관련된 명으로만 결정되는 것은 아니었다. 그 가운데 시운은 완전히 인력의 범위 밖에 있는 것이지만 개인의 덕성은 온전히 자신의 노력 여하에 따른 것이며, 그 나머지 도구와 지위는 덕성과 시운의 가운데에 위치한다. 도구란 수레·난로·그릇 등의 유용하고 편리한 물건들뿐 아니라 제도·기술 등의 무형한 것도 포함하며, 지위란 사회적 계급뿐 아니라 어떤 행동이 요구될 순간에 한 개인이 점하고 있는 물리적인 위치를 말한다. 도구와 지위는 어느 정도 덕성에 의하여 획득되기도 하지만 동시에 시운이 이들을 결정하기도 한다. 일반적으로 명에 대하여 논의한 선진 중국 사상가들은 명의 범위 안에 위의 네 가지를 모두 포함하여 말하곤 하는 것이 보통이었지만, 양웅의 경우 명은 시운에만 해당되는 것이고, 그 나머지는 명의 범위에 들어가지 않지만 명과 더불어 한 사람의 삶의 질을 결정하는 데 영향을 미치는 것이다. 더 명확히 말하자면 덕성·도구·지위·시운 이 네 가지가 결정하는 것을 일반적으로 말하는 광의의 운명이라고 한다면 시운이 결정하는 것을 협의의 운명이라고 하고 양웅은 후자만을 명이라고 보았다고 말할 수 있을 것이다.

천닝(陳寧)은 『중국고대 운명관의 현대적 해석(中國古代命運觀的現代詮釋)』이라는 그의 저서에서 『태현경』의 운명론이 한 사람의 도덕성이 그의 운명을 결정짓는다는 사고(그의 용어로는 道德定命論)와 운명은 이미 정해진 것이므로 미리 알 수 있다는 사고(그의 용어로는 命運可預知論), 두 가지를 포함하고 있다고 하며 마이클 닐런의 위의 이야기를 인용하였다. 그러나 이것은 잘못된 인용이다. 양웅 자신도, 또 마이클 닐런이 파악한 양웅도 시운만을 명이라고 했기 때문이다. 이런 점을 조금 분명히 하기 위하여 우리가 사용하는 운명이라는 개념을 편의상 광의의 운명과 협의의 운명으로 나누어 생각해보자. 양웅에게 있어서 도덕성이 우리가 흔히 운명이라 여기는 것을 결정짓는다는 사고가 나타나는 것은 사실이지만 그는 그것을 명이라고 하진 않으며, 인력으로 어찌할 수 없는 시운, 즉 협의의 운명만을 양웅은 명이라고 한다. 이 협의의 운명은 이미 정해진 것이므로 예측할 수 있지만, 시운 뿐 아니라 도덕이나 도구·지위 등의 요소가 어울려 직조해내는 한 사람의 삶의 과정이나 질, 즉 광의의 운명은 어느 정도 개인의 도덕성이 결정한다는 것이다. 여기에서 양웅의 명에 대한 논의가 가지는 특성이 뚜렷이 드러나며, 그가 명에 대한 도가적인 수용의 태도를 가졌으면서도 동시에 유가적인 삶의 태도를 유지할 수 있었던 이유를 알 수 있게 된다. 때에 맞는가 맞지 않는가 하는 것이 바로 명이라고 한 양웅에게 사람의 운명은 질서정연한 수리(數理)로 직조된 이 우주의 거대한 이법 안에서 그 흐름에 따라 존재하는 것일 뿐이었던 것이 아닐까? 다만 한 사람의 인생은 그 시운에 의하여만 이루어지는 것이 아니라, 그것을 알고 수용하면서 스스로의 삶을 일구어나갈 때 가장 참된 유자다운 태도로 살아낼 수 있다고 보았던 것이다.

4. 『법언』의 운명관 : '명자, 천지명(命者, 天之命)', '불가피야(不可避也)'

[사] 어떤 사람이 명에 대하여 물으니 답하였다. "명이란 하늘이 명하는 것이지, 사람의 행위(로 좌우할 수 있는 것)가 아니다. 사람의 행위로 할 수 있는 것은 명이라고 하지 않는다." 어떤 사람이 또 묻기를 "사람의 행위에 대하여 말씀해 주십시오" 하니 답하기를 "그로 인하여 보존하거나 멸망할 수 있고 또 그로 인하여 살고 죽을 수 있다면 이는 명이라고 할 수 없다. 명이란 피할 수 없는 것이다." 어떤 사람이 말했다. "안연과 염백우의 경우를 말씀하시는 것입니까? (안연이 죽자 '불행하게도 단명하여 죽었다'고 탄식하고, 염백우가 병이 들자 '이 사람이 이런 병에 걸리다니!'라고 탄식하였는데 바로 이런 경우가 명에 해당됩니까?)" 라고 하니, "그것은 피할 수 없는 것이기 때문에 명이라고 한다. 바위나 담장 아래 서 있는 것과 같은 행위는 스스로 나아가 병을 부르고 자신의 행위로 말미암아 죽음을 초래하는 것이니 이것이 명이겠는가? 명이겠는가?

或問命. 曰, 命者天之命也, 非人爲也. 人爲, 不爲命. 請問人爲. 曰, 可以存亡, 可以死生, 非命也. 命, 不可避也. 或曰 顏氏之子, 冉氏之孫. 曰, 以其無避也. 若立巖牆之下, 動而徵病, 行而招死, 命乎命乎. 『法言』「問明」

[아] 진나라는 천하를 다스리는 도를 잃고 제후를 없애고 군수를 두었다. 그런데 군수는 백성들을 다스림에 실패하여 천하의 사람들이 등을 돌리게 되었다. 항우는 강포하여 진의 군현제를 폐지하고 제후 왕을 다시 제정하였다. 그리하여 천하는 초의 천하가 되었다. 천하가 초나라로 넘어갔던 그 달에 한나라가 산남에서 창업하였다. 자취를 삼진에서 발하여 항우를 산동으로 몰았다. 따라서 천하가 한의 천하가 되었던 것은 하늘의 뜻이다. 인사란 무엇인가? 말하기를, 재기를 겸비하고 권도를 중시하며 적절한 계략을 따르고 행동해야 할 시기를 신중히 살펴 행동으로 옮기는 것이 인사다. 하늘(의 뜻)은 사람(인사)이 아니면 말미암을 바가 없고 인사는 하늘의 뜻이 아니면 이룰 수 없다.

秦失其鹿, 罷侯置守. 守失其微, 天下孤睽. 項氏暴強, 改宰侯王, 故天下擅楚. 擅楚之月, 有漢創業山南. 發迹三秦, 追項山東, 故天下擅漢. 天也. 人. 曰, 兼才尚權, 右計左數, 動謹於時, 人也. 天不人不因, 人不天不成. 『法言』「重黎」

인성에 관하여 공자가 하나의 정설(定說)을 제시하지 않았던 것과 같이 명에 관하여도 공자는 정설을 제시하지 않았다. 그나마 명에 관하여 남아있는 언급도 명에 대한 공자의 사고를 명료하게 이해시켜주지 못한다. 일례를 들어보자면, "공자께서는 이익과 명과 인에 대하여 드물게 말씀하셨다(子罕言利與命與仁)"라는 말에 대하여는 다양한 해석과 이해가 있어왔다. 위의 해석은 가장 일반적인 주희의 『논어집주』에 따른 것인데, 이에 대한 주희의 설명은 정자(程子)를 인용하여 "이로움을 따지면 의로움을 해친다. 명의 이치는 은미하고 인의 도는 크므로(a) 모두 공자께서 드물게 말씀하신 것이다(b)"라고 되어 있지만, a와 b의 논리적 연결은 그리 매끄럽지 않아 보인다. 우선, 공자께서 명에 대한 말씀을 정말로 드물게 하셨는지, 또 그러셨다면 그 이유는 무언지 확언할 수 없다. 더구나 인에 대하여는 공자께서 드물게 말씀하셨다고 보기 어려우므로 『논어』의 역대 중요한 주해를 집대성한 『논어정의』의 저자 유보남(劉寶楠)은 '한언(罕言)'의 의미를 바꾸어 '공자가 매번 겸손하여 스스로 인하다고 자처하지 않았으며 남에게 대하여도 경솔히 인하다고 하지 않았다는 것'이라고 풀이하였다. '이여명여인(利與命與仁)'을 '이(利)와 명(命)과 인(仁)'이라는 식으로 읽는 독법에 대하여는 의문이 있다고 주장하는 학자들도 있다. 그리하여 "공자께서는 이익에 대하여 드물게 말씀하셨다. 그러나 명과 인에 대하여는 허여하셨다(子罕言利, 與命與仁)"라고 끊어 읽고, '여(與)'를 '허여하다', '긍정해준다' 정도의 의미로 보아 "공자께서는 이로움에 대하여는 드물게 말씀하셨으나 명과 인은 허여하셨다"라고 해석하는 것이다. 같은 구두법을 가지고도 또 다른 해석이 가능하다. 미야자키 이치사다(宮崎市定)의 풀이를 보면, "공자께서는 이로움에 대하여 말씀하시되, 명과 더불어, 또 인과 더불어 말씀하셨다"라고 하여 아무리 이익을 추구한다 해도 명이라는 것이 있어 반드시 성공하는 것은 아니고 인과 함께 말씀하셨던 것은 인도를 어기면서까지 이익을 추구해서는 안 된다는 말이라고 이해하는 것이다.

역대의 주석가들도 자신이 생각하는 명을 언급하고 있을 뿐, 이 구절은 여전히 공자의 명 개념을 이해하는 데 별 도움을 주지 못한다. 더구나 공자 자신의 발언이 아니기 때문에 이 여덟 글자를 비중 있게 취급하는 것은 그리 적절한 일이 아니다. 가장 일반적인 주희의 견해에 의하면 명과 인은 일상성의 영역이 아니므로 드물게 말씀하신 것이 된다. 정자와 주자가 껄끄럽지만 이러한 해석을 한 것은 "도가 장차 행해지는 것도 명이요, 도가 장차 없어지는 것도 명이다"라고 하신 공자 자신의 말씀에서 알 수 있듯이 공자의 명 개념에는 분명 인간의 이성과 노력의 범위를 벗어나는 의미가 있었기 때문일 것이다. 유가뿐 아니라 어떠한 사상가의 경우에도 명에 대한 선진시대의 담론에는 그 시비를 묻는 자세는 보이지 않는다고 한다.

그런데 전한의 역사가 사마천이 『사기』 「백이숙제열전」에서 "과연 천도는 옳은 것인가 아닌가?(儻所謂天道, 是邪非邪)"라고 의문을 제기한 것은 이미 천명이 전적으로 선하고 공평하다는 고정관념에서 벗어나 있으며 신념을 잃은 자의 발언이다. 심지어 사마천은 「육국연표(六國年表)」에서 진나라가 천하를 병합한 것은 덕의(德義)가 뛰어나서도 아니고 병력이 막강해서도 아니며 지리적 위치가 협고하여 형세가 이로워서만도 아니라고 하면서 하늘이 도왔을 것이라고 말하고 있다. 이런 말은 어떻게 이해해야 할 것인가? 하늘이 비도덕적이어서 돕지 않았어야 할 진나라를 도왔다고 말하기보다는 무어라 말할 수 없는 불가해한 힘의 작용이 있었다고밖엔 말할 수 없을 정도라는 의미일 것이다. 그러나 사마천은 이렇게 하늘을 불신하거나 하늘이 인간사와 무관하다고 본 것만은 아니었다. 「천관서(天官書)」에는 "(천상에 이변이 생길 때) 나라의 임금이 강대하고 덕 있는 자이면 번성하게 되고 약소하고 꾸며 속이는 자이면 망하게 된다"라는 말이 있다. 무엇보다도 하늘이 인사와 완전히 무관한 것이라면 천인지제(天人之際)를 궁구하고자 한다는 그의 말을 어떻게 이해할 수 있을 것인가? 이렇듯 한 사상가 안에도 하늘과 천명·운명 등에 대하여 다양한 사고를 발견하게 되는 것이다. 그런데 이런 사정은 뜻밖에도 양웅에게서도 나타나고 있다.

이제껏 보았던 양웅의 명에 대한 사고는 비교적 일관되게 시운을 만나는 것과 만나지 못하는 것으로 나타났다고 한다면, 『법언』에서는 조금 다른 이해가 동시에 등장한다. 만약 인위적인 노력으로 영향력을 행사할 수 있는 범위 내의 것이라면 그것을 운명이라고 할 수는 없다는 발제문 [사]의 내용은 이제껏 보았던 양웅의 운명관을 조금 더 상세히 설명해주고 있을 뿐이다. 마이클 닐런은 바로 이 문장을 읽고는 양웅에게 있어서 존망과 생사는 명의 범위에 들어가지 않는다고 설명을 덧붙였다. 필자는 그렇게 이해하기보다는 반어법으로, 즉 운명이라고 말할 수 있는 것은 인위의 범위와는 완전히 다른 것임을 강조하는 것으로 이해하는 것이 적합하다고 생각한다. 만약 노력하여 보존할 수도 있고 멸망시킬 수도 있다면 그것은 운명이라고는 할 수 없고, 노력하여 살 수도 있고 죽을 수도 있는 것이라면 그것을 운명이라고 하기엔 부족하다는 의미로 이해하자는 것이다. 그 이유는 안연과 염백우의 사망에 대한 예, 그리고 『맹자』 「진심(상)」편에 언급되었던 바와 같이 자기 명을 아는 자는 담장 아래에 서지 않는다는 이야기가 이어지는 것을 보면 알 수 있다. 분명히 피할 수 없는 죽음과 스스로 초래하는 죽음을 나누어 운명과 비운명을 논한 것이지 생사 자체가 운명을 논하는 범위에 들어 갈 수 없다고 말하는 것은 아니다. 안연과 같은 현인이 아무리 덕성을 갖추었다고 해도 젊어서 죽는 일을 피할 수 없었으니 이는 운명이 개인의 덕성과는 무관하다는 앞에서의 논의와 일맥상통한다. 그런데 [아]에서는 왕조의 존망이 하늘의 뜻과 인위적인 인간의 노력이 동시에 작용하는 것이라고 말하고 있다. 그렇다면 마치 한왕조의 운명에는 인위적인 노력이 어느 정도 관여한다는 의미가 되는 것은 아닌가? 천닝(陳寧)은 선진 유가들이 맹자로부터 왕조의 운명은 덕성이 결정한다고 하며 개인의 운명을 덕성의 유무와는 무관하다는 층차가 다른 두 가지 운명론을 펼쳐왔다고 지적하였으며, 운명을 논한 적지 않은 한대의 문헌에서 역시 개인의 운명과 집단(왕조나 가족)의 운명은 두 가지 서로 다른 층차로 나뉘어 논의되고 있다고 말한다. 예를 들면, 가의(賈誼)는 「붕조부(鵬鳥賦)」에서 "운명은 말할 수가 없으니 누가 그 끝을 알겠는가! ……하늘의 뜻은 미리 알 수가 없고 도는 앞서 도모할 수가 없구나. 늦고 빠른 것에는 명이 있으니 어찌 그 시기를 알 것인가?(命不可說兮, 孰知其極……天不可預慮兮, 道不可預謀. 遲速有命兮, 焉識其時)"라고 노래하였지만 『신서(新書)』「대정편(大政篇)」에서는 "선함을 알면서도 행하지 않는 것을 밝지 못하다고 한다. 악인 줄 알면서 고치지 않으면 반드시 하늘이 내리는 재앙을 받게 된다. 하늘에는 항상된 복이 있으니 반드시 유덕자에게 그것을 주며, 하늘엔 항상된 재앙이 있으니 반드시 민시(民時)를 빼앗는 자에게 주는 것이다(知善而弗行, 謂之不明. 知惡而弗

改, 必受天殃. 天有常福, 必與有德. 天有常災, 必與奪民時)" 라고 하였다. 「붕조부」에서 개인의 운명은 알 수 없으며 도덕과도 상관없는 것으로 나타나지만, 「대정편」에서는 덕성을 갖춘 통치자에게 하늘이 항상된 복을 주는 것이니 한 군주가 다스리는 국가의 운명과 도덕성은 밀접한 관계가 있는 셈이다.

동중서(학파)의 경우도 역시 마찬가지다. 『춘추번로』의 「수본소식 (隨本消息)」편에서는 안연과 자로의 죽음 및 획린 시에 공자께서 하신 말씀을 인용한 후에 "이러한 사건들로 미루어보니, 천도의 성공과 실패를 성인은 알았으나 돌이켜 구제할 수는 없었으니 이것이야말로 운명인가!(階此而觀, 天命成敗, 聖人知之. 有所不能救, 命矣夫)"라고 하였다. 즉 성인의 덕성으로도 어찌 할 수 없는 것이 바로 운명이라고 말했는데, 첫 번째 「현량대책」에서는 "그러므로 치란과 흥폐는 자신에게 있는 것이니, 하늘이 내린 천명이라 하여 되돌릴 수 없는 것이 아니고 군왕이 지니고 있는 바 생각과 행동이 어긋나서 왕업을 잃게 되는 것입니다. 신이 듣자하니 하늘이 군왕에게 주어 순조로이 천하를 다스리도록 한 중요한 신물(信物)은 반드시 인력으로 이르게 할 수 있는 것이 아니라 저절로 이르는 것이니 이는 천명을 받았다는 징조입니다(故治亂廢興 在於己 非天降命不可得反, 所操持誖謬失其統也. 臣聞天之所大奉使之王者, 必有非人力所能致而自至者, 此受命之符也)"라고 하여, 군주의 도덕성이 하늘의 의지에 영향을 미치며, 따라서 왕조의 존망은 군주의 도덕성에 달린 것이라고 말하는 것이다. 위에서 이미 살펴보았던 사마천의 이중적인 천명관 역시 이러한 예의 하나가 될 것이다.

이런 시각에서 양웅의 운명관을 살펴보면 그 역시 개인적인 운명과 집단적인 운명에 대하여 조금 다른 사고를 하고 있었다는 것을 알 수 있다. 발제문 [아]에서는 천명과 인사가 서로에 의존하여 한왕조의 창업이나 폐망에 영향을 미치는 것이라고 하였는데, 또 다른 문답에서 양웅은 다시 한 번 항우의 예를 들어 인사의 비중을 높이고 있다. 항우가 해하의 싸움에서 패배한 것을 일러 "하늘이 나를 멸망시킨 것이다"라고 했던 사실에 대하여 묻자 양웅은 이를 부정하며, "한 고조는 여러 신하의 전략을 두루 듣고 썼으며, 그 책략의 활용에 의해서 여러 신하들의 힘을 모두 발휘시켰다. 그러나 항우는 여러 신하들의 책략을 혐오하고 자신의 역량만을 모두 발휘할 뿐이었다. 여러 사람의 지혜를 다하는 사람은 승리하고 혼자의 힘으로 싸우는 사람은 패한다. 이를 어찌 천명이라 할 것인가!(漢屈羣策, 羣策屈羣力. 楚憝羣策, 而自屈其力. 屈人者克, 自屈者負. 天曷故焉)"라고 하였다. 이는 한 집단의 존망이 인간의 노력 여하에 따라 달라질 수도 있음을 말하는 것이 아니고 무엇이겠는가.

"진(秦)과 초(楚)는 이미 천명을 받은 자들이었는데 진왕 자영은 패수(灞水)에서 목을 매었고 초왕 항우는 양자강 북쪽 기슭에서 시체가 찢겼으니 어찌 흥폐가 그리도 빠른 것인가?" 답하기를, "하늘은 큰 덕을 갖춘 자에게는 복을 내리고 악행을 저지르는 자는 밀어 떨어뜨린다.……진과 초의 군주는 억세고 사나와 싸움을 일삼고 화나면 기분 따라 공격하고 천·지·인 삼재의 정도를 짓밟고 백성들에게 잔인하고 포학하게 굴었다. 그 자제들조차 멸망시키고자 할 정도였으니 하물며 일반 백성들에게나 신령에게는 얼마나 원한이 컸겠는가. 일찍 멸망했다고 말하지만 도리어 너무 늦은 감이 있을 정도다"(或問, 秦楚旣爲天典命矣. 秦繪灞上, 楚分江西, 興廢何速乎. 曰, 天昨光德而隕明忒.……若秦楚强閱震撲, 胎藉三正, 播其虐於黎苗, 子弟且欲喪之, 況於民乎. 況於鬼神乎. 廢未速也). 『法言』「重黎」

위의 내용 역시 천명은 군주의 덕에 따라 옮겨간다는 주대의 천명설에 입각한 것으로 덕성과 운명은 밀착되어 있는데 이때의 운명은 개인의 운명이 아니라 공동체, 즉 국가의 운명이다. 이와 같이 개인의 운명과 집단적 운명에 대한 사고가 다르다고 하여 말끔하게 이해가 되는 것은 아니다. 왜냐하면 집단적 운명 역시 군주라는 한 사람의 덕성에 따라 결정되는 것이므로 아무리 민심이라는 요소가 강조된다 하더라도 그 역시 군주의 덕성에 의한 것이기 때문이다. 그렇다면 한대 지식인들이 개인의 운명과 집단의 운명을 나누어 생각했던 배후에는 개인과 집단이라는 이중성보다는 일반 사대부와 하늘과 서로 영향력을 주고받을 수 있는 군주라는 이중성이 있었던 것은 아닌가 생각된다. 이러한 이중성이 보이는 이유는 군주의 덕성 함양과 올바른 치도를 주장해야 하는 한대 지식인들, 특히 어떤 방식으로든 정치에 관여했던 자들의 입장에서는 궁색한 안배 방안이었는지도 모른다. 그러나 한대 지식인들이 자신의 운명을 생각할 때는 덕성과 운명의 상관관계를 천진난만하게 수긍할 수 없었으니 그런 상황에서 가장 바람직한 태도를 구하는 도리밖에 없었을 것이다. 그것이 바로 '낙천지명'이다. 본래 낙천지명이라는 말은 『주역』「계사전」에 나오는 말로 "하늘을 즐거워하고 명을 알기에 근심이 없다(樂天知命, 故不憂)"라고 되어 있다. 「계사전」에서는 그 말이 포함되어 있는 문단 전체의 주어가 문법적으로는 『역』이 되지만, 조금 더 범위를 넓히면 '주역을 배우는 자' 정도로 보아도 큰 무리는 없을 것이다. 그런데 양웅은 이 말의 주어를 공자로 내세우고 있다.

어떤 사람이 말하기를 "공자는 여러 가지 일들을 겪으셨으니, 등용되기 전까지는 역시 수고로웠으며 근심도 많았겠지요?" 답하기를 "성인은 하늘(의 뜻)을 즐거워하고 명을 안다. 하늘(의 뜻)을 즐거워하기에 수고롭지 않고, 명을 알기에 근심하지 않는다"(或曰, 孔子之事多矣, 不用, 則亦勤且憂乎. 曰, 聖人樂天知命. 樂天則不勤, 知命則不憂). 『法言』「修身」

그렇지만 이는 공자의 이야기라기보다는 오히려 양웅이 생각하고 있는 운명에 대한 가장 바람직한 최종적 태도다. 역시 천이나 명은 인간이 적극적으로 개입할 수 있는 영역이 아닐 뿐 아니라 어떠한 인위적 노력으로도 그것에 영향을 미쳐서 변화시킬 수 있는 것이 아니며, 다만 그것을 즐거이 받아들이고 깨달아갈 수 있을 뿐이라는 것이다. 이와 유사한 사고는 『맹자』에도 그대로 드러난다. 요순은 천하의 현자에게 선양했는데 우는 아들에게 왕위를 세습한 것에 대하여 묻는 대목에서, 그들의 아들이 잘 나고 못난 것은 다 하늘의 뜻(天)이지 사람이 할 수 있는 일(人)이 아니라고 하며, "애써 하려는 것이 아닌데 그렇게 되는 것이 천이고 이르게 하지 않았는데도 이르는 것이 명이다(莫之爲而爲者, 天也,

莫之致而至者, 命也)"라고 하는 대목이 그것이다. 양웅의 명에 대한 이해 역시 「계사전」과 『맹자』의 명에 대한 이해와 일맥상통하고 있다.

마이클 닐런은 전국시대에 이르기까지 명에 대한 덕과 지혜의 관계를 다섯 종류로 정리한 바 있다. 첫째는 명이라는 것은 덕이나 지혜와는 전혀 관계가 없다는 것으로 우주의 정의가 작동하는 어떠한 기제도 없으니 선한 사람이나 악한 사람이나 불운을 만날 수 있는 가능성은 마찬가지라는 견해다. 둘째는 개인의 운명은 덕이나 지혜에 따라 결정된다는 것으로 의지가 있는 하늘이 개인의 운명을 조정하든 아니면 행위 자체가 행운이나 불운을 발생하게 하든 개인의 행위는 행위자의 이해득실을 가져온다는 것이다. 셋째는 개인의 명이란 이미 결정되어 있는 우주의 고정된 시간에 따라 주어진다는 것으로 운의 주기가 있고 이것은 이미 고정되어 있다는 것으로 추연과 그의 지지자들이 이에 속할 것이라고 한다. 넷째는 명이란 태어날 때 결정되어 일생 동안 개인의 삶에 중요한 영향을 미친다는 것이고, 다섯째는 불가해한 일들도 분명히 존재하지만 대체적으로 좋은 행위가 좋은 삶을 만든다는 것으로 따라서 현인은 선행만을 하면서 평정하게 그의 명을 기다리는 것이라고 한다. 그러나 이는 일종의 분류방식으로서 순수하게 다섯 종류의 사고 중 어느 하나에만 속하는 사상가는 존재하기 어려우며 그런 사정은 진한 교체기를 거쳐 한대가 되면서 더욱 더 심해진다. 양웅의 경우만 보더라도 다섯 가지 중 어느 하나에 귀속시키기는 어렵다. 대체로 말하자면 양웅의 운명관은 첫 번째 유형에 속한다고 볼 수 있다. 다만 개인적인 운명이 아니라 국운을 논하는 경우에는 본 절의 [아]의 예문에서 보듯

이 단순히 시운을 알고 수용하라는 말에 그치는 것이 아니라 하늘의 뜻
과 인간의 지혜와 능력이 서로 긴밀하게 영향을 미친다고 말하고 있다.

5. 양웅의 운명관과 점서와의 관련성

[차] 어떤 사람이 물었다. "성인은 하늘(의 뜻)을 점칩니까?" 말하기를, "천지를 점친다." 그러자 또 묻기를, "만약 그렇다면 사관과 무엇이 다릅니까?" 하자 답하기를, "사관은 하늘로써 인사를 점치지만 성인은 인사로써 하늘을 점친다."

或問, 聖人占天乎. 曰, 占天地. 若此, 則史也何異. 曰, 史以天占人, 聖人以人占天. 『法言』「五百篇」

자신이 처한 시대를 난세라고 하는 것은 특별히 그의 시대가 사실상 난세일 경우도 있겠지만 그보다는 한 지식인의 이상이 현실을 난세로 보게 하는 것이리라. 또한 자신이 때를 만나지 못한 것을 한탄하는 것은 특별히 운이 나빠서가 아니라 그의 이상적인 가치관이 그로 하여금 현실에 타협하지 못하게 하고 비판적인 시각으로 그가 처한 상황을 바라보게 만들기 때문일 것이다. 그러므로 한대에는 특별히 완악한 군주만이 있었던 것도 아니고 열악한 상황만 계속된 것도 아니었는데 끊임없이 '사불우(士不遇)'를 주제로 한 작품들이 나왔다. 양웅의 경우 '사불우'라는 제목을 단 작품은 없지만 경사에 올라와 관직을 얻기 이전에 지은 작품인 '반이소'에 이미 '사불우'의 정서가 충만하며, 따라서 운명이라는 주제가 선명하게 드러나 있다. 충절을 지키려다 좌절하여 스스로 목숨을 버린 굴원에 대하여 무한한 애도의 심정을 가지고 있으면서도 그것은 명을 알고 담담히 받아들이는 태도는 아니었으므로 양웅은 이에는 동의하지 않았다. 공자 같은 성현에게조차 조국을 떠나야 하는 시기도 있었고 그러다가 다시 돌아오게 되는 시기도 있었는데 조국을 떠날 때 차마 발길이 떨어지지 않아 머뭇거리셨고 결국엔 노나라로 돌아가게 되셨으니 이것이야말로 시운에 따른 자신의 명을 알고 그에 따르는 모습이 아니겠는가 하는 것이 바로 양웅의 생각이었다. 그리고 이런 기본적인 운명관이 경사에서의 오랜 세월 동안 내내 지속되었던 것이다. 사부를 좋아하던 성제에게는 사부를 헌납하였고 사부를 달가워하지 않던 애제 시기가 되자 그는 더 이상 사부를 짓지 않았다. 본격적으로 운명이라는 주제와 대면한 것은 『태현경』의 저작을 전후한 시기였으리라 생각된다. 양웅이 활발한 정치적 활동을 중단하고 사색과 저술의 시기로 접어든 것과 왕음(王音)의 사망과 직결시키는 것은 무리가 있을지 모르나, 후사가 원만히 이어지지 않던 전한 말 외척 세력의 부침은 분명 당시의 관료들에게 상당한 영향이 있었을 것이라는 것은 명약관화하다. 짐작컨대, 정치적 입지가 여의치 않게 되자 양웅은 미련 없이 포물선의 하강 곡선을 타고 미끄러지듯 자수(自守)하는 생활로 접어들었던 것 같다. 그리하여 점차 인간 삶의 근본적인 문제와 천지·우주의 근원을 사색하면서 그는 『노자』와 『주역』에 심취하게 되었고, 결국 두 저작의 정수를 양웅 나름대로 소화하고 융합하여 양웅의 『주역』을 창작하게 되었으니 그것이 바로 『태현경』이었다. 그러나 그의 말년 『법언』을 저작하는 시기에 이르기까지 운명에 대한 양웅의 일관된 답안은 바로 시(時)라는 것이었다.

용이 깊은 물에 숨어 있다가 하늘로 올라가니 바르고 또 만사에 두루 이롭다. 어떤 이가 묻기를, 용은 어떻게 바르고 이로우며 형통할 수 있는 것이냐고 하자 답하기를 "때가 적절하지 않으면 용은 숨어 있으니 바른 태도가 아니겠는가! 또한 가장 적절한 시기가 오면 곧 승천하는 것이니 어찌 이롭지 않겠는가! 숨어 있고 승천하는 것은 자신의 행동이겠으나 그것은 실제로는 가장 적절한 때에 하는 것이니 어찌 만사에 형통하지 않겠는가!"(亨龍潛升, 其貞利乎. 或曰, 龍何如可以貞, 利而亨. 曰, 時未可而潛, 不亦貞乎. 時可而升, 不亦利乎. 潛升在己, 用之以時, 不亦亨乎) 『法言』「問明」

시라는 것은 결국 인위로는 어찌할 수 없이 다양한 상황의 복합성으로 인하여 벌어지고 주어지지만 시의(時宜)를 파악하는 것은 오로지 지혜로운 자의 몫이다. 욕망은 적절하게 시의를 파악하는 것을 방해한다. 그러니 무조건 영달하려는 사욕에서 벗어나 조용히 스스로를 고요히 지켜나가야 한다. 양웅은 그렇다고 침잠하는 것만이 바르다고 여기지 않는다. 양웅이 은자를 높이 평가하고 있는 것은 사실이지만 침잠과 은

둔이 최고의 가치여서는 아니다. 그것은 출사를 전제로 한 유가의 은둔이었고 이는 천하에 도가 있으면 마땅히 출사하여 자신을 드러낼 것이요, 천하에 도가 행해지지 않는다면 은둔한다(天下有道則見, 無道則隱)는 『논어』의 구절과 일맥상통하는 사고방식이다. 더구나 『법언』에서도 반복하고 있는 「계사전」의 '하늘(의 뜻)을 즐거이 받아들이고 자신의 명을 알기에 근심이 없다(樂天知命, 故不憂)'는 말을 공자의 삶에 적용하여 답하고 있는 부분을 보아도 양웅이 생각하는 성인은 명을 알아서 다가오는 일을 피할 수 있는 무소불위의 신비한 역량을 가진 인물이기보다는 명을 알고 수용하면서도 근심을 하지 않을 수 있는 인격의 소유자다.

[차]에서 말하는 성인의 점은 공자가 『주역』을 대했던 방식을 양웅이 염두에 두고 한 말이 아니었을까 하고 필자는 생각한다. 그런 양웅은 점친다는 행위를 어떻게 생각했으며 무엇을 점친다는 것이었을까? 담담하기 그지없는 운명관을 가진 양웅이 길흉화복을 점치는 점서(占書)인 『태현경』을 저술했다는 것은 어딘가 어울리지 않는 듯한 느낌이 들지도 모른다. 『태현경』은 사고전서에서 자부(子部)의 술수류(術數類)에 속해 있으나 술수류의 하부 분류인 수학(數學)·점후(占候)·상택/상묘(相宅/相墓)·점복(占卜)·명서/상서(命書/相書)·음양오행(陰陽五行) 가운데에서 『태현경』은 수학 부문에 속해 있고, 사마광의 『잠허(潛虛)』와 소옹의 『황극경세서(皇極經世書)』 등이 나란히 여기에 나열되어 있다. 『사고제요』는 『태현경』을 수학류에 귀속시킨 것에 대하여 다음과 같이 말한다. 『태현경』은 『주역』에 준하여 만들어졌고 점치는 법

(揲法)은 36개의 댓가지를 사용한다. 따라서 혹자는 점복류에 속한다고
도 했으나, 수(數)의 오묘함이나 이치의 심오함을 추리할 뿐, 이로써 점
복을 했다는 것을 듣지 못했고 역시 이로써 길흉을 정하고 의혹을 해결
하였다는 이야기를 듣지 못했다고 하며 수학류에 귀속시켰다고 한다.
『태현경』을 아주 높이 평가하는 황카이궈(黃開國)이라는 학자는 심지
어 『태현경』을 점서라고 하기보다는 철학서라고 보아야 한다는 의견을
개진한 바 있다. 그럴 정도로 양웅 자신은 길흉화복이라는 점단에 관심
을 기울이기보다는 자기가 처한 상황을 고요히 관조하고 수용하는 주
체적 태도를 중시했기 때문이며, 이러한 태도는 『태현경』을 저작했던
즈음의 사부 작품들을 통해서도 분명히 나타난다. 그러나 아무리 난해
한 용어로 쓰였고 수학적인 취향이 가득하며, 양웅 자신이 길흉화복에
의연했다고 해도 『태현경』은 분명 점서다.

　사마천의 『사기』에는 「일자열전(日者列傳)」과 「귀책열전(龜策列傳)」
이 따로 세워져 있다. 「일자열전」과 「귀책열전」은 본래 사마천의 원문
이 없어져 후에 저소손(褚少孫)이 누군가의 기록에 보충하여 지금의 형
태로 만든 것이라고는 하지만 대체적으로 사마천이 기술하려 했던 전
한대의 분위기를 파악하는 것에는 별 차이가 없다. 「귀책열전」은 "천
명을 받은 자만이 왕이 되었으며, 왕자가 일어날 때 복서로써 천명을
판단하지 않았던 적이 있던가!"라는 말로 시작한다. 시일의 길흉을 점
치든, 귀책을 통하여 점치든 결국 모두 왕자의 정사나 천명과 관련되는
일이었음을 밝히고 있는 것이다. 이는 고대 사회에서의 점이 가졌던 기
본적 속성 중 하나였을 것이다. 「일자열전」 역시 "옛부터 현명한 군왕

들은 나라를 세우고 천명을 받아 왕업을 일으키려고 할 때 복서를 중시하여 선정을 돕지 않은 일이 한 번도 없었다"라는 말로 시작되는데, 이역시 왕업을 창건하거나 선정을 해나감에 있어 점치는 행위가 필수적이었다는 뜻이다. 그 마지막 대목에는 무제가 점가(占家)들을 모아놓고 어떤 날이 며느리 맞기에 좋은 날인가를 물었을 때, 오행가(五行家)·감여가(堪輿家)·건제가(建除家)·총진가(叢辰家)·역가(曆家)·천인가(天人家)·태일가(太一家) 등이 일치하지 않는 답을 내놓았다는 기록이 있다. 이것만 봐도 시일(時日)의 길흉을 점치는 것이 얼마나 복잡다단하게 전개되고 있었는지를 알 수 있으며 역법을 연구하여 시일의 길흉을 점치는 역가들이 있었다는 것도 알 수 있다. 한편,『한서』「예문지」에서는『태현경』이 제자략 가운데 유가류에 속해 있다. 그런데 수술략(數術略)의 총설을 보면, 수술(數術)이라는 것이 본래 천문을 관찰하여 역을 만들거나 사관이 복서를 하는 것에 원류를 두는 것이라고 하며, 수술략에 속하는 서적을 천문(天文)·역보(曆譜)·오행(五行)·시구(蓍龜)·잡점(雜占)·형법(形法)의 여섯 종류로 나누고 있다. 수술략의 여섯 종류에 대한 설명과 각각에 실린 책들을 보면『태현경』은 천문류·역보류·오행류·시구류와도 유사한 점이 있고, 그 중에서도 역보류와는 상통하는 바가 특히 많다. 역보류의 개요에는 "성왕은 반드시 역수(曆數: 본문의 歷數와 통용)를 바르게 하여 삼통의 복색제도를 정한다. 또 그로써 오성과 일월의 만남, 흉액의 근심, 길하고 융성함의 기쁨을 찾아 안다. 그 방법은 모두 여기에서 나오는 것이니, 이는 성인이 천명을 아는 방법이다. 천하의 뛰어난 재사가 아니면 누가 이에 관여할 수 있겠는가(聖王必正歷數, 以定三統服色之制, 又以探知五星日月之會, 凶阨之患, 吉隆之喜, 其術皆出焉. 此聖人知命之術也. 非天下之至材, 其孰與焉)"라는 대목이 있다. 그 내용을 보면, 역수를 정하는 것은 성왕의 정치를 좌우하는 것이고 천명을 아는 것과 관련된다는 사실을 알 수 있다. 즉, 점을 친다는 것은 태생적으로 정치성을 띤 행위였으며, 그것은 역수를 비롯한 수와 밀접한 관련을 가진다는 것이다.

앞에서도 말했듯이 양웅은 경사에 들어가기 전부터 『법언』을 저술한 말년에 이르기까지 일관되게 사람의 운명을 시에 의한 것이라고 파악하고 있다. 시라는 것은 외재적인 것이므로 양웅의 명 역시 본래 외재적인 성격을 가진다. 그렇기 때문에 점치는 행위가 가능하기도 하고 필요해지기도 한다. 양웅은 '우불우'를 '명'이라고 했고 본장의 제1절에서 '우불우'란 주로 군주에게 인정을 받아 등용되는가의 문제임을 밝혔다. 양웅은 또 '명'을 '시불시'라고 하였으니, 이는 명을 결정하는 것, 그 결정된 명을 아는 것은 때의 적절함이 관건이라는 의미다. 다시 말하면, '시불시'로 결정되는 명의 내용은 '우불우'라는 것이다. 이러한 사실을 이해하고 받아들임으로써 외재적인 명이나 시는 한 군자에게 내재화되어가는 것이리라 생각한다. 점친다는 행위는 본래 외재적인 시를 나의 명으로 이해하고 내재화하는 것을 돕는다는 의미가 있을 것이다.

양웅에게 있어서 관심이 있는 점의 내용은 정사와 관련된 것이고, 사인으로서의 등용이나 처세와 관련된 문제였을 것이라 생각된다. 이는 『태현』의 찬사(贊辭)를 보아도 어느 정도 부합되는 이야기다. 『태현경』의 찬사와 측사는 기본적으로 천도와 인도를 밝히는 것이었고, 구체적인 사건에 대한 기록이 아니지만, 양웅도 시대의 아들이기 때문에 양웅 당시의 다양한 사건들 속에서 그 영향을 받으며 그것을 저작에 반영하기 마련이다. 왕칭(王靑)은 『태현경』이 애제 시기의 저작이라는 것을 입증하기 위하여 구체적인 역사적 사건을 반영하고 있는 찬사를 지적하면서 『한서』의 기록과 일일이 비교하여 나열하였다. 이를 보면 점서를 구성하면서도 양웅은 끊임없이 정치적인 관심을 늦추지 않고 있음을 충분히 알 수 있다. 즉, 그가 말한 '자수(自守)'는 현실적으로 어떤 지위에 나아가 자신의 정치적 포부를 실천하지 않는다는 것이지, 정사에 대한 관심을 놓고 자신의 내면으로 침잠한다는 의미만은 결코 아니다.

그가 보았던 당시의 정치에 대한 문제점을 한 마디로 표현하고 있는 것이 바로, 81수(首) 가운데 제일 마지막 수(首)인 양수(養首)의 일곱 번째 찬사(次七이라고 함)에 드러난다. "어린애가 코끼리를 끌고 아녀자가 맹수를 묶는다. 군자는 잠자코 신병이나 보살피고 있다(小子牽象, 婦人徽猛, 君子養病)"고 하는 대목은 임무를 담당할 능력도 되지 않는 사람들이 날뛰니 군자들은 물러나 자수할 수밖에 없는 상황을 비유한 것이다. 이를 통하여 우리들은 외척과 환관들의 횡포에 의하여 덕을 갖춘 사인들이 오히려 뜻을 펼치지 못하고 황후가 정치를 하거나 정치투쟁으로 어린 황제를 내세웠던 구체적인 전한 말 황실의 분위기를 짐작할 수 있다. 『태현경』에는 대신이 직위에서 물러나게 되는 경우(割首의 次五・廓首의 次七 등), 소인배가 높은 지위를 얻게 되는 경우(親首의 次七), 전한 말 극심했던 황후들의 정치 간여(內首의 여러 찬사) 등을 비롯하여 황제에게 후손이 없는 상황이라든지 황실의 궁전에 있던 화재 등의 재이사건이라든지 하는 정치적 상황이 찬사와 측사에 보이는 경우가 상당수에 달한다. 이를 보면, 양웅 자신에게 있어서 점을 친다는 것은 주로 정치적 입신에 관한 것이었다고 생각된다. 그리고 그것은 시가 결정하는 것이지, 인간의 노력 여하에 따르는 것이 아니었다. "대인을 만나면 이로우리라"는 식의 말이 반복 출현하는 『주역』의 경우도 애초에 만인의 점서는 아니었다고 생각된다. 그것은 주로 입신을 기대하는 사인들이 처하게 되는 예측 불허의 불안한 상황에서 불행한 선택을 최소화하고 되도록 바람직한 방향으로 나아가기 위하여 도움을 받고자 하는 희구가 결집된 것이다. 그러나 동시에 사적인 이익과 행복을 추구하는 것만을 목적으로 하는 것이 아니라 군자라면 어디까지나 주어진 상황 안에서 가장 적절하고도 도덕적인 선택을 하는 것에 더 관심을 두어야 한다는 점을 강조함으로써 유가적인 경서의 품위를 유지하고 있다. 원경을 바라보아야 주도면밀한 예견을 가질 수 있고, 그리하여 「계사전」에서 말하듯이 군자나 성인이라면 기미만 보고도 알 수 있게 되어 비록 남들이 보기에는 불행한 상황을 맞이하더라도 자신의 명을 즐길 수 있는 자세를 역설하는 것이 바로 유가 경서로서의 『주역』이다. 『태현경』 역시 만인을 위한 만인의 점서가 아니라 기본적으로 출사를 전제로 하는 사인들을 독자 혹은 사용자라고 암묵적으로 여기고 만들어졌던 것이 아닐까 생각한다. 다시 말하면, 주로 사인들의 우불우·시불시를 예견하고 자신의 명을 알아보게끔 돕는 점서였다는 것이다. 그럼, 다음 장에서는 구체적으로 『태현경』은 어떻게 이루어져 있는지, 또 점치는 방법과 그 결과를 판단하는 방법은 어떤 것인지 알아보자.

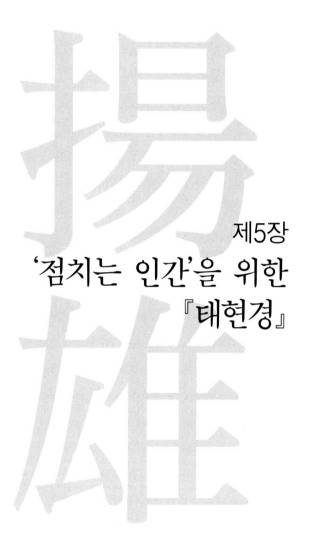

제5장
'점치는 인간'을 위한
『태현경』

동서고금을 막론하고 인간은 점을 쳐 왔다. 따라서 다양한 문화권 어디에나 '점치는 인간'의 흔적이 남아 있다. 인간 복제를 앞두고 있는 지금도 우리는 점을 치며 살고 있다. 따라서 점을 친다는 것은 인간을 특징짓는 하나의 항목일 수 있으리라 생각한다. 점에도 여러 종류가 있다. 크게 다음의 세 가지 정도로 분류할 수 있는데, 첫째, 점치는 자가 어떤 사실이나 미래를 문득 '보게(see)' 된다거나 '알게(know)' 된다거나 하는 직관에 의한 점복(intuitive divination), 둘째, 영적인 존재가 매개적인 대리인(intermediary agents)을 통하여 소통하는 형식을 띠는 신 내림과 같은 방식의 점복(possession divination), 셋째, 점치는 자가 어떤 사실에 대한 비인격적인 패턴을 암호 해독하는 방식을 통하여 점단하는 지혜의 점복(wisdom divination)이다. 모든 유형론(typology)이 그렇듯이 위의 유형들 역시 어떤 점법이 어떤 하나의 유형에만 속하는 식이 아니라 역사상 많은 점법들에는 세 유형의 요소들 중 두어 가지가 중첩되어 있을 것이다. 그리고 어떤 유형의 점법이 가장 뛰어나다거나 우월하다거나 한 것은 결코 아니다. 갑골을 통하여 점치던 상대의 점술가들은 최고신을 비롯한 다양한 신격들에게 자신들의 의문을 제기했고 갑골에 열을 가하여 벌어진 모습을 통하여 초월적 존재들의 대답을 읽는 것으로 간주하였다. 단순히 일어날 일의 길흉을 점치던 점복에서 이제는 길흉의 점단뿐 아니라 길흉의 내용을 알고자 하는 한 걸음 나아간 기대를 하게 되고 점단의 경험이 쌓이고 기록이 축적되면서 점서(占書)가 출현하게 되었을 것이다. 벤자민 슈월츠(Benjamin Schwartz)는 오랜 기간에 걸쳐 이 조짐들이 보여주는 패턴과 구체적인 상황이 가지는 내적인 연관성을 탐구해왔던 점술가들에게, 점차 조짐이 신격들의 의지를 반영한다기보다는 출현하는 상황 자체의 본래적 성격과 관련이 있는 것으로 이해되어 갔고, 나아가 조짐들의 의미는 점차 고정화되고 조짐을 해석하는 방식도 고정화되어 갔을 것이라고 말한다. 그리고 『주역』에서 이러한 추세가 이미 나타난다고 지적하는데, 이는 귀신 신앙을 기초로 하며 매개자를 통하여 교통하는 신 내림의 점복(possession divination)으로부터 비인격적이며 모든 것이 상호 유기적으로 관련된 우주관에 입각하여 현실을 해석하는 지혜의 점복(wisdom divination)으로 대체되어가는 과정이라고 볼 수 있을 것이다.

　『주역』에 이어 이러한 지혜의 점복이 보여주는 가장 종합적인 형태를 바로 양웅의 『태현경』에서 발견할 수 있다. 음률의 숫자, 역법의 기본 정수, 그리고 『주역』의 괘효에 해당되는 『태현경』의 수(首)·찬(贊)의 수리적 변화양상을 종합적으로 고려하여 대응시키려 했던 것 자체가 바로 그렇게 말할 수 있는 근거다. 양웅은 다방면의 지식을 현란하게 내보이려는 것이 아니라 그러한 지식이 모두 녹아 들어간 점서를 제시하고자 했던 것이다. 어떤 방식이 되었든, 점을 친다는 것은 어떤 행동을 선택하고 결정해야만 하는 상황에 놓인 인간이 행위의 지침을 구하는 행위이고, 점서(占筮)의 책을 만든다는 것은 인간 행동의 지침을 제시하는 것과 다를 바 없다. 따라서 『태현경』에는 양웅 자신의 윤리관이나 처세관이 농후하게 반영되어 있을 수밖에 없다. 이런 면은 그의 다른 저작들이나 그의 삶과도 일맥상통하는 중요한 내용일 것이다. 그러나 더욱 더 중요한 것은 양웅이 그만의 새로운 『주역』이라 할 수 있는 『태현경』을 만들면서 당시 역학의 어떤 과제를 어떻게 해결하고자 했었는가 하는 것을 파악하는 것이다.

현대인들은 대개 점법의 다양함에 대하여 고대인만큼 상세히 알지 못하므로 노파심에서 한 가지 먼저 지적하고 싶은 것은 앞 장에서 언급한 바 있는 사고전서 술수류의 분류 안에서 『태현경』이 명서(命書)로 분류되지 않고 수학류로 분류되어 있다는 사실이다. 『주역』이 명서(命書)가 아니듯, 『태현경』도 명서가 아니다. 태어난 해와 달과 날짜와 시각에 의하여 한 사람의 운명이 이미 결정되어 있고 그것을 수리에 의하여 풀이할 수 있다는 신념에 바탕을 둔 추명(推命), 즉 사주팔자(四柱八字)를 통해 태어날 때 타고난 명을 추리하는 기술과 『태현경』은 관계가 없다. 또 『태현경』은 우주 만물의 수리적인 정합성이 그 구성의 근본을 이루고 있으므로 『주역』을 모방한 서적임에도 불구하고 유가의 서적에 포함시키기가 부적합하다고 여겼던 것이다.

1. 『주역』에서 『태현경』으로

[가] 『태현경』의 각 수가 4중으로 되어 있는 것은 (『주역』처럼) 괘를 의미하는 것이 아니라 다만 수를 뜻한다. 그 움직임(즉, 81수 각각의 4중으로 된 찬을 한 바퀴 운행하는 움직임)은 하늘의 근원으로부터 낮과 밤의 음양 변화를 번갈아 해나가 악률과 역법의 규율을 헤아려 정한다. 81의 큰 운행은 천지와 처음과 끝을 합하게 된다. 그러므로 『태현경』은 삼방·구주·이십칠부·팔십일가·이백사십삼표·칠백이십구찬으로 이루어져 있고 세 권으로 나뉘어 있어 각각 일·이·삼이라고 불리니 태초력과 상응하며 전욱력을 참작한 것도 있다.

玄首四重者, 非卦也, 數也. 其用自天元推一晝一夜, 陰陽數度, 律曆之紀, 九九大運, 與天終始. 故玄三方·九州·二十七·八十一家·二百四十三表·七百二十九贊, 分爲三卷, 曰一二三, 與泰初曆相應, 亦有顓頊之曆焉. 『漢書』「揚雄傳」

『태현경』을 『주역』과 비교하기 전에 다시 한 번 강조하고 싶은 것은 양웅이 비록 후대에 새로운 『주역』을 창작하여 감히 경(經)이라고 칭했다는 비판을 받았으나 그 자신은 결코 공자의 권위나 경서의 권위에 도전하고자 하는 의도가 없었다는 사실이다. 양웅은 오경 각각에 대하여 그 독특한 장점을 거론하면서 천도를 설함에 있어서는 『역경』보다 더한 웅변이 없다고 하였다. 이어 정사(政事)에 관하여는 『서경』, 행동거지에 관한 것은 『예기』, 마음속의 생각을 말함에 있어서는 『시경』, 도리를 설함에 있어서는 『춘추』보다 더한 웅변이 없다고 한 후, 오경을 버린다면 웅변이라 할 만한 것이 없다고 하였다. 또한 공자께서도 성현의 가르침을 조술하실 뿐 새로운 것을 창작하지는 않았다고 하였는데 어찌하여 『태현경』을 지었는가 하는 물음에 대하여 양웅은 비록 『태현경』이라는 책은 새로이 만들었을지 모르나 그 안에서는 옛 성인의 도를 조술하고 있을 따름이라고 하였으니 양웅이 『태현경』을 저작한 것은 『주역』의 권위를 대체하려는 것이 아니었음은 분명하다. 양웅 역시 한대인의 『주역』에 대한 신앙에 가까운 태도를 강하게 가지고 있었으며, 다만 그는 당시의 역학이 부딪힌 문제에 대하여 나름의 해법을 제시하고자 했던 것이다.

양웅 당시의 역학이 해결해야 할 문제는 다음과 같다. 첫째, 「문언전」에서 말하는 대인(大人)과 같은 특수한 인격자라는 매개 없이, 평범한 보통 사람들이 어떻게 미래의 길흉화복을 예측하도록 이론적으로 구축할 것인가 하는 문제다. 둘째, 『주역』 64괘의 괘효 그 자체가 자연의 섭리를 구현하며 그것을 구상화하고 있는 것이라면, 그 메커니즘은 과연 무엇인가를 드러내는 것이었다. 양웅의 『태현경』은 바로 이러한 역학의 시대적 과제에 답하고자 나름의 해법을 제시하고자 했던 것이며 이론적으로는 당시까지의 다양한 시도에 종지부를 찍고자 했다고 볼 수 있다. 이 작업은 자연스럽게 양웅 당시의 사람들이 역학에 대하여 가졌던 가장 커다란 신념을 반영하고 있다. 그 중의 하나는 다가올 미래의 길흉화복이 음양과 괘효의 상징에 의해 예측되며 그것은 규칙적으로 나타나 보이리라는 것이었다. 따라서 당시 역학자들이 과제를 풀어나갈 방향은 괘효의 변화 규율을 우주의 리듬과 맞추는 것이었는데 그 과정을 이해하기 위해서는 율력사상·괘기설 등의 용어를 만날 수밖에 없다. 이러한 내용은 다음 절부터 다루기로 하고 본 절에서는 우선 『주역』과 『태현경』의 다양한 면모를 비교해보도록 하자.

『주역』의 64괘는 양을 나타내는 —와 음을 나타내는 --이라는 두 가지 기호의 3중 구조인 소성괘(小成卦: ☰·☱·☲·☳·☴·☵·☶·☷) 여덟 괘를 상하로 배열하여 만든 것으로 이를 대성괘(大成卦)라고도 한다. 『태현경』은 세 가지 기호, 즉 —·--·---의 4중 구조로 하나의 수(首)가 이루어지며 총 81수로 되어 있다. 이 세 종류의 기호가 각각 천·지·인을 상징한다고 하지만 『주역』의 경우 —과 --이 각각 양, 음이라고 불릴 뿐 아니라 음과 양의 성질을 가지는 것에 비하여 —·--·---은 천·지·인 이라고 불리지 않고 그냥 일·이·삼이라고 불리며 의미상 천·지·인과는 전혀 무관하다. 이는 『주역』의 양(—)과 음(--)이 천지·남녀·강유 등 풍부한 상징성으로 이해되는 것과는 달리 『태현경』의 세 가지 기호는 그 상징이 아니라 삼(三)이라는 숫자 자체가 중요하다는 것을 시사한다. 또, 『주역』의 경우 6개의 효로 이루어진

周易	太玄經
2종의 기호 (— · --)	3종의 기호 (— · -- · ---)
6位	4重 (위로부터 方·州·部·家)
64卦 · 卦辭	81首 · 首辭
1卦 6爻(총 384爻) · 爻辭	1首 9贊(총 729贊) · 贊辭
小象傳	測辭
象傳	해당 없음
大象傳	해당 없음
序卦傳	玄衝
雜卦傳	玄錯
文言傳	玄文
說卦傳	玄數
繫辭傳	玄攡 · 玄瑩 · 玄掜 · 玄圖 · 玄告
64卦 (乾卦 ䷀ 坤卦 ䷁)	81首 (中首 ䷀ 養首 ䷁)

한 괘에 6개의 효사가 있는 것과는 달리 『태현경』은 위로부터 각각 방
(方)·주(州)·부(部)·가(家)라고 불리는 4중의 구조로 한 수(首)가 이
루어지는데 한 수마다 9개의 찬사가 있다. 『태현경』은 4중에 대하여 하
나인 현이 셋으로 나뉘어 삼방(三方)이 되고 삼방이 나뉘어 구주(九州)
가 되고 구주가 나뉘어 이십칠 부(27部)가 되고 27부가 나뉘어 팔십일
가(81家)가 된다고 말한다. 방·주·부·가는 지방 행정조직에 의한
명칭이라고 하지만 동시에 현은 단 하나의 천자를, 삼방은 삼공(三公)
을, 구주는 구경(九卿)을, 27부는 27대부(大夫)를, 마지막으로 81가는 81

원사(元士)를 상징하며 이는 피라미드 형태의 관료 체제를 보여준다. 이 81이라는 숫자가 바로 태초력(太初曆)의 기본 정수이다. 여기까지가 『주역』의 경(經)에 해당되는 부분이며, 전(傳)에 해당되는 부분을 『주역』 십익의 내용을 가지고 보자면 『태현경』에는 단전과 대상전이 없는 셈이고, 그 나머지는 앞의 표와 같다.

이는 사마광의 「태현경을 설명함(說玄)」이라는 문장에 나타나는 것을 도표화한 것으로서 몇 가지 설명을 덧붙이자면, 앞의 표 가운데 『태현경』의 수사(首辭)에 대하여 혹자는 이것이 『주역』의 단전(彖傳)에 해당되며, 『태현경』에는 『주역』의 괘사에 해당되는 것이 없다고 말하기도 한다. 본래 단전이란 괘사에 대한 해석이고, 단(彖)에는 '자르다' 또는 '판단한다'(斷)라는 의미가 있어서 점을 친 결과를 판단한다는 의미에서 '단전'이라고 했을 것이다. 「계사전」에도 단(彖)과 효(爻)를 대조적으로 설명하는 부분이 있는데, 본래 효사에 대응하는 괘사를 단(彖)이라 했던 것이고 그에 대한 해석을 단전(彖傳)이라고 했던 것이다. 그렇다면 『태현경』의 수사를 왜 『주역』의 괘사에 해당시키기도 하고 단전에 해당시키기도 하는지 이해할 수 있을 것이다. 또, 『태현경』의 「현고(玄告)」는 성격상 「계사전」과도 유사하지만 「설괘전」과도 유사한 면도 있다. 『주역』이 언제부터 단사(彖辭)와 상사(象辭)를 각 괘의 괘사, 효사와 함께 경(經)에 수록했는지는 확실치 않으나 아마도 양웅이 『태현경』을 저작할 당시엔 그러한 모습이 아니었을까 추측한다. 『태현경』역시 수의 형태와 수사(首辭)에 이어 초일(初一)의 찬사와 초일(初一)의 측사, 차이(次二)의 찬사와 차이(次二)의 측사가 이어지는 형식으로 되어 있고 81수가 다 끝나면 현충(玄衝) · 현착(玄錯) · 현리(玄攡) · 현영(玄瑩) · 현수(玄數) · 현문(玄文) · 현예(玄掜) · 현도(玄圖) · 현고(玄告)의 순으로 이어져 있다. 그럼, 81수 가운데 최초의 수인 중수(中首)를 예로 들어 살펴보도록 하자.

▤ 中 (一方 一州 一部 一家)

수사 양기가 황궁에 잠복하여 싹을 틔운다. 신실함이 가운데 있지 않음이 없다.

首辭 陽氣潛萌於黃宮, 信無不在乎中.

제1찬 원초적인 하나의 상태가 광대하게 펼쳐져 있으니 그윽하다.

初一 昆侖旁薄, 幽.

측에 말하기를, 원초적인 하나의 상태가 광대하게 펼쳐져 있다고 한 것은 사려가 바르다는 것이다.

測曰, 昆侖旁薄, 思之貞也.

제2찬 신령한 것이 어두움 속에서 싸운다. 그 펼쳐진 것은 음양이다.

次二 神戰于玄, 其陳陰陽.

측에 말하기를 신령한 것이 어두움 속에서 싸운다는 것은 선악이 함께 있음을 말한다.

測曰, 神戰于玄, 善惡幷也.

제3찬 용이 가운데에서 나오니 머리와 꼬리가 곧게 펼쳐진다. 쓰일 수 있다.

次三 龍出于中, 首尾信, 可以爲庸.

측에 말하기를, 용이 가운데에서 나온다는 것은 장차 흥기할 것임을 보여주는 것이다.

測曰, 龍出于中, 見其造也.

제4찬 낮고 비었으며 의지할 것이 없다. 성과 명을 크게 받는 것(녹위 관직을 크게 받는 것으로 이해할 수 있을 것이다)은 좋지 않다.

次四 庳虛無因, 大受性命, 否.

측에 말하기를, 낮고 비어서 좋지 않다고 한 것은 크게 받을 수 없기 때문이다.

測曰, 庳虛之否, 不能大受也.

제5찬 해가 하늘에서 바르게 자리하고 있다. 이때를 이용하여 주인이 되어라.

次五 日正于天, 利用其辰作主.

측에 말하기를 해가 하늘에서 바르게 자리잡고 있다는 것은 그 귀함이 지위와 알맞다는 것이다.

測曰, 日正于天, 貴當位也.

제6찬 달이 이지러지니, 밝음을 서쪽에서 새로 여는 것만 못하다.

次六 月闕其搏, 不如開明于西.

측에 말하기를 달이 이지러진다는 것은 천함이 비로소 물러남을 말한다.

測曰, 月闕其搏, 賤始退也.

제7찬 모두 다 감싸 안으니, 화는 기른 것을 저장하고 수는 곧음을 포용한다.

次七 酋酋, 火魁頤, 水包貞.

측에 말하기를, 두루 포용한다는 것은, 신하를 임용하는 규칙이다.

測曰, 酋酋之包, 任臣則也.

제8찬 마땅히 누렇게 되어야 할 것이 누렇지 않으니 가을의 마땅한 규율을 뒤집은 것이다.

次八 黃不黃, 覆秋常.

측에 말하기를, 마땅히 누렇게 되어야 할 것이 누렇지 않다는 것은 중(中)의 덕을 잃었다는 것이다.

測曰, 黃不黃, 失中德也.

제9찬 신령이 전복되니 기와 형이 되돌아간다(기는 하늘로, 형은 땅으로 되돌아감을 말한다).

上九 顚靈氣形反.

측에 말하기를 영이 전복되어 되돌아간다고 한 것은 시를 이길 수가 없다는 것을 말하는 것이다.

測曰, 顚靈之反, 時不克也.

스즈키 요시지로(鈴木由次郎)의 『태현경』 일역(日譯), 류샤오쥔(劉韶軍)의 교주(校注)와 정완경(鄭萬耕)의 교석(校釋), 그리고 마이클 닐런(Michael Nylon)의 『태현경』 영역(英譯)을 모두 참고하면서 번역해 보았지만, 구두점의 위치나 내용 파악에 있어 상호 차이가 꽤 있었다. 정확하게 의미를 전달하기는 어렵지만 『태현경』의 구성을 이해하기 위하여 무리하게 옮겨 보았다. 중수(中首)의 한 예를 보아도 다음과 같은 몇 가지 사실을 파악할 수 있다. 첫째, 수사가 '양기(陽氣)'라는 단어로 시작되고 있는데, 81수의 수사를 보면, 제1수에서 41수까지의 수사는 예외없이 '양기' 혹은 양기라는 의미로 사용된 '양(陽)'으로 시작되고 있고 제42수부터 81수까지 역시 '음기(陰氣)' 혹은 음기의 의미로 사용된 '음(陰)'이 라는 말로 시작된다. 예외라고 할 수도 없는 단 하나의 예외는 제80수인 근수(勤首)의 수사가 '태음(太陰)'으로 시작된다는 것뿐이다. 이로써 양웅은 81수를 음양의 소식으로 이루어지는 한 해의 시간 사이클에 대응시키고 있음을 알 수 있다. 제1수로부터 41수까지는 양기가 시작되어 점차 자라나는 과정이고, 제41수부터 음기가 아래에서 싹터서 81수에 이르기까지 음기는 자라나며 위세를 떨치는 것으로 묘사된다. 둘째, 중수의 수사·찬사만 보더라도 『태현경』은 『주역』의 형식뿐 아니라 개념, 이미지 등을 풍부하게 모방하고 있다는 것을 알 수 있다. 『태현경』의 수사와 찬사는 『주역』의 괘·효사를 모방한 것도 보이지만『주역』뿐 아니라『시』·『서』·『논어』·『노자』등의 구절에서 착상했던 것도 있다. 그러나 전체적으로 볼 때『태현경』은 수사와 찬사에서 현(玄)의 소식(消息)으로서의 음양오행의 활동을 통하여 인간사회의 질서와 처세방법을 구체적으로 규정하고자 시도했던 것이다. 셋째,『주역』의 효사는 당연히 6효 각각에 대한 것인데『태현경』의 경우 수(首) 하나가 방·주·부·가라는 4중 구조로 되어 있음에도 불구하고 찬사는 매 수마다 초일(初一)·차이(次二)·차삼(次三)·차사(次四)·차오(次五)·차육(次六)·차칠(次七)·차팔(次八)·상구(上九)라는 9찬의 찬사가 있다.『주역』의 6효와 효사 사이에 긴밀한 관련성이 있는 것과는 달리『태현경』의 4중과 9찬 사이에는 직접적인 상관성이 보이지 않는 것이다. [가]의 내용은 바로 이와 관련된 것이며 이는 역대로 논란이 되어 온 문제 중의 하나다.

4중이면 4찬이 있어야 할 것 같은데 9찬이 있으니 4중과 9찬을 연결시키기가 곤란한 것이다. 따라서 사마광은 일찍이 4중으로 된 수(首)와 아홉 개의 찬(贊)이 각각 별개의 이치를 가진 것이라고 하였고, 이 설은『태현경』을 연구하는 학자들에게 일반적으로 수용되었다. 그런데 양웅 자신을 포함하여 한대로부터 육조에 이르는 시기에『태현경』을 연구했던 주석가들은 이 문제를 제기하지 않았으니 참으로 이상한 일이 아닐 수 없다. 어떤 이해의 방법이 있었던 것일까? 양웅은 [가]에서 "『태현경』은 3방·9주·27부·81가·243표·729찬으로 이루어져 있다"고 함으로써 방·주·부·가의 4중과 243표·729찬을 마치 연결되는 어떤 관계로 이루어진 것처럼 말하고 있다. 여기에서 243표란『태현경』에서 직접 언급되지는 않지만 「현수」에 "찬이 가득차면 표로 들어가고 표가 가득차면 가로 들어가고, 가가 가득차면 부로 들어가고 부가 가득차면 주로 들어가고 주가 가득차면 방으로 들어가고 방이 가득차면 바로 현이다(贊贏入表, 表贏入家, 家贏入部, 部贏入州. 州贏入方, 方贏則玄)"라고 한 곳에서 단 한 번 간접적으로 언급된다. 이 문장을 통해서도 표가 총 243개라는 것을 알 수 있지만 범망(范望)의 주에 "1, 5, 7찬이 일표(一表)가 되고 3, 4, 8찬이 일표가 되며 2, 6, 9찬이 일표가 된다. 아침·낮·저녁 각각 사용하는 바가 있으므로 찬이 가득 차면 삼표로 들어가는 것이다. 표라는 것은 아름다움과 허물을 보여주는 것이다"라고 했으니 한 수의 9찬을 3표로 분류하고 있음을 알 수 있다. 결국 문제는 4중과 9찬에 과연 어떤 연결고리가 있는가 하는 점이다. 수리적으로 보면 [가]에서는 현(1)→3방→9주→27부→81가→243표→729찬이 계속 3의 배수의 관계로 이어져 있지만, 여기에는 또 81가에 이르는 사중의 구조와 243표에서 729찬에 이르는 9찬의 구조가 얽혀 있는 것이다. 4중과 9찬의 비일관성을 받아들이는 사람들에게 근거를 제공하는 것으로 종종 언급되는 것은 다음의 내용이다.

현에는 두 가지의 도가 있으니 하나는 삼으로써 일으키고 하나는 삼으로써 낳는다. 삼으로 일으키는 것은 방·주·부·가이고, 삼으로 낳는 것은 양기를 셋으로 나누어 삼의 거듭으로 하고(세 가지를 중첩시킨다는 것), 끝까지 미루어 가면 9영(營)이 되니 이는 근본을 같이하고 말단을 달리하는 것이며 천지의 변치 않는 도리다.

玄有二道, 一以三起, 一以三生. 以三起者, 方州部家也. 以三生者, 參分
陽氣以爲三重, 極爲九營, 是爲同本異末. 天地之經也. 「玄圖」

이 문장의 첫 구절에 있는 '현에는 두 가지의 도가 있으니(玄有二道)'
라는 문구는 판본에 따라 '현에는 하나의 도가 있으니(玄有一道)'라고
되어 있는 것도 있다. 이어지는 구절(一以三起, 一以三生)을 필자의 번역
대로 '하나는~', '또 하나는 ~' 이렇게 본다면 이도(二道)가 더 알맞을
것이다. 두 가지가 언급되긴 하지만 '삼(三)으로써' 라는 것은 동일하고
'본을 같이 하고 말을 달리 한다(同本異末)'는 말에 비중을 두고 단 하
나의 이치가 있음을 강조한다면 하나의 도(一道)라고 보아도 큰 무리는
없을 것이다. 또, 여기에서 말하는 삼중(三重)과 구영(九營)의 해석은 무
척 분분하다. '삼중'을 세 종류의 기호(— · -- · ---)로 보고, 구영(九營)
을 구위(九位)로 보기도 하며, 삼중을 삼표(三表)로 보고 삼표는 9찬을
셋씩 묶은 것이므로 이를 극으로까지 밀고 나가 9위로 하였다는 의미
를 취하기도 한다. 이들은 삼중에 대하여는 각기 다른 견해를 보이지만
적어도 구영이 9위, 9찬이라고 이해하는 점에서는 일치한다. 또, 삼중을
천, 지, 인이라는 삼위(三位)라고 보고 이 문장의 9영은 윗 문장에 이어
지는 내용과 결부지어 구천(九天)이라고 이해할 수도 있는데, 구천이란
「현수」에 중천(中天) · 선천(羨天) · 종천(從天) · 경천(更天) · 수천(睟天) ·
곽천(廓天) · 감천(減天) · 심천(沈天) · 성천(成天)을 말하는 것이다. 중 ·
선 · 종 · 경 · 수 · 곽 · 감 · 심 · 성은 제1, 10, 19, 28, 37, 46, 55, 64,
73수의 명칭이기도 하다. 또, 9천은 각각 40일에 해당하는 시간이다. 진

의 범망은 9영에 대하여 말하기를 『주역』에 육허(六虛)가 있듯이 『태현경』에서는 현이 삼변(三變)하여 구허(九虛)가 되었다고 설명했다. 그런데, 위의 예문 바로 뒤에도 '구영주류(九營周流)'와 '구행(九行)'이라는 표현이 보이고, 「현리」에는 '구구(九區)'라는 표현이, 「현영」에는 '구위(九位)'라는 표현이 나오는 것을 보면, 우리는 이 예문의 삼중과 구영에서 중요한 것은 '중'과 '영'이 아니라 '삼(三)'과 '구(九)'라는 숫자임을 짐작할 수 있다. 또, [가]에서 양웅은 『태현경』의 4중이 『주역』의 괘효와는 다르다고 하며 이는 '수'라는 의미가 있다고 하니, 사중도 구찬도 수리적인 이치에 의하여 요구된 것이라고 양웅 자신이 말하고 있는 셈이다. 여기서 4중과 9찬 사이에 아무런 모순점도 느끼지 못했던 양웅의 지지자 환담의 다음과 같은 말을 숙고해보자. 이 문장은 제1장에서 역대의 양웅 평가 가운데 양웅을 거의 성인과 같은 반열에 올리고 있는 환담의 문장을 실었는데 바로 그 문장의 뒤에 이어지는 내용이다.

『태현경』 세 편을 지어 천지인의 도를 기술하고 삼체를 세움에 상중하가 있는 것은 「우공」이 삼품을 펼친 것과 같다. 삼삼으로 9가 되고 구구로 인하여 81이 된다. 그러므로 81괘가 된다. 4로 수를 삼고, 수가 1로부터 4에 이르니 중복하여 쌓아 변화하여 81괘에 두루 미치니 더하거나 뺄 수가 없다. 35개의 산가지로 점을 친다(玄經三篇, 以紀天地人之道, 立三體有上中下, 如禹貢之陳三品. 三三而九, 因以九九八十一, 故爲八十一卦. 以四爲數, 數從一至四. 重累變易, 竟八十一而徧, 不可損益. 以三十五蓍揲之). 『新論』「閔友」

(方,川)\(部,家)	(1.1)	(1.2)	(1.3)	(2.1)	(2.2)	(2.3)	(3.1)	(3.2)	(3.3)
(1.1)	1 中	10 羨	19 從	28 更	37 睟	46 廓	55 減	64 沈	73 成
(1.2)	2 周	11 差	20 進	29 斷	38 盛	47 文	56 唫	65 內	74 闕
(1.3)	3 礥	12 童	21 釋	30 毅	39 居	48 禮	57 守	66 去	75 失
(2.1)	4 閑	13 增	22 格	31 裝	40 法	49 逃	58 翕	67 晦	76 劇
(2.2)	5 少	14 銳	23 夷	32 衆	41 應	50 唐	59 聚	68 瞢	77 馴
(2.3)	6 戾	15 達	24 樂	33 密	42 迎	51 常	60 積	69 窮	78 將
(3.1)	7 上	16 交	25 爭	34 親	43 遇	52 度	61 飾	70 割	79 難
(3.2)	8 干	17 㓕	26 務	35 斂	44 竈	53 永	62 疑	71 止	80 勤
(3.3)	9 㳘	18 傒	27 事	36 彊	45 大	54 昆	63 視	72 堅	81 養

삼삼으로 구에 이른다는 말은 세 가지 경우(천지인이든, 1·2·3이든 상관없음)의 수를 세 가지 경우의 수(상중하든, 1·2·3이든 상관없음)와 짝짓는 경우 [1·1] · [1·2] · [1·3] · [2·1] · [2·2] · [2·3] · [3·1] · [3·2] · [3·3] 이라는 아홉 종류의 조합에 이른다는 뜻이다. 이렇게 이루어진 아홉 가

지의 조합을 다시 아홉 가지의 조합과 결합시켜 보면 81에 이른다. 이른 도표화한 것이 앞쪽의 표다. 가로줄의 (1.1)·(1.2) 등은 각각 (방·주)이고, 세로줄은 (부·가)다. 그리하여 가로줄과 세로줄이 만나 위로부터 방·주·부·가가 되어 한 수를 이룬다.

양웅 자신도 「현영」에서 이와 동일한 아이디어를 보이고 있다. "무릇 일일(一一)은 처음을 모방하면서 깊이를 헤아리는 것이고, 삼삼(三三), 즉 상구(上九)는 완전히 끝까지 마치고 최고로까지 미루어가는 것이며, 이이(二二, 즉 次五)는 세상의 일에 참여하여 중심을 구하는 것이다(夫一一所以摹始而測深也, 三三所以盡終而極窞也, 二二所以參事而要中也)"라고 한 구절 중의 일일·이이·삼삼은 9 가운데에서의 시작(1. 始), 중간(5, 中), 끝(9, 終)을 의미하고 있다. 또한 앞의 표는 『주역』이 소성괘 8가지를 상하 중복시키는 방식으로 64개의 대성괘를 얻는 것과 마찬가지로 『태현경』 역시 [1·1]·[1·2]·[1·3]·[2·1]·[2·2]·[2·3]·[3·1]·[3·2]·[3·3]을 상하 중복시킴으로써 81수를 얻는 이해 방식을 보여준다. 그리하여 [1·1*1·1]·[1·1*1·2]·[1·1*1·3]·[1·1*2·1]·[1·1*2·2]·[1·1*2·3]·[1·1*3·1]·[1·1*3·2] [1·1*3·3]·[1·2*1·1], 이런 방식으로 진행하여 [3·3*3·3]에 이르는 81가지의 조합을 만드는 것이다. 이렇게 81수를 얻은 후에 각 수에 9찬(9위)을 삼차원적으로 조합하면 다음의 그림과 같이 될 것이다.

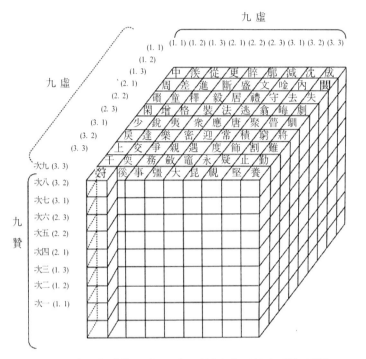

出典: 辛賢 著,『漢易術數論研究』, 汲古書院, 2002년 12월, 226쪽.

위의 그림을 보면 각 수 상하 2획의 배열과 구찬이 모두 일, 이, 삼이라는 세 가지 수의 조합에 의하여 배열되어 있으며 또한 이 구조의 어떤 부분도 전부 9를 축으로 이루어져 있음을 한눈에 파악할 수 있다. 또한 한 수의 4중과 9찬 역시 무관한 것이 아니라 3과 9라는 수리적 관계로 엮여 있다. 4중인데 왜 4찬이 아니고 9찬인가 하는 의문은『태현경』이『주역』을 모방하여 만들었다는 사실 때문에『태현경』을 그 자체로서가 아니라『주역』이라는 틀을 덧씌워 보기 때문에 생기는 것이다. 분명 『태현경』이 『주역』을 모방하였으나 『주역』의 괘·효에 해당하는 수와 찬을 만든 원리는 완전히 다르다. 『태현경』은 애초에 당시 천문역법의 기본정수였던 81(9×9)이라는 숫자를 염두에 두고 3과 9(3×3)라는 숫자를 축으로 오직 수리적인 정합성에 의하여 제작된 점서였던 것이다.

2. 역(曆)과 역(易)의 결합은 어떻게 이루어졌나?

[나] 현에는 (6×9=)54라는 수가 있고, 산가지는 (3×6=)18이라는 수를 사용하며 음양은 (2×9=)18이라는 수를 사용하니, 현은 18이라는 수를 사용한다. 729찬을 얻기 위한 산가지는 18책에서 시작하여 54에서 끝난다. 이 처음과 마지막의 산가지 수를 합한 수(=72)의 반은 태중이 되니 태중의 산가지 수는 36이며 이로써 729찬에 배합하면 (36×729=)26,244개의 산가지 수가 바로 태적이 된다. 72책이 하루가 되니 다 합하면 364일과 2분의 1일이고, 기찬(과 영찬)을 가지고 그 나머지를 채워 한 해의 날수와 맞추어 율력이 운행되도록 한다. 그러므로 자(子)로부터 진(辰)에 이르기까지, 진으로부터 신(申)에 이르기까지, 신으로부터 다시 자(子)에 이르기까지 갑으로써 머리를 삼고, 장·회·통·원이 월식과 더불어 없어진다. 이것이 현의 도다.

玄有六九之數, 策用三六, 儀用二九, 玄其十有八用乎! 泰積之要, 始於十有八策, 終於五十有四, 幷始終策數. 半之爲泰中. 泰中之數三十有六策, 以律七百二十九贊, 凡二萬六千二百四十四策爲泰積. 七十二策爲一日, 凡三百六十四日有半, 踦滿焉以合歲之日而律歷行. 故自子至辰, 自辰至申, 自申至子, 冠之以甲, 而章, 會, 統, 元與月食俱沒, 玄之道也. 「玄圖」

제2장에서 살펴보았듯이 양웅이 그의 우주 생성론을 역학(易學)적으로 표현한 이유는 그 당시의 역학이 역법의 질서와 64괘의 전개를 상호 결합시키고자 하는 기본적인 의도에서 출발한 것이었다. 양웅이 한대의 개력 과정에 참여하거나 직접적인 영향을 미쳤다는 기록은 없지만 그는 역법에도 상당히 전문적인 지식을 가지고 있었다. 자서전의 내용인 앞 절의 발제문 [가]에서도 확인할 수 있듯이 양웅은 애초에 81분력의 역법을 염두에 두고 『태현경』을 구성한 것이므로 그 구조는 81분력을 그대로 반영하고 있는 것이고, 따라서 81수와 81수 각각이 사중으로 이루어진 것은 역법의 수와 조화시키고자 의도한 것이었다. [가]에 나오는 태초력(太初曆)이니 전욱력(顓頊曆)이니 하는 말을 우선 알아보자. 『사기』의 「역서(曆書)」에는 희미하게나마 오제·삼왕의 시기에도 사시를 바로잡고자 했을 뿐 아니라 이를 관장하는 관직이 있었음을 기록하고 있으며 삼대의 정삭에 대한 기록도 있다. "천하에 도가 행해질 때는 기서(紀序)가 문란하지 않고, 도가 행해지지 않으면 올바른 역법이 제후 사이에서 행해지지 않는 것"이라고 하면서 주나라 유왕(幽王)·여왕(厲王) 이후에 주 왕조의 세력이 쇠약해지자 제후의 대부들이 각 나라의 정권을 장악하였고 사관이 대사를 기록할 때 월과 일을 분명히 기록하지 않았으며 군주가 고삭(告朔)을 거행하지 않자 역법 전문가의 후예들이 뿔뿔이 흩어져버렸다고 한다. 「역서」에서는 춘추전국시대에 역법을 다듬을 만한 여유가 없었으며 진시황의 경우도 제위에 있었던 시간이 짧았으므로 역법 문제에 심혈을 기울일 여가가 없었다고 기록하고 있다. 이런 상황은 한초에도 크게 다르지 않아 진나라의 정삭과 복

색을 그대로 답습할 뿐이었다고 하는데, 이 역법이 바로 전욱력이라고 한다. 전욱력의 구체적인 내용은 지금으로서는 알 수 없고 다만 일 년의 길이를 365와 1/4일이라고 보는 사분력(四分曆)에 속했다는 정도가 알려져 있을 뿐이다. 태초력이란, 기원전 104년 무제 때에 개력한 역법으로,『한서』「율력지」의 기록에 따르면 태초력은 기존의 사분력이 입춘 정월을 채택하고 세말(歲末)에 윤달을 두었던 것을 고쳐서 세수를 10월에서 정월로 바꾸고 아관(兒寬) 등의 삼통(三統)에 대한 설과 등평(鄧平)의 81분법을 채택하여 한 달의 길이를 29와 43/81일로, 일 년의 길이를 365와 385/1539일로 하였으므로 81분력이라고 하는 것이라 한다. 양웅이 경사로 들어갔던 성제 때에는 유향이 역대의 역법을 고찰하였고 그의 아들 유흠은 이를 참고하여 태초력의 기본 상수를 그대로 채택하면서 이론적으로 윤색을 하여 삼통력을 만들었는데 양웅의『태현경』은 이 삼통력과 사상적인 맥락을 같이 하고 있다. 앞의 [가] 문장에서『태현경』이 태초력과 상응한다고 했던 것은 아마 삼통력이 당시 아직 완전히 그 전체 윤곽을 드러내지 않았기 때문이었을 것이다. 태초력과 삼통력의 기본 상수는 완전히 동일하므로 혹자는 이 둘이 같은 것이라고 보기도 하고, 혹자는 삼통력이 사상적인 내용면에서는 태초력보다 훨씬 치밀하게 짜인 것이므로 더욱 진보한 형태의 역법이라고도 한다. '『태현경』전체가 삼권으로 나뉘어 있다고 하며 그것이 태초력과 부합한다'고 한 것은 바로 태초력의 한 단위인 원(元)이 삼통으로 이루어져 있는 것과 부합한다는 것이다. 태초력의 시간 단위는 위에서 말한 한 달·일 년뿐 아니라 더 큰 단위로는 삭단 동지(朔旦 冬至)가 같은 날

오는 주기인 장(章)과 편(篇), 삭단 동지가 같은 날의 야반(夜半)에 오는 주기인 통(統), 그리고 삭단 동지가 갑자일 야반에 오는 주기인 원(元)이라는 것이 있다. 1장은 19년(235개월)이고, 1편은 4장, 즉 76년이며 1통은 81장, 즉 1539년이고, 1원은 3통, 즉 4617년이다. 이 시간 단위의 편성을 보면 3이니 81이니 하는 숫자가 기본 정수를 이루고 있음을 짐작할 수 있는데, 『태현경』이 역시 그러하다. '그 움직임이 하늘의 근원인 원(元)으로부터 낮과 밤의 음양 변화를 번갈아 해나간다'고 한 것은 태초력의 가장 커다란 단위인 원(元)의 처음으로부터 음양 변화를 통하여 낮과 밤을 거듭해왔다는 뜻이다. "81수는 한 해의 날수에 배당시켜 한 해의 일과 정확하게 합해진다(八十一首歲事咸貞)"는 『태현경』의 「현수도서(玄首都序)」의 말을 같이 미루어본다면, 원의 처음으로부터 이어져 왔던 낮과 밤의 반복은 한 해의 주기와도 꼭 맞물려져 있고 『태현경』의 81수, 729찬은 이를 반영하고 있다는 것이다. 「현도」편의 마지막 대목인 [나]의 내용 역시 이와 동일한 의미를 가지고 있다. 81수는 음양의 소식이라는 자연의 이치를 담고 있으며 729찬은 한 해의 주기를 의미한다.

앞 절의 [가]에서 '악률과 역법의 규율을 헤아려 정한다'고 한 것은 역법이 단순히 시간의 단위를 정하고 그 단위가 시작하는 시점을 정하는 것에 그치지 않고 태초력의 기본 정수가 악률과도 관계가 있다는 의미를 내포하고 있다. [가]에서는 『태현경』이 음률과 역법을 절묘하게 결합시키는 방식을 갖추고 있다고 하는데 양웅의 머릿속에서 역법과 음률이 숫자로 결합되어 있다고 하는 사실이 중요하다. 양웅이 깊이 영향을 받았던 삼통력에서 두드러지는 것이 바로 율력사상(律曆思想)인데, 이를 간단히 말하면 음률의 수치가 역(曆)의 기본 정수를 결정한다는 것이다. 『사기』 「율서」를 보면, 「역서」에서 보이는 역법이 그러했듯이 음률이라는 것 역시 왕의 정사와 직접적으로 관련이 되어 있다고 여겼다는 사실을 확인할 수 있다. "왕은 자기 나라를 다스리고 법을 세우며 만물의 법도와 법제의 원칙을 정함에 있어서 오직 육률을 바탕으로 삼는 것이니, 육률은 만사의 근본이 된다"는 「율서」의 말은 고대 중국에서 음률이 정치와 법도의 근원으로 인식되었다는 것을 알려주며, 따라서 음률은 또 다른 정사(政事)의 근본이었던 역법과 자연스럽게 관련되었으리라는 것을 짐작하게 해준다. 『사기』에 따로 세워졌던 「역서」와 「율서」가 두 번째 정사인 『한서』에서는 합해져서 「율력지」가 새로이 탄생했는데, 이 사실은 역과 율의 결합을 뚜렷이 보여준다. 역과 율이 동일한 근원으로부터 나오는 것이라는 관념의 기원은 언제부터라고 확정지을 수 없지만 그 최초의 흔적은 『서경』 「순전(舜典)」에 나타난다. "사계절과 달을 맞추고 날짜를 바로잡았으며 악률과 도량형을 통일했다"는 「순전」의 대목은 그대로 「율력지」의 서두에 실려 있다. 역법과 악률에 공통되는 것은 결국 숫자인데, 태초력으로부터 황종의 핏치 파이프(pitch pipe)의 용적인 81 입방촌에서 기원하는 81이라는 숫자가 역수의 기본 정수를 정함에 있어서 기준이 되는 것으로 기술되었다. 그렇다면 황종의 수는 어떤 의미가 있는 것인가? 『악경』이라는 텍스트가 있었으리라 여기는 이들은 『순자』의 「악론」, 『사기』의 「악서」, 『예기』의 「악기」편, 그리고 『한서』의 「예악지」 등에 나타나는 일련의 상호 연관성 있는 서술들을 그 근거로 생각한다. 여기에 반드시 덧붙여야 하는 중요한 문헌이 바로 저작 시기가 분명한 『여씨춘추』 안의 악률에 대한 논문들이다. 「대악(大樂)」·「치악(侈樂)」·「적음(適音)」·「고악(古樂)」·「음률(音律)」·「음초(音初)」·「제악(制樂)」 등 음악에 관한 논문들은 주로 12기(紀) 중 여름에 해당되는 중하기(仲夏紀)·계하기(季夏紀)에 실려 있다. 「고악」에는 옛날에 황제(黃帝)가 영윤(伶倫)에게 명하여 음률을 제정하게 하였는데 영윤은 대하(大夏)의 서쪽으로부터 곤륜산의 북쪽으로 가서 해계(嶰谿)라는 골짜기에서 대나무를 취하여 마디 사이를 잘라 그 길이를 9촌(寸)으로 만들어 불어서 나는 소리를 황종의 궁(宮)음으로 삼았으며, 차례대로 육률과 육려에 해당하는 열 두 율관을 만들어 곤륜산 기슭으로 가서 봉황의 울음소리를 듣고 십이율을 구별하였다는 이야기가 있다. 황종의 수가 9와 관련되었던 것이 전설적인 황제의 시기로까지 소급되며 황종의 수가 기준이 되어 모든 음률을 정하고 이와 관련된 역수(曆數)를 정하는 것으로서 황종의 수는 이 우주의 질서를 관통하는 중요한 숫자다. 「음률」편에는 기본음인 황종을 기준으로 하여 1/3을 덜어내고 덜어낸 음에서 다시 그 음의 1/3을 더하고, 다시 그 음에서 1/3을 덜어내는 삼분손익법(三分損益法)이 기록되어 있다. 이렇게 정해진 12율은 각각 12달에 배당되어 있으며 삼분손익법에 의한 12율의 구조 안에서는 최초의 음과 13번째의 음이 일치하게 되어 12율은 12개월과 마찬가지로 순환의 구조를 갖게 되는 것이다. "여섯 개의 양에 속하는 것은 율이고, 여섯 개의 음에 속하는 것을 여라고 한다. 율과 여가 서로 어울려 12율려로써 조화를 이루는 것이며 역법의

12개월이라는 수를 이룬다. 『태현경』의 방법은 그것을 밝게 드러낸다(六始爲律, 六間爲呂, 律呂旣協, 十二以調, 日辰以數, 玄術瑩之)"라는 「현영」편의 대목을 보면 왜 양웅 자신이 『태현경』은 태초력과 상응한다고 했음에도 불구하고 앞에서 삼통력과 사상적인 맥락을 같이 한다고 했는지 보다 분명히 드러난다. 그것은 바로 한대 경학의 형성과 전개과정에서 가장 중시되었던 경서인 『주역』과 위에서 말한 역법·음률 등이 모두 하나의 체계 안에서 융합된다는 것으로서, 양웅은 자신의 새로운 『주역』인 『태현경』을 창작함에 있어서 이러한 율력사상을 배경으로 하여 역수(曆數)와 역수(易數)를 하나로 통합시키는 데에 주안점을 두었던 것이다. 그 사상적 지지를 해주는 것이 바로 삼통력임은 의심의 여지가 없다. 『한서』 「율력지」에는 유흠이 황종의 수 81에 대하여 언급한 다음과 같은 대목이 있다.

태극의 한가운데에 원기가 있다. 그러므로 황종이 되는 것이다. 그 부피인 1약은 그 길이를 제곱하여 얻어진다. 그러므로 81을 일법으로 삼으니 도량형의 기준이 여기에서 생기고 예악이 여기에서 말미암아 생기는 것이다(太極中央元氣, 故爲黃鐘. 黃實一龠, 以其長自乘, 故八十一爲日法, 所以生權衡度量, 禮樂之所繇出也).

여기에서 일법(日法)이란 황종의 수인 9를 제곱하여 81을 얻은 것을 말한다. 삼통력의 기본 정수 가운데 가장 중요한 것은 숫자 81로서, 아마도 등평이 81이라는 숫자를 취하게 된 것은 역(曆)이 율과 밀접한 관런이 있다는 것을 감안하여 황종의 수를 염두에 두었을 가능성이 있다. 그러나 유흠은 한 걸음 더 나아가 이를 태극·원기와 관련지음으로써 음률과 역법의 우주론적 의미를 부각시켰을 뿐 아니라 삼통력의 다른 기본 상수에 대하여도 『주역』 「계사전」을 인용하여 의미를 부여하였다. 예를 들면 장법에 나오는 19라는 수에 대하여도 「계사전」에서 말하는 하늘의 수와 땅의 수 가운데 가장 마지막의 것을 합하여 얻어진 것으로서, 이 수가 선택된 까닭은 역은 다하면 변하기 때문이라고(易窮則變) 하였다. 또 한 달의 길이에 대하여는 「계사전」에서 말하는 대연의 수 50에서 1을 뺀 숫자인 49에다가 춘추(2), 삼통(3), 사시(4)를 곱한 후에 다시 윤수(閏數)인 19와 최초의 근거가 되는 수인 1을 더하고, 마지막으로 '양 손가락에 다시 걸친다'라고 한 「계사전」의 문구로부터 2배를 한다는 것이다. 즉 49×(2×3×4+19+1)×2=2392라는 계산법을 만든 후에 이를 81로 나누면 한 달의 길이인 29와 43/81일이라는 숫자가 얻어진다는 것이다. 이렇게 억지스러운 견강부회가 있지만 이런 과정을 통하여 일법과 월법, 윤법에 각각 『주역』에 근거한 의미가 부여된 셈이다. 이런 식으로 삼통력은 한제국의 지배 이념인 유교의 경서가 그 자체로 이미 우주의 질서를 구현하고 있으며 제국의 역법과 음률 및 모든 도량형은 이 우주의 질서를 그대로 반영하고 있다는 의미를 보여주고 있다. 한 제국의 모든 것은 질서 지워진 우주 안에서 수의 관계로 이루어지는 아름다운 질서 안으로 통합되며 모든 것에는 형이상학적인 의미가 부여되고 한 제국의 권력은 더 이상의 수식이 필요없는 완전한 정당화의 과정을 밟은 것이다. 더불어 경서의 권위 역시 우주론적인 의미를 가지는 절대적인 것으로 격상된다. 이러한 사고의 결정판은 다름 아 닌 『한서』와 『후한서』의 「율력지」다. 『한서』 「율력지」의 기술을 보면, 『주역』을 성스러운 정경(正經, Canon)으로 삼아 모든 것을 『주역』의 사고와 표현 형식에 맞추어 기술하고 있음을 알 수 있고 이런 상황은 『후한서』 「율력지」도 역시 마찬가지다. 『태현경』이라는 양웅의 『역경』 이 구현하고 있는 수적인 질서는 당시의 우주론에 바탕을 둔 역법의 수 적 질서와 부합하는 것이었고, 역법의 수적 질서는 또 다시 그것의 기 준이 되는 음률의 수적 질서와도 상응하는 것이었다. 양웅이 『태현경』 에서 제시하고자 했던 것은 바로 이러한 우주론적, 형이상학적 의미가 있는 완벽한 한제국의 세계 도식이었으니 양웅 자신은 그의 『태현경』 이 『주역』의 권위를 손상시킨다거나 부정하는 것이 아니라 오히려 『주 역』을 보다 완벽하게 보충하고자 하는 시도라고 여겼던 것이다.

한 가지, 미해결로 남은 문제는, [나]의 내용 중에 "72책이 하루가 되니 다 합하면 364+1/2일이고, 기(踦)와 영(嬴)을 가지고 그 나머지를 채워 한 해의 날수와 맞추어 율력이 운행되도록 한다"라고 한 대목에서 발생한다. 『태현경』과 상응하는 역법인 태현력에서는 첫째, 한 해의 길이가 태초력과 같다면 365+385/1539일에 해당되고 둘째, 세수(歲首) 역시 동지에서 시작되며 셋째, 81찬이 한 해에 해당되며 729찬의 두 찬이 하루를 이룬다는 사실이 뼈대를 이루는 요소다. 그런데 이 구절의 의미는 729찬을 두 찬씩 하루에 배당시키면 364+1/2일이 되므로 기찬(踦贊)과 영찬(嬴贊)을 가지고 남은 시간을 채워서 한 해의 시간을 맞춘다는 것이다. 기와 영에 대하여 일찍이 사마광이 한 해는 365+1/4일인데 729

찬은 364+1/2일밖에 안 되니 기(朞)는 부족하다는 의미로 부족한 1/2일을 기찬으로 하고, 영(赢)은 남음이 있다는 의미이니 365일의 나머지 1/4일을 영찬으로 한다고 하였다. 원대의 정통한 역학자였던 호일계(胡一桂, 1247~?)의 저서 『역학계몽익전(易學啓蒙翼傳)』의 외편에 왕천(王薦)이 만든 '태현의괘일성절후도(太玄擬卦日星節候圖)'가 실려 있는데 이 도표에서는 제81수인 양수(養首)가 끝난 후에 기찬(朞贊)과 영찬(赢贊)을 그리면서 전자는 반날의 반날(1/4일)이고 후자는 반날(1/2일)이라고 하여 한 해를 365+1/4일로 설정하고 있다. 즉 사마광과는 기찬과 영찬에 배당하는 방식은 같지만 숫자는 바뀐 것이다. 또 북송의 소순(蘇洵)은 「태현론(太玄論)」이라는 글에서 양웅이 말한 대로 양찬(兩贊)이 1일이라면 기찬과 영찬 역시 각각 1/2일일 것이니 365+1/2일이 된다고 하며 비판한 바 있다. 소순의 이런 비난이 일리는 있지만 그래도 『태현경』은 점서로서 제작되었고 사용되었다. 사마광은 '기(朞)'와 '영(赢)'의 말뜻을 풀이하여 기찬과 영찬에 시간을 그럴듯하게 배당했지만 그는 365+1/4일이라는 사분력의 숫자를 맞추기 위한 고심 끝에 그런 설명을 가했던 것일 뿐이다. 그러나 『태현경』은 사분력에 의한 것이 아니므로 분명 1/4일이라고 말할 이유가 없다. 태초력에서 한 해의 일수는 분명 365+1/4일이 아니라 365+385/1539일이다. 따라서 기찬은 1/2일이고 영찬은 385/1539일이라는 식으로 못 박을 필요는 없지만 364+1/2일의 나머지 수치를 이 두 수를 가지고 충당하는 것으로 보아야 한다. 그래야 그 다음 한 해의 동지에 또 다시 81수의 제1수인 중수(中首)의 초일(初

<81수 성상배치표>

수·찬(首·贊)	성상(星象)	수·찬(首·贊)	성상(星象)
中 1—周 7	견우(牽牛)1도—8도	迎 2—迎 9	여귀(輿鬼)1도—4도
周 8—少 4	무녀(婺女)2도—12도	遇 1—廓 3	류(柳)1도—15도
少 5—上 6	허(虛)1도—10도	廓 4—文 8	칠성(七星)1도—7도
上 7—差 4	위(危)1도—17도	文 9—常 8	장(張)1도—18도
差 5—銳 9	영실(營室)1도—16도	常 9—減 8	익(翼)1도—18도
達 1—交 9	동벽(東壁)1도—9도	減 9—聚 6	진(軫)1도—17도
奭 1—進 5	규(奎)1도—16도	聚 7—疑 3	각(角)1도—12도
進 6—夷 2	루(婁)1도—12도	疑 4—沈 3	항(亢)1도—9도
夷 3—務 3	위(胃)1도—14도	沈 4—晦 6	저(氐)1도—15도
務 4—更 7	묘(昴)1도—11도	晦 7—瞢 7	방(房)1도—5도
更 8—衆 3	필(畢)1도—16도	瞢 8—窮 8	심(沈)1도—5도
衆 4—衆 7	자휴(觜觿)1도—2도	窮 9—成 8	미(尾)1도—18도
衆 8—親 7	참(參)1도—9도	成 9—劇 3	기(箕)1도—11도
親 8—迎 1	동정(東井)1도—33도	劇 4—養 9	두(斗)1도—26도 半

一)이 올 수 있고 점서로서의 『태현경』은 제 기능을 발휘할 수가 있다. 주야의 어느 쪽에 해당되는가 하는 것이 점단을 좌우하는 『태현경』에 서 주야가 뒤바뀔 수는 없는 노릇이다. 12음율이 12달에 배당되어 한 해의 시간 주기와 완전히 일치하듯이 『태현경』의 수와 찬 역시 음률과 같이 한 해의 주기와 완전히 일치하게 된다. 양웅은 뒤에 언급할 한대 상수역학의 괘기설, 특히 맹희(孟喜)·경방(京房)의 괘기설로부터 실로 많은 영향을 받았지만 이들의 괘기설을 단순히 모방만 한 것은 아니었 다. 예를 들면, 이들의 괘기설에 12율려라는 요소는 고려되지 않았으나 양웅은 12율려를 고려하고 있으며 또 경방이 28수(宿)라는 요소를 괘효

에 배치한 바 있는데 양웅 역시 위와 같이 28수(宿)를 81수에 배치시키고 있다.

후에 동한 정현의 효진설이 율려와 성상을 모두 『주역』의 해석에 도입했으나 그 선구자는 바로 양웅이라고 할 수 있다. 더구나 정현의 경우 율려와 성상이라는 요소를 『주역』의 문구를 해석하는 데 사용할 뿐이었지만 양웅의 『태현경』에서는 12율려와 더불어 별 자리의 형태가 점단에서 중요한 역할을 하고 있다. 이렇게 보면 『태현경』은 다양한 요소를 억지스럽게 꿰어 맞추고 있는 면이 있지만, 반면에 자연현상과 인문현상을 종합적으로 고려한 점서(占書)라고 평가할 수도 있다. 본래 고대 중국의 역법은 현대적 의미의 칼렌다 제정에만 국한되는 것이 아니라 역의 기원 및 연월일시의 기준을 제정하고 각각의 역수에 의미를 부여하는 일, 바꾸어 말하면 형이상학적으로 윤색을 가하는 일 등이 포함된다. 또한 시간의 흐름에 마디를 짓고 독특한 의미를 부여하면서 이를 인간사의 길흉화복과 관련짓고 금기를 설정하는 일이 중요한 것이었다. 앞장에서 무제가 며느리를 맞이하기에 적합한 날짜를 묻고자 했던 『사기』 「일자열전」의 기사는 이미 무제기에 날짜의 길흉을 가리는 고대의 역기(曆忌)가 상당히 복잡했다는 것을 알 수 있고 이런 사실 자체가 바로 고대의 역법(曆法)이 본래 점서였던 『주역』과 깊은 관련성을 가질 수밖에 없는 상황을 짐작케 한다. 그리고 『한서』와 『후한서』의 「율력지」에서 역(曆)과 역(易)이 뒤섞여가는 양상도 이미 앞에서 지적하였다. 역법와 점법이 모두 왕의 정사에 속하는 것이었다는 사실도 이둘이 자연스럽게 결합하게 만들어준 중요한 요소다.

3. 한대 괘기설의 창조적 변형인 『태현경』

[다] (한 해는) 11월에 시작하고 10월에 마치게 되며 그물처럼 얽혀 중첩되어 있는 하늘은 아홉이며, 구천의 각각은 40일간 지속된다. 진실로 안에 무언가를 지니고 있는 것은 중(中)에 있고, 드러나게 나가는 것은 선(羨)에 있고, 바람같이 움직이고 비처럼 베푸는 것은 종(從)에 있고, 마디를 바꾸고 길을 바꾸는 것은 경(更)에 있고, 보석 같은 빛이 순전한 것은 수(睟)에 있고, 안을 비우고 밖을 넓히는 것은 곽(廓)에 있고, 자르고 물러나고 기울고 나누는 것은 감(減)에 있고, 가라앉아 깊이 숨어드는 것은 심(沈)에 있고, 타고난 성명을 잘 마치는 것은 성(成)에 있다. 그러므로 1에서 9에 이르는 것은 음양소식을 헤아린 것이 아니겠는가? 다시 돌이켜 말하자면, 자(子)의 때에는 양이 11월에 생겨나는 것이고 음이 10월에 끝나는 것을 볼 수가 있으며, 오(午)의 때에는 음이 5월에 생겨나고 양이 4월에 끝나는 것을 볼 수가 있다. 양을 생하는 것은 자(子)만한 것이 없고 음을 생하는 것은 오(午)만한 것이 없다. 서북은 자(子)의 아름다움이 극에 달하며, 동남은 오(午)의 아름다움이 극에 달한다.

始於十一月, 終於十月. 羅重九行, 行四十日. 誠有內者存乎中, 宣而出

者存乎羨, 雲行雨施存乎從, 變節易道存乎更, 珍光淳全存乎睟, 虛中弘外
存乎廓, 削退消部存乎減, 降隊幽藏存乎沈, 考終性命存乎成. 是故一至九
者, 陰陽消息之計邪! 反而陳之, 子則陽生於十一月, 陰終十月可見也. 午
則陰生於五月, 陽終於四月可見也. 生陽莫如子. 生陰莫如午. 西北則子美
盡矣, 東南則午美極矣. 『太玄經』「玄圖」

『한서』「예문지」이래 유가 경전의 첫머리로 꼽히는『주역』은 연원
이 비교적 오랜 '경(經)'의 부분에 점차적으로 십익(十翼)이 부가됨으로
써 유가의 경서로 그 면모를 일신하였다. 본래는 점서였던『주역』이 철
학서로 거듭 나는데 역전(易傳)이 핵심적인 역할을 했던 만큼 바로 역
전에『주역』의 사상성이 거의 모두 담겨져 있다고 할 수 있지만 동시
에 점서로서의『주역』을 보다 구체적으로 설명해주고 있는 것도 역시
역전이다.『주역』이 유가의 경서로는 유일하게 우주론과 형이상학을
담지하고 있어 경서 중의 수위(首位)에 놓여 왔지만 그럼에도 불구하고
여전히 점서라는 사실은 부정할 수는 없다. 양웅 버전의『주역』인『태
현경』역시 마찬가지이다.『태현경』은 당시까지의 천문학과 역법에 대
한 지식을 총망라한 우주론을 비롯하여,「계사전」을 비롯한 십익과 마
찬가지로 도덕적, 형이상학적 지식을 담고 있지만 그래도 점서라는 사
실은 변함이 없다. 위에서 살펴본 바와 같이 양웅은 우주의 구조와 우
주의 생성과정에 대한 이해를 그의『태현경』에 반영하였고, 게다가 악

률의 기본 수치를 역법의 그것과 일치시키고 아울러 그 밖의 여러 도량형까지도 모두 조화시키는 율력사상을 받아들였다. 천지와 인사를 두루 통괄하는 양웅의 종합적인 우주관, 거대한 우주의 파노라마를 드러낼 틀은 바로 한대 상수역학의 결실이라고 할 수 있는 괘기설이었다. 괘의 형상과 음양·기우(奇偶)의 수라는 두 가지 면에서 괘효사의 의미를 이해하고자 하는 역학의 흐름이 바로 상수학(象數學)인데 이는 전한 중기 즈음 맹희와 경방 등에 의하여 모습을 드러내게 되었다. 괘기설이란 『주역』으로써 한 해의 절기변화를 해석하여, 4계절·12달·24절기·72후(候) 등이 『주역』의 괘·효와 상호 배합된다는 것으로, 괘기(卦氣)라는 말에서 괘(卦)란 8경괘(經卦)·64별괘(別卦)를 뜻하며 기(氣)는 24절기를 가리키는 말이다. 결국 시공의 순환적인 리듬을 『주역』의 괘의 변화로 드러내는 괘기설이 성립되는 데에는 앞 절에서 논의했던 한대의 역(易)과 역(曆)의 수리적 결합이 가장 기본적인 요소였다. 즉, 괘기설의 초기단계는 음양의 소식이라는 관점에서 역상(易象)을 해석하고 12달·24절기·72후·약 365일 등 역법적인 요소를 그것에 결합하는 모습이었지만 점차 월령의 체계가 보여주는 다양한 요소들과 역상과의 결합이 시도되었고, 12율려와 성상(星象)·십간십이지·오행의 분류틀과 같은 요소들이 보태져갔다.

괘기설의 양상은 다양하지만 『태현경』에 직접 관련이 되는 맹희와 경방의 괘기설을 살펴보겠다. 맹희는 당시의 저명한 역학자였던 시수(施讐)·양구하(梁丘賀) 등과 함께 전왕손(田王孫)의 문하에서 동문수학했으나 맹희는 사람됨이 남의 칭찬받기를 좋아하고 『역가후음양재변서(易家候陰陽災變書)』라는 책을 얻고는 전왕손이 임종 시에 자신의 무릎을 베고 자신에게만 전했다고 꾸며 말하기도 했다. 그러나 그의 동문 양구하가 이것이 거짓임을 밝혔다는 이야기가『한서』「유림전」에 전해진다. 이런 사실을 통해 짐작할 수 있는 것은 맹희가 당시 사법(師法)을 중시하는 분위기에서 이전의 역학 전통과는 조금 다른『주역』의 기풍을 열었다는 점이다. 위의 서명만 보아도 음양의 이치로『주역』의 괘상을 해석하고 괘상과 기후변화를 연결시켜 변화의 추이를 추측하고 길흉화복을 점단하는 방식이었으리라고 생각된다. 그의 저작은 이미 전하지 않고 그의 역설(易說) 일부분이 당(唐)의 승려 일행(一行)의『괘의(卦議)』안에 남아 전해진다. 그를 통해 맹희는『주역』64괘 가운데 12벽괘(辟卦)를 취하여 그 괘상으로 음양의 소장, 12달의 기후변화를 나타냈음을 알 수 있다. 12벽괘와 12달의 배합은 다음과 같다.

곤(坤)☷☷ 10월	복(復)☷☳ 11월	임(臨)☷☱ 12월	태(泰)☷☰ 1월
대장(大壯)☳☰ 2월	쾌(夬)☱☰ 3월	건(乾)☰☰ 4월	구(姤)☰☴ 5월
둔(遯)☰☶ 6월	비(否)☰☷ 7월	관(觀)☴☷ 8월	박(剝)☶☷ 9월

12소식괘 외에 춘하추동·동서남북에 대응하는 감·리·진·태(坎·離·震·兌)의 사정괘(四正卦)가 있는데 이 4정괘를 가지고 이지이분(二至二分), 즉 동지·하지 및 춘분·추분을 비롯한 24절기에 다음과 같이 배당시킨다.

감(☵) 初六→동지　九二→소한　六三→대한　六四→입춘
　　　九五→우수　上六→경칩

진(☳) 初九→춘분　六二→청명　六三→곡우　九四→입하
　　　六五→소만　上六→망종

이(☲) 初九→하지　六二→소서　九三→대서　九四→입추
　　　六五→처서　上九→백로

태(☱) 初九→추분　九二→한로　六三→상강　九四→입동
　　　九五→소설　上六→대설

　64괘에서 이 4정괘를 뺀 나머지 60괘를 가지고 한 해의 일수에 배당시킨 것이 바로 맹희의 이름으로 전해지고 있는 괘기도(卦氣圖)다. 따라서 괘기도 안에는 어떤 괘가 며칠에 해당되는가 하는 아이디어가 나타난다. 이 괘기도의 유래에 관하여 『신당서』「역지(曆志)」에는 '12소식괘는 맹희에게서 비롯되었지만 경방이 다시 괘·효를 한 해의 일수와 배합시켰다'는 당(唐)의 승려 일행(一行)의 말이 실려있다. 『한서』「경방전」에 경방의 스승인 초연수(焦延壽)는 빈천했지만 호학하는 자였으며, 그의 학설이 재변(災變)에 뛰어났다는데 64괘를 한 해의 일수(日數)에 분치(分置)하여 인사를 해설하는 데 사용했고, 풍우한온(風雨寒溫)을 가지고 점후하였는데 점의 효험이 있었다고 하며, 이어 경방이 그것을 사용함에 더욱 정통했다는 내용이 보인다. 그들의 저작이 전해지지 않으므로 지금으로서는 맹희가 괘기도의 기초를 만들고 경방이 완성시켰다고 말할 수밖에 없다. 부록으로 실은 맹·경의 괘기도를 송대 왕천

(王薦)이 만든 「일성절후도(日星節候圖)」(부록[1])와 비교해보면『태현경』의 81수 배열은 완전히 괘기도의 괘차(卦次)와 일치하고 있다는 것을 발견할 수 있다. 괘기도는 중부괘(中孚)에서 시작하여 이괘(頤)에서 끝나는데『태현경』의 81수가 60괘와 조합하려다 보니 두 수가 한 괘에 해당되는 것이 몇 개 있다. 본 장의 1절에서 제1수인 중수의 수사와 찬사를 실은 것이 있는데 그 수사에 보면 "양기가 황궁에 잠복하여 싹을 틔운다. 신실함이 가운데 있지 않음이 없다"라고 되어 있었다. 이는 『주역』의 중부괘와 여러 모로 연결되어 있는 말이다. 본래 중부괘의 괘사는 무슨 뜻인지 분명하지 않고 본래 신실함이라는 의미와는 무관했으리라 짐작되지만, 「단전」이나 「잡괘」 등 역전의 저자들은 이미 중부(中孚)에 신실함이라는 의미를 부여하고 있다. 괘기설에서는 신실함(孚)이라는 의미보다는 중앙(中)이라는 의미를 조금 더 부각시킨 듯하며, 양웅은 양자의 의미를 골고루 취하고 있다. "양기가 황궁에 잠복하여 싹을 틔운다"고 한 것은 12율려의 황종에 대한 이해와 맞물려 있다. 『한서』「율력지」에서 황종에 대하여 말하기를 '황(黃)'은 중앙의 색으로 군왕의 복색이라고 했고, '종(鍾)'은 씨앗(種)이라고 하며 양기가 황천(黃泉)에서 종자에 기운을 불어넣어 만물을 싹틔우며 육기(六氣)의 으뜸이 된다고 하였다. 양웅은 한 해의 시작, 생명의 시작이라는 이미지를 생물이 시작되는 기운에 응하는 황종에서 취하였고, 그리하여 황궁·중심이라는 의미를 드러내기 위하여 중(中)이라는 수명(首名)을 내세운 것이다. 게다가 절기변화의 부단함, 항상성 그리고 절도에 맞는 점을 신실성과 연결 짓고 있는 셈이다. 다음의 도표는 단순히 81수의

괘차와 맹·경의 괘기도의 괘차를 사마광의 『태현집주』에 따라 정리하여 도표로 만든 것이다.

1.中 中孚	2.周 復	3.礥 屯	4.閑 屯	5.少 謙	6.戾 睽	7.上 升	8.干 升	9.狩 臨
10.羨 小過	11.差 小過	12.童 蒙	13.增 益	14.銳 漸	15.遠 泰	16.交 泰	17.耎 需	18.傒 需
19.從 隨	20.進 晉	21.釋 解	22.格 大壯	23.夷 豫	24.樂 豫	25.爭 訟	26.務 蠱	27.事 蠱
28.更 革	29.斷 夬	30.毅 夬	31.裝 旅	32.衆 師	33.密 比	34.親 比	35.斂 小畜	36.彊 乾
37.睟 乾	38.盛 大有	39.居 家人	40.法 井	41.應 咸	42.迎 咸	43.遇 姤	44.竈 鼎	45.大 豐
46.廓 豐	47.文 渙	48.禮 履	49.逃 遯	50.唐 遯	51.常 恒	52.度 節	53.永 同人	54.昆 同人
55.減 損	56.唫 否	57.守 否	58.翕 巽	59.聚 萃	60.積 大畜	61.師 賁	62.疑 賁	63.視 觀
64.沈 觀	65.內 歸妹	66.去 无妄	67.晦 明夷	68.瞢 明夷	69.窮 困	70.割 剝	71.止 艮	72.堅 艮
73.成 旣濟	74.鬭 噬嗑	75.失 大過	76.劇 大過	77.馴 坤	78.將 未濟	79.難 蹇	80.勤 蹇	81.養 頤

그런데 『태현경』의 주들을 보면, 반드시 모든 이들이 위와 똑같이

60괘와 81수를 배합하지는 않았고 다소간 차이가 있었다. 즉, 사마광은 제41수인 응수(應)를 함괘(咸)에, 제62수인 의수(疑)를 비괘(賁)에, 제64수인 심수(沈)를 관괘(觀)에, 제80수인 근수(勤)를 건괘(蹇)에 배당하고 있다. 그러나 진대의 범망(范望)은 응수(應)를 이괘(離)에, 의수(疑)를 진괘(震)에, 근수(勤)를 감괘(坎)에 배당시키고 있다. 명대 섭자기(葉子奇)의 『태현본지(太玄本旨)』는 범망본과 일치한다. 또, 위에서 언급한 바 있는 「태현력」에는 의수(疑)를 관괘(觀)에, 심수(沈)를 귀매괘(歸妹)에 배당시키고 있는데, 이는 본래 사마광의 주와 같았던 것을 허한(許翰)이 수정한 것이라고 되어 있다. 허한이 수정한 것은 결국 사마광과 마찬가지로 맹·경의 괘기도에 근거하여 바로 그 전후의 괘로 고친 것이지만, 범망의 배당은 맹·경의 괘기도와는 달리 사정괘를 포함시킨다는 차이를 보인다. 이와 같이 조금의 차이가 있지만, 이는 81수를 60괘와 대응시키면서 39수는 『주역』의 한 괘에, 42수는 『주역』의 두 괘에 대응시키는 과정에서 차이가 나는 것일 뿐, 역대의 『태현경』 주석가들이 기본적으로 81수의 구조를 괘기설의 괘차로 이해했다는 점에서는 차이가 없다. 사마광은 중수(中首)의 주해에서 다음과 같이 말한다.

역의 중부괘에 해당된다. 중수의 초일은, 태양이 견우(자리)의 초도(初度)에 머물고 동지의 기운이 응하며 양기가 처음으로 생겨난다. 겸하여 감(坎)괘에도 해당되는데, 그 이유는 다음과 같다. 『주역』은 (소성괘) 8괘를 중괘(重卦)하여 64괘가 되었고 효상(爻象)에 근거하여 괘의 이름을 정하는데, 감·리·진·택을 24기에 나누어 배당시키고 그 나머지

60괘를 매 괘마다 6일 7분(6+7/81일)을 배당시킨다.(⇒즉, 감괘에도 해당되는 이유는 사정괘로는 감괘에 해당된다는 것이다.)『태현경』은 一·二·三을 방·주·부·가에 교착시키며 펼쳐서 81수를 이룬다. 매 수에 4일 반을 배당시키니 동지에서 시작하여 대설에서 마친다.『주역』의 괘기설의 일수(日數) 배당 순서에 따라 수의 이름을 정했다.

「설현(說玄)」이라는 글에서도 사마광은 『태현경』이 괘기설에 따른 『주역』의 괘차에 따르고 있으며, 이에 따라 명칭에 변화를 준 것이라는 사실을 밝히고 있다. 청대의 초순(焦循, 1763~1820) 역시『태현경』이 괘기설에 의하여 81수를 구성했다고 하면서 그러나『태현경』의 괘기의 순서는『주역』의 순서가 아니라고 하였다.『태현경』이 따르고 있는 것은 괘기이지『주역』이 아니라는 것이다. [다]의 내용 중 "1에서 9에 이르는 것은 음양소식의 헤아림이 아니겠는가?"라고 한 말은 결국 40일에 해당되는 구천 각각을 한 번 모두 거치는 것을 의미하며 81수는 그것 자체로 한 해의 기후변화를 나타내주는 일종의 칼렌다 역할을 하는 셈이다. 양웅은 당시까지의 괘기설에 율려와 성상 등을 비롯하여 절기 및 물후 등을 첨가함으로써 보다 종합적인 캘린더를 제공했던 것이다.

首·贊	12辰	12律	24氣	12月	72 候
中 1	子	黃鐘	冬至	11월 中	지렁이들이 얽혀있다.
周 2					큰 사슴(麋鹿)의 뿔이 떨어진다.
礥 3					(물의) 샘(水泉)이 움직인다.
閑 4			小寒	12월 節	기러기가 북으로 향한다.

首·贊	12辰	12律	24氣	12月	72 候
少 5					까치가 둥우리를 틀기 시작한다.
戾 6					꿩이 울기 시작한다.
上 7	丑	大呂	大寒	12월 中	닭이 알을 품기 시작한다.
干 8					매가 사나와진다.
㪍 9					못의 중간부분이 단단해진다.
差 1			立春	正月 節	봄바람이 얼어붙은 것을 녹인다.
童 2					칩거했던 벌레들이 나오기 시작한다.
增 3					물고기가 얼음 위로 올라온다.
銳 4					수달이 물고기로 제사를 지낸다.
5	寅	太簇	雨水	正月 中	
達 5					기러기가 북쪽으로 간다.
交 6					초목이 싹터 나온다.
㪍 9			驚蟄	2월 節	복숭아가 꽃을 피우기 시작한다.
從 1					꾀꼬리가 운다.
進 2					매가 변하여 뻐꾸기가 된다.
釋 3	卯	夾鐘	春分	2월 中	제비가 날아온다.
格 4					우뢰가 소리를 낸다.
夷 5					처음으로 번개가 친다.
樂 6			清明	3월 節	오동이 꽃을 피우기 시작한다.
爭 7					다람쥐가 변하여 메추라기가 된다.
務 8					무지개가 보이기 시작한다.
事 9					부평초가 생겨나기 시작한다.
更 9	辰	姑洗	穀雨	3월 中	
斷 1					산비둘기가 그 깃을 펄럭인다.

首·贊	12辰	12律	24氣	12月	72 候
毅 2					대승(戴勝?)이 뽕나무에 내려앉는다.
裝 3			立夏	4월 節	땅강아지가 운다.
衆 4					지렁이가 나온다.
密 5					쥐참외(王瓜)가 생긴다.
親 8	巳	仲呂	小滿	4월 中	씀바귀(苦茱)에 꽃이 피어난다.
斂 9					두루미냉이(靡草)가 죽는다.
睟 1					소서(小暑)가 다가온다.
盛 2			芒種	5월 節	사마귀(螳螂)가 생긴다.
居 3					때까치(鵙)가 울기 시작한다.
法 4					개고마리새(反舌)가 소리 내지 않는다.
應 5	午	蕤賓	夏至	5월 中	사슴의 뿔이 떨어진다.
迎 6					매미(蜩)가 울기 시작한다.
遇 7					반하(半夏. 약초이름?)가 생긴다.
竈 8			小暑	6월 節	따듯한 바람(八風의 하나)이 이른다.
大 9					귀뚜라미가 벽에서 살게 된다.
文 1					매가 (공격하기를) 배운다.
禮 3					썩은 풀에서 반딧불이 생긴다.
4	未	林鐘	大暑	6월 中	
逃 5					흙이 기름지고 습하고 열기가 생긴다.
唐 6					큰 비가 때맞추어 내린다.
常 7			立秋	7월 節	서늘한 바람(八風의 하나)이 이른다.
度 8					백로가 내린다.
永 9					가을매미가 운다.
減 1	申	夷則	處暑	7월 中	매가 새를 가지고 제사를 지낸다.

首・贊	12辰	12律	24氣	12月	72 候
唫 2					천지에 비로소 숙살의 기운이 생긴다.
守 3					벼가 무르익는다.
翕 4			白露	8월 節	기러기가 (북쪽에서) 남쪽으로 온다.
聚 3					제비가 돌아간다.
積 4					여러 새들이 겨울나기를 준비한다.
節 7	酉	南呂	秋分	8월 中	우뢰가 비로소 소리를 거두어들인다.
疑 8					칩거하는 벌레들이 문 아래로 들어간다.
視 9					물이 마르기 시작한다.
內 3			寒露	9월 節	때늦은 기러기들이 날아온다.
去 4					참새가 큰물에 들어가 조개가 된다.
晦 5					국화가 누렇게 핀다.
瞢 6	戌	無射	霜降	9월 中	승냥이가 짐승들로써 제사를 지낸다.
窮 7					초목이 누렇게 바래면서 떨어진다.
割 8					칩거하는 벌레들이 모두 기어들어간다.
止 9			立冬	10월 節	물이 얼기 시작한다.
成 1					땅이 얼기 시작한다.
闞 1					꿩이 물에 들어가 대합이 된다.
失 3	亥	應鐘	小雪	10월 中	무지개가 더 이상 보이지 않게 된다.
劇 4					천기는 위로 오르고 지기는 내려온다.
馴 5					천지가 모두 닫혀 겨울이 된다.
將 6					갈조(鶡鳥)가 더 이상 울지 않는다.
8			大雪	11월 節	
難 7					호랑이가 교미하기 시작한다.
養 1					여정(荔挺)이 생겨 나온다.

이 도표의 내용을 맹·경의 괘기도([부록2])와 비교해보면 그 구조에 있어서 너무나 유사하다는 것을 한눈에 확인할 수 있을 것이다. 양웅은 역법(曆法)의 수리적 질서와 『주역』의 괘효 전개를 상호 결합시키고자 하는 괘기설을 수용하여 『태현경』에서는 아예 이진법적으로 전개되던 『주역』의 구조를 삼진법적으로 전개하였다. 그 결과 율력사상을 완벽하게 구현하게 되었고 역법의 수리적 질서를 그대로 드러내는 괘기설을 갖춘 『태현경』이 탄생하게 되었던 것이다. 그리하여 당시 역학의 문제를 해결하면서도 보다 종합적이고 수리적인 점서를 제작했으나 하나의 장점을 취하는 순간 발생되는 단점이 있었으니 그것을 다음 절에서 고찰해보도록 하자.

4.『태현경』의 점서법과 점단법

[라] 무릇 점서를 하는 데에는 지켜야 할 도리가 있으니 마음이 정일하지 않으면 점치지 말고 의심스럽지 않으면 점치지 말며 하고자 하는 일이 법도에 맞지 않으면 점치지 말고 점쳐서 나온 결과대로 하지 않으려면 점치지 않느니만 못하다. (『태현』의 점서는) 신령하고 높고 밝으며 탁월하다.

凡筮有道, 不精不筮, 不疑不筮, 不軌不筮, 不以其占, 不若不筮. 神靈之, 曜曾越卓. —「玄數」

발제문 [라]의 내용은 점을 치고자 한다면 순수하고 잡념이 없는 정성스러운 마음가짐으로 임해야 한다는 것을 말하고 있다. 그다지 의심스럽지도 않은데 그저 호기심으로 점을 친다거나 애초에 정도에 어긋나는 일이라면 점치지 말아야 하며, 점단의 결과에 따르지도 않을 것이라면 점치지 않아야 한다는 것이다. 점치는 행위는 매우 엄숙한 것이며 『태현경』이라는 점서는 매우 신령스럽다고 함으로써 점치는 이들로 하여금 한층 경건한 자세를 유지하게 한다. 『주역』의 점서법도 『주역』이라는 텍스트만으로는 정확하게 그 과정을 알기 어렵다. 단지 6효로 이루어진 하나의 괘를 구하고자 한다면 간략한 방식으로도 가능하지만 주희가 정리해놓은 점서법만 하더라도 보통 복잡한 것이 아니고 왜 반드시 그렇게 해야 하는지를 명확히 설명하기가 어렵다. 그런데 『태현경』의 점서법은 『주역』의 점서법에 준하고 있으므로 더욱 명확하지 않다. 그러나 점단의 방법은 비교적 명확하게 알려주는 대목도 있다. 우선 『태현경』 점서법의 매뉴얼을 간단히 정리해보자. 이에 관한 내용은 『주역』의 「설괘전」에 해당되는 「현수」편에 보이지만 본문은 지극히 짧다. 진의 범망이 비교적 상세히 주해를 했으며 사마광은 중복되는 것을 피하여 간단히 주해를 하였다. 섭자기(葉子奇)는 대체로 범망의 주해에 토대를 두고 조금 설명을 보탠 정도이고 황종희(黃宗羲)는 『역학상수론(易學象數論)』의 제4권 「태현」을 다루면서 '태현시법(太玄蓍法)'이라는 제목으로 『태현경』의 점서법을 정리하였다. 아래의 내용은 그것을 토대로 한 것이다.

① 천책, 지책의 합인 36책 중에서 3책을 뺀다.

② 33책 중에 하나를 왼손 소지(小指)에 끼워 놓는다. 이는 현을 상징한다.

③ 32책을 임의로 좌우 양손에 나눈다.

④ 우측의 산가지를 책상 위에 놓고 먼저 좌측의 산가지를 오른손으로 셋씩 덜어내다가 나머지(이 나머지는 1·2·3 중의 하나가 됨)를 왼

손의 소지에 끼워 현을 상징하는 하나의 산가지와 합한다.

⑤ 우측에 있던 산가지를 왼손으로 잡고 다시 셋씩 덜어내어 나머지를 왼손의 소지에 끼운다. 이때 좌책(左策)의 나머지가 1이었다면 우책(右策)의 나머지는 반드시 1이 되고, 좌책의 나머지가 2였다면 우책의 나머지는 반드시 3이 되며, 좌책의 나머지가 3이었다면 우책의 나머지는 반드시 2가 된다. 따라서 소지에 끼어있는 책수는 최초의 하나를 포함하여 3 아니면 6이 된다. 여기까지가 일설(一揲)이다.

⑥ 33책에서 위의 3 아니면 6의 수를 빼면 30 아니면 27개의 산가지가 되는데 이를 앞의 방법과 마찬가지로 재차 시도한다. [다른 점은 현을 상징하는 하나의 산가지를 이번에는 따로 빼지 않는다는 것이다] 좌우로 임의로 나눈 뒤 좌책부터 셋씩 덜어내어 나머지를 왼쪽 소지에 끼우고 다시 우책을 셋씩 덜어내어 나머지를 왼쪽 소지에 끼우는 것이다. 좌책의 나머지가 1이면 우책의 나머지는 반드시 2가 되고 좌책의 나머지가 2였다면 우책의 나머지는 반드시 1이 되며, 좌책의 나머지가 3이었다면 우책의 나머지는 반드시 3이 된다. 따라서 소지에 끼어있는 산가지의 총합은 역시 3 아니면 6이 된다. 여기까지가 일륵(一扐) 혹은 일변(一變)이다.

⑦ 일설(一揲) 후 남은 것이 30 혹은 27이니, 30-3=27 · 30-6=24 · 27-3= 24 · 27-6=21, 이렇게 하여 일륵 후, 남는 산가지의 수는 27 · 24 · 21 셋 중의 하나이다. 각각을 3으로 나누어 얻어지는 수는 7 · 8 · 9인데 7이면 —, 8이면 --, 9면 ---을 얻게 된다. 이렇게 하여 4중으로 이루어진 수(首)의 제일 위인 방(方)의 획을 얻는다.

⑧ 위와 같은 과정을 거쳐 나머지 주(州)·부(部)·가(家)를 차례로 얻으면 한 수가 결정된다.

⑦과 ⑧의 내용 중에서 획을 얻는 순서는 불명확하다. 범망이 "무릇 하나를 뽑아서 두 번 (수를) 얻어냄으로써 일방(一方)의 자리(位)를 이룬다"고 한 것으로부터 방→주→부→가의 순으로 획을 얻는 것이 정설로 굳어졌던 것 같다. 사마광은 명확히 이 순서를 언급하였고 섭자기는 별다른 언급이 없다. 그런데『태현경』의 점서법이『주역』의 그것에 준하는 것이라고 가정하고 본다면『주역』에서는 제1효부터, 즉 아래로부터 위의 방향으로 얻어가는 것이므로 가→부→주→방의 순이 된다. 이에 대하여 황종희의 경우는 다소 애매하다. 즉 처음에는 ⑦번의 내용처럼 하여 일방의 위를 얻는다고 되어 있는데 바로 이어서 매 두 번 설(揲)하여 위를 이루는데 가(家)로부터 방(方)으로 가는 것을 위(位)라고 한다는 설명이 있어서 이것을 보면『주역』과 마찬가지로 아래로부터 한 획씩 얻어간다고 보았던 것 같다. 황종희는 이어서『태현경』에 대한 몇몇 사람의 점서법을 나열하면서 비판을 가하고 있는데, 이를 통하여 당대 이후 황종희의 시대에 이르기까지 소수이긴 하지만 역대로『태현경』을 연구하고 그 점서법을 고심한 이들이 있었다는 것을 알 수 있다. 결국,『태현경』의 점서법은 대체적인 과정을 알 수 있을 뿐 정확한 세부 절차에 대하여는 확정지을 방법이 없다. 이렇게 한 수(首)를 얻고 나면 그것을 가지고 점단을 해야 할 차례이다.

『태현경』의 점단에서는 음양(陰陽)·경위(經緯)·단석(旦夕)·주야

(晝夜)·수사(首辭)·찬사(贊辭)를 모두 고려하여 길흉을 정한다. 우선, 음양이란 81수의 기수, 우수에 따른 것으로 홀수째의 수가 나오면 길, 짝수 번째의 수가 나오면 흉으로 본다. 경위는 한 수를 얻었으면 한 수의 9찬 가운데 몇 번째의 찬을 중시하는가에 관한 것으로, 경이란 구찬 중의 제1·2·5·6·7찬을 말하고 위란 제3·4·8·9찬을 말한다. 그 이유는 동서남북 사방의 오행 배치 및 수의 배치와 관련된 것으로, 북쪽은 오행으로는 수(水)이고 수로는 1·6이요, 남쪽은 화(火)로 2·7에 해당되며, 중앙은 토(土)를 가리키고 5인데 이들을 세로인 경(經)에 소속시키는 것이다. 또 동쪽은 목(木)에 해당되고 숫자로는 3·8이고, 서쪽은 금(金)이고 숫자로는 4·9이니 이들이 가로인 위(緯)에 소속된다. 경 가운데 제1·5·7을 제1표라고 하고 위 가운데 제3·4·8을 제2표라고 하며, 경의 제2·6과 위의 제9를 제3표라고 한다. 언제 점을 치는가에 따라서 어떤 표를 쓰는지 결정된다. 단석이란 점치는 시간을 말하는데 이렇게 점치는 시간까지 점단에 고려하는 것은 태현 점법의 특징이다. 아침에 점치는 것을 단서(旦筮)라 하고 제1표의 찬사로 점단한다. 석서(夕筮)는 저녁 무렵에 점치는 것으로 제2표의 찬사로 점단한다. 중서(中筮)란 한낮과 한밤중에 점치는 것을 말하며 이때는 제3표의 찬사로 점단한다. 주야는 양수(陽首, 즉 홀수 번째의 수)의 경우 제1·3·5·7·9찬이 주(晝)가 되고 제2·4·6·8찬은 야(夜)가 되며 음수의 경우는 이와 반대다. 이리하여 여기까지의 이야기를 정리하면 다음과 같다.

㉮ 단서(旦筮) → 양수(陽首): 1・5・7찬 모두 주(晝)가 되므로 시・중・종(始中終) 모두 길(吉).

　　　　　　→ 음수(陰首): 1・5・7찬 모두 야(夜)가 되므로 시・중・종 모두 흉(凶).

㉯ 석서(夕筮) → 양수: 3은 주, 4와 8은 야가 되므로 시는 길, 중과 종은 흉.

　　　　　　→ 음수: 3은 야가 되고 4, 8은 주가 되므로 시는 흉, 중과 종은 길.

㉰ 중서(中筮) → 양수: 제2, 6은 야가 되고 9는 주가 되므로 시와 중은 흉, 종은 길.

　　　　　　→ 음수: 제2와 6은 주가 되고 9는 야가 되므로 시와 중은 길, 종은 흉.

　그러나 종합적으로 판단을 해야 할 경우에는 종(終)의 길흉이 가장 중요하다고 「현수」편은 말한다. 또 9찬은 또 상(上: 제7・8・9찬), 중(中: 제4・5・6찬), 하(下: 제1・2・3찬)로 나뉘는데 하를 사(思)라고 하고, 중을 복(福)이라 하며, 상을 화(禍)라 한다. 이들 사・복・화 각각 또 다시 상중하로 나뉜다고 하는데 이는 「현도」편에서 말하는 9찬 각각의 기본적인 성격과 관련지어 생각해볼 수 있다. 즉 아직 사물이 드러나지 않은 하(下)의 시기에는 사물을 생각하고(思), 전성기인 중(中)의 때에는 복이 생기며 쇠퇴기인 상(上)의 시기에는 화가 생겨나는데, 이는 다시 셋으로 나뉘니 사고의 동기는 제1찬 초일(初一, 思의 內)이고,

사고를 반복하는 것은 제2찬(思의 中)이며, 사고를 결정하는 것은 제3찬(思의 外)이다. 복을 얻어 창달하는 것은 제4찬(福의 小)이고, 그것이 밝게 드러나는 것은 제5찬(福의 中)이며, 확장하는 것은 제6찬(福의 大)이다. 화를 받아 훼손되는 것은 제7찬(禍의 生)이고, 손해를 입어 쇠락하는 것은 제8찬(禍의 中)이며, 소멸하는 것은 제9찬(禍의 極)이라고 한다. 결국 역의 괘사에 상당하는 수사는 음양의 소장성쇠가 만물에서 나타나는 것을 명시하여 천지의 법칙을 사람에게 보여주는 것이고 찬사는 역의 효사에 해당하는 것으로, 음양오행의 이치를 추구하여 주야의 점을 정하고 인사의 길흉득실을 보여주고 있다. 주(晝)에 해당되는 찬사는 길이 많고 야(夜)에 해당되는 찬사에는 흉이 많다. 점단을 할 때에는 점쳐서 얻은 수의 명의(名義)와 수사를 생각하고, 구찬의 찬사에서 말하는 내용과 점서에 의해 물으려 했던 일이 합치하는지 아니면 어긋나는지를 생각해서 길흉을 결정하는 것이다. 수(首) 자체의 오행과 그 수의 찬사에 배당된 오행이 상생의 관계면 길하고 상극의 관계면 흉이 된다. 또 수(首)에 의하여 시운을 알게 되고 찬에 의하여 인사의 득실을 알게 되는 것인데, 시운이 나쁜 수를 만나 찬도 왕성한 운이 아니면 오히려 길하고 시운이 성한 수를 만나서 나쁜 찬을 만나면 흉하다. 이상은 점단의 바탕이 되는 것이다.

그밖에 「현수」편에는 "점에는 4가지가 있다. 성(星)·시(時)·수(數)·사(辭)의 네 가지를 고려하여 길흉을 점친다"라는 말이 있다. 성이란, 81수에 배당된 별자리를 말하는데 그 별자리의 방각과 오행이 서로 따르는 것을 길하다고 하고 어긋나는 것을 흉하다고 한다. 오행과

28수의 대응관계는 다음과 같다.

木:東	각(角)	항(亢)	저(氐)	방(房)	심(沈)	미(尾)	기(箕)
火:南	동정(東井)	여귀(輿鬼)	류(柳)	칠성(七星)	장(張)	익(翼)	진(軫)
金:西	규(奎)	루(婁)	위(胃)	묘(昴)	필(畢)	자휴(觜觿)	참(參)
水:北	두(斗)	견우(牽牛)	무녀(婺女)	허(虛)	위(危)	영실(營室)	동벽(東壁)

　예를 들면, 제5장 제2절의 <81수 성상배치표>에 따르면 중수(中首)에
는 견우성이 배당되어 있는데 이는 북방에 속하고 오행 상으로는 수에
해당된다. 이 경우, 중수 역시 수(水)에 속하므로 이럴 경우엔 성종(星
從)이라고 하며 길하다고 한다. 그 다음, 시(時)는 점치는 시기로서, 단
서(旦筮)·석서(夕筮)·중서(中筮)와는 또 다른데, 점치는 시기와 얻어
진 수(首)의 계절이 맞나 아닌가 하는 것이다. 예를 들어, 동지에 점쳤
는데 10월 이전에 해당되는 수(首)를 얻으면 순(順)이고 순이면 길하다.
수(數)는 만나는 수의 차서가 기수(奇數)인가 우수(偶數)인가를 헤아려
기수이면 양이고 길하다. 사(辭)는 구찬의 찬사를 말한다. 구찬 각각의
다양한 상징에 관하여는 마치 『주역』「설괘전」에서 소성괘 팔괘에 대
하여 여러 가지 상징을 귀속시키듯, 「현수」에서 오행에 따라 목(제3·
8찬), 금(제4·9찬), 화(제2·7찬), 수(제1·6찬), 토(제5찬) 각각에 방
향·계절·십간·12지·5성·오색·오미 등을 비롯한 여러 가지를
귀속시키고 있다. 이렇게 만나는 찬사가 점쳐서 묻고자 하는 사항의 의
지와 부합하면 길한 것이다.

이제껏 살펴본 바와 같이 점서법과 점단법에 대하여 장황하리만큼 상세하게 기술한 내용을 보면, 분명『태현경』은 점치는 인간을 위한 점서이다.「술현(述玄)」이라는 글을 남긴 오(吳)의 육적(陸績)은 "『태현경』의 대의는 점치는 것(夫玄之大義, 揲蓍之謂)"이라고 하였다. 오의 육개(陸凱)는『태현경』을 좋아하였고 이 점법을 가지고 점을 쳐서 여러 번 효험이 있었다고 했고, 당의 왕애(王涯)는『태현경』에 주를 하면서 늘 이 점법에 의하여 점을 치면서『주역』보다 적중률이 높다고 했다고 한다. 송나라 장규(張揆)는『태현집해(太玄集解)』를 저술했으며 송 인종에게 불림을 받아『태현경』으로 점을 쳐서 늘 황제가 기뻐했다고 전한다. 점서로서『주역』이 더 영험한지,『태현경』이 더 영험한지 하는 것을 우리가 어떻게 알 수가 있고 논할 수가 있겠는가? 다만 한 가지 말하고 싶은 것은『태현경』이 분명 한대의 역학이 부딪쳤던 몇 가지 문제점을 해결하기 위하여『주역』전체의 구조를 전면 개편한 새로운 양웅판『주역』이었지만, 오래도록 수많은 이들에 의하여 애독되고, 애용되었던 점서는『태현경』이 아니라『주역』이었고 지금도 역시 그러하다.『태현경』이 점서라기보다는 오히려 철학서라고 해야 할 만큼 신비한 영역을 제거하고 수리적인 규율성에 의하여 구성된 것이라고 평가하는 이들도 있지만 점서의 철학성이라는 면에서도 사람들은『태현경』을『주역』보다 높이 평가하지 않는다. 여기에는 오랜 시기에 걸쳐 형성되었던『주역』에 녹아있는 지혜도 한 몫을 할 것이고『주역』이 경전 중의 경전으로 권위를 누렸던 것에도 커다란 이유가 있을 것이다. 그러나 보다 많은 우주론적 요소와 인문적 요소들을 종합하였던『태현경』이 왜 점서로서도 더 애용되지 않았을까 하는 점은 아무래도 주희의 지적과 관련하여 이해하는 것이 가장 적합할 것이라 생각한다.

　주희는 "『주역』은 전요(典要), 즉 일정한 규율이 될 수 없다"고 하면서 양웅의 『태현경』은 전요가 될 수 있다고 했는데 이는 바로 『태현경』이 지향하는 도식적이고 결정론적인 점서법과 점단법에 대한 지적이다. 점치는 인간은 수리적인 규칙만을 좇는 인간이 아니며, 상식이나 지식만으로는 불안감이나 호기심을 달랠 수 없는 인간이다. 점치는 인간에게 점서가 신비성을 완전히 상실한다는 것은 치명적인 결점이 될 수 있는 것이다. 그러나 『태현경』은 분명 양웅의 악률·천문·역법 그리고 한대 괘기 역학에 대한 지식이 충실히 반영된 한대 주역 상수학의 중요한 결실이다.

5. 수(數) : 천사와 인사의 연결고리

[마] 천지에 가득한 거대하고 원초적인 혼돈의 기운이 시초를 낳았다. (시초의 덕은) 순수하고 정미하여 (사물과 접하여 길흉의) 수를 찾아낸다. 그윽하고 신묘한 (기를) 삼중으로 흩뜨려 가(家)를 세우고 널리 시초를 양분하여 천지를 모방하여 (그 수를 가지고서) 길흉의 인사를 예측한다. 음이나 양을 만나 (그 별자리, 주야의 시각·찬의 기우 및 찬사 등을) 모두 종합하여 다시 81수의 이름을 붙인다. (그 사리를) 다하여 729찬의 찬사로 길흉이라 명한다. (태현은) 정미하니 늘 의심스러운 일은 (태현으로)점쳐서 묻는다. 영(令)에서 말하기를, "태현(의 신묘함)을 빌리라. 태현의 올바른 도를 빌려서 스스로 의문이 나는 일을 천지 신령에게 물어라." 길하면 양을 만나고, 성·시·수·사가 각각 서로 합한다. 흉하면 음을 만나고, 성·시·수·사가 서로 위배된다.

昆侖天地而産蓍, 參珍晬精以揉數, 散幽於三重而立家, 旁擬兩儀則覬事. 逢遭並合, 撢繋其名, 而極命焉. 精則經疑之事其質乎, 令曰, '假太玄, 假太玄, 孚貞. 爰質所疑于神于靈.' 休則逢陽, 星, 時, 數, 辭從, 咎則逢陰, 星, 時, 數, 辭違. 「玄數」

발제문 [마]에 보이는 '영왈(令曰)'의 영(令)은 아마도 점치는 사람이 점치기 전, 혹은 점을 치면서 하는 말로서 주문과 유사한 성격의 것이리라 생각한다. 그리하여 이어지는 내용은 호문(互文)을 이루며 간략히 서술하기 위하여 상세한 부분을 많이 생략하고 있다. 따라서 이 문장만으로는 의미를 파악하기 어렵지만 바로 앞 절에서 설명한 점단법을 참조하면 이해할 수 있을 것이다. 이제까지도 여러 번 확인했듯이 『주역』의 십익에 해당되는 『태현경』의 편장들은 그 형식이나 표현에 있어 철저히 『주역』을 모방하고자 애쓰고 있으며, 발제문 [마]의 문장 역시 「설괘전」의 첫 문장을 모방하고 있다.

옛날 성인이 역을 지으실 때 그윽이 신명의 도움을 받아 시초를 내고, 천수는 三으로 하고 지수는 二로 하여 (괘효의) 수를 세우고 음양에서 변화를 관찰하여 괘를 세우고 강유를 펼쳐서 효를 내니, 도덕에 화순하고 의로움을 따르며 이치를 궁구하며 본성을 다하여 명에 이른다(昔者聖人之作易也, 幽贊於神明而生蓍, 參天兩地而倚數, 觀變於陰陽而立卦, 發揮於剛柔而生爻, 和順於道德而理於義, 窮理盡性以至於命).

이 「설괘전」에서는 시초를 내는 것의 주체가 성인이므로, 발제문 [마]에서의 주어도 성인인데 생략된 것이라고 볼 수도 있다. 그러나 그럴 경우, 이어지는 문장의 주어 역시 성인인 「설괘전」과는 달리 [마]에서는 후반부에 이어지는 일들은 양웅이 한 것이므로 주어를 성인으로 보기가 어렵다. 따라서 필자는 혼륜한 천지의 기운을 주어로 보았다.

성인이 역을 만들었다는 기사는 역전에 보이지만, 양웅도 자신이 만든 『태현경』을 성인이 만들었다고는 할 수 없었을 것이기 때문이다. 「설괘전」과 더불어 [마]의 내용을 보면 두 가지 공통점이 있다. 첫째는 시초 자체가 예사로운 것이 아니니 정말 의심스러운 일에 대하여 간절한 마음으로 점을 쳐야 한다는 것이고, 둘째는 이 신묘한 시초로 인하여 괘·효 혹은 수·찬을 얻는 과정에서 수(數)라고 하는 요소가 매우 중요하다는 사실이다. "수를 끝까지 미루어 미래를 아는 것을 점이라 한다(極數知來之謂占)는 「계사전」의 말 역시 점의 핵심은 수라는 것을 말해주고 있다. 시와 시의 흐름에 따른 변화의 리듬을 정확하게 알아야 비로소 역수를 정할 수 있고, 역수를 바르게 해야 비로소 하늘의 명을 알 수 있다는 것인데, 바로 여기에서 시의 수리를 알고 수리를 통하여 명에 도달하는 관계가 성립된다. 따라서 시·수·명이라는 세 가시 개념은 상호 중첩되는 의미 영역을 가지게 된 것이다. 『태현경』의 경우 점단에 있어서 점치는 시각이 고려될 뿐 아니라 81수의 배열도 한 해의 음양의 소장을 반영하고 있으므로 시·수(時·數)⇔명(命)이라는 관계는 보다 분명히 드러난다. 누구에게나 하늘이 명하는 운명은 미지의 영역이고 하늘의 이치는 인간의 역사 속에서 분명히 읽히지 않는다. 그런데 이 현실의 가시적인 세계와 이 세계 속의 가시적인 현상은 수로써 추상화할 수 있고 이 수를 끝까지 밀고 나가면 비가시적인 하늘의 영역의 일까지 미루어 알 수 있다는 믿음이 바로 모든 점술에는 반영되어 있다. 양웅은 천지간의 현상을 가지고 인사를 점치는 것은 사관의 점법에 불과하며 성인은 반대로 인사를 가지고 천사를 점친다고 했는데, 두 영역 간의 정보 소통이 가능하다는 것은 어떠한 연결 고리가 있다는 것이다. 그 연결 고리가 바로 수이고 그래서 양웅은 수를 중시했으며 이 우주의 모든 것을 수리적으로 정합성 있게 조직하고자 했던 것이다.

귀갑을 이용한 점복과 산가지를 이용한 시초점의 경우, 『상서』「홍범편」이나 『좌전』에 실린 점복의 내용으로 미루어보면 어떤 의심나는 구체적인 상황에 대하여 해결하고자 점을 치는 것이었다. "옛날에 점치는 자들은 의문을 판단하고자 했다. 지금의 점치는 자들은 그렇지가 않다. 명의 궁통을 셈하고, 일신의 영달 여부를 따져보고자 하니, 아! 미혹되었도다!"(『二程全書』 제25권)라는 말을 보면 아마도 점차적으로 우리가 산명술 혹은 추명술(推命術)이라 부르는 방향으로 점치는 자들의 관심이 전개되어갔던 것 같다. 점복이란 미래를 예측하고자 하는 것이고 분명 산명술 역시 점복에 속하는 것이다. 산명술은 근본적으로 시초점과는 차이가 있지만 상주시대의 점복은 다양한 산명술의 발전에 기초가 되었고, 또한 후대의 유교 경학자들은 우주론적, 수양론적, 인륜도덕적 입장에서 『주역』을 해석하고자 하는 자세를 견지했으나 적어도 술수학의 영역에서 『주역』과 산명술은 상호 영향을 미치며 발전되어갔다. 태어나면서 정해진 숙명을 수리를 통하여 풀어가는 산명술과는 달리, 본래 시초점은 살아가면서 당면하게 되는 실존적인 문제에 대한 답을 묻고자 하는 것이다. 산명술의 경우, 이미 결정되어 있고 변화할 수도 없는 사람의 숙명을 다양한 방식을 통하여 알 수 있다는 전제가 뚜렷하다. 그리고 다양한 방식의 핵심적인 내용은 바로 음양오행과 수리(數理)에 다름아니다. 「계사전」에도 "수를 다하여 앞으로 올 일을 아는 것을 점이라고 한다(極數知來之謂占)"는 말이 있으니 넓은 범위의 점복은 그것이 시초점이든 아니면 산명술을 비롯한 술수류의 점술이든 모두 수와 깊은 관계가 있음을 알 수 있다. 이 수는 물론 단순한 숫자라는 의미도 있지만 동시에 이 우주만물의 도수(度數), 나아가 도(道) 자체를 의미하게 되었다. 『좌전』에는 이 수라는 것이 만들어진 기원을 이야기하는 대목이 있다. 즉, 희공 15년의 기사에 한간(韓簡)이 "거북점은 모양으로 나타나고 시초점은 수로 나타납니다. 만물은 나아 모양이 생기고 모양이 생긴 뒤에 크고 많아지며 크고 많아져서 수가 있게 됩니다(龜, 象也. 筮, 數也. 物生而後有象, 象而後有滋, 滋而後有數)"라고 말한 대목이 있는데 이는 후에 『후한서』 「율력지」에 그대로 인용되고 있다. 다만 『후한서』에서는 이어서 전설적인 황제의 신하인 대요(大橈)가 갑자(甲子)를 만들었고 또 다른 신하였던 예수(隸首)가 수(數)를 만들었다는 이야기를 덧붙이고 있다. 문화권마다 수를 헤아리는 방법이나 숫자들을 표현하는 체계들 사이에는 현저한 차이가 나타나기도 하지만, 그 안에 시간과 공간의 힘과 신성함이 가시적인 형태로 경험된다고 하는 그러한 숫자들은 일찍부터 인류의 관심을 끌어왔다. 때로는 수 그 자체에 신적인 성질이 있다고 인정되는 경우도 종종 있었는데 최초로 숫자에 대해 종교철학적인 관심을 보였던 것은 그리스의 피타고라스 학파였고 지금까지도 이 세계의 의미있는 구조를 추구하는 자들 사이에서는 숫자들과 그 특성에 대한 관심이 계속되고 있다.

고대 중국의 경우에도 전설적인 문화영웅이 만든 수는 그 자체로 신비성을 담보하고 있으며 신비스러운 수의 이치에 따라 이루어진 역법

또한 신비성을 담보하게 되고, 역시 구성의 배후에 수리가 작용하고 있는 점서(占書)를 통하여 수리적 이치에 따라 이루어지는 점복 역시 신비성을 담보하게 된다. 그러므로 『역(易)』은 자연스럽게 수리적으로 역(曆)과 결합해갔으며 그것이 구체적으로 드러난 양상이 바로 한대 상수역의 괘기설이었다. 양웅은 당시의 역법인 삼통력과 괘기설을 결합시키기 위하여 3의 배수로 이루어진 기본수들을 채택하여 『주역』의 체계를 완전히 개조하여 『태현경』을 만들었다. 그리하여 더욱 강화되었던 것은 바로 수리적인 정합성이었다. 보다 정밀하게 수와 수리를 탐구하고 그것을 점서법과 점단법에 반영함으로써 명을 알고자 하는 욕구를 보다 정확하게 만족시켜 주고자 했던 양웅은 결국 수비학(numerology)의 영역, 수의 신비주의라는 영역으로 깊이 발을 디디게 되었다. 『주역』이 수비학의 영역에 머무르지 않는 것은 근시안적인 성공과 실패만이 관심의 대상이 아니라 주어진 상황에서 가장 적절하게 처신하도록 선택하는 것에 더 높은 가치를 부여한다는 것과 무엇보다도 어느 정도 융통성이 있는 점단 해석의 과정에 그 이유가 있다. 물론 점단법의 융통성은 그 자체로 모호함을 뜻하므로 단점으로 지적할 수도 있을 테지만 달리 생각하면 『태현경』에서처럼 점을 쳐서 하나의 수(首)를 얻은 후에 점친 시간에 따라서 몇 가지 요소들을 기계적으로 배치하여 길흉을 완벽하게 얻어낸다면 이는 지나친 단순화일 것이다. 길흉화복이 어찌 당장에 판명될 수 있겠는가? 여기에서 『노자』의 화복에 대한 경구를 떠올릴 수 있다. "화는 복이 의지하는 곳이고 복은 화가 숨는 곳이다. 누가 그 궁극을 알겠는가(禍兮福之所倚, 福兮禍之所伏, 孰知其極)" 이는 양웅이 자신의 「태현부」에서 인용하고 있는 말이기도 하다.

위대한 『역』의 손[괘(損卦)]과 익[괘(益卦)]을 살피며
『노자』에서 말하는 의지하고 숨는 바[화복이 서로 기대고 숨는 것]를
보라.
근심과 기쁨은 같은 문에서 나온다는 것을 성찰하고
길흉이 같은 곳에 있음을 살펴 알도록 하라.
(觀大易之損益兮, 覽老氏之倚伏. 省憂喜之共門兮, 察吉凶之同域).

이러한 이치를 양웅은 깊이 공감하고 있었음에도 불구하고 그는 수
리적인 질서로 이루어진 우주 만물 안에서 인간사의 길흉화복을 결정
하는 사건들 역시 복합적이고 수리적인 조합에 의하여 알 수 있으리라
믿었다. 사건 자체의 길흉화복은 정해져 있다고 믿었으므로 점서를 만
들 수 있었던 것이다. 이는 분명 인간의 운명이 태어나면서 결정되어
있고 그것을 수리적으로 풀이해보면 알 수 있다고 믿는 산명술과는 다
르지만, 특정한 일을 묻고자 점치는 자가 점치는 시간에 따라 얻는 수
와 찬의 메시지 등으로 길흉을 알 수 있다고 믿는 것은 무언가 정해진
각본이 있고 그것이 수리에 의하여 접근될 수 있다는 전제를 두고 있다
는 점에서 공통된다. 미래의 길흉화복이 미지의 영역이 아니라 가지(可
知)의 영역이라고 여기며 그것은 수리에 의하여 알게 된다는 점에서 양
웅은 수비학적인 신념을 가지고 있었다고 말할 수 있다.

揚雄

나가는 말

한대는 선진 시대와 위진 남북조 시대의 중간을 점하는 400여 년의 시기에 해당된다. 이렇게 볼 때 제국의 형성과 유지라는 한대 사상의 시대적 배경이 뚜렷이 부각된다. 최초의 통일제국이었던 진(秦)은 불과 15년 정도밖에 지속되지 못했고 따라서 진에 의해 제시되었던 제국의 제도적, 문화적 기틀은 바로 한대를 통하여 현실에 뿌리내렸던 것이다. 유가사상사의 관점에서 보자면, 이념적으로는 선진 유가가 표방하던 동심원적인 윤리가 개인·가족·국가라는 관심을 벗어나 우주적인 의미를 획득하였고, 형식적으로는 유가의 학습과목이며 교재에 불과하던 서적들이 경서(canon)가 되어갔으며, 그와 더불어 그 경서들에 대한 해석학인 경학이 이록(利祿)의 지름길이 되어갔던 시기였다. 따라서 경학은 단연 한대 학술의 주류를 이루었고 한대의 지식인들이 구축하고자 했던 경학적 세계관 안에서 우주만물과 인간 만사는 상호 영향을 주고받으면서 질서정연하게 순환하고 운행되는 양상을 띤다. 이에 비하여 위진시대는 제국의 틀이 현실적으로 붕괴되는 것을 목도하면서 학문적으로 경학만이 권위를 가지던 것에서 벗어났고 우주에 대한 관심보다는 인간의 내면적인 문제들, 즉 개인의 본성이나 자질, 언어의 문제 등에 대한 관심이 커졌던 시기였으니, 도교와 불교의 흥성은 이러한 사상계의 흐름과 궤를 같이 하고 있다고 말할 수 있다. 양웅은 제국의 틀이 무르익어갔던 전한 말의 문인이자 사상가로서 비록 살아서는 위세를 떨치지 못했지만 그의 저작만은 당시 사상계의 요구를 충실히 반영하고 있고 그 시대의 사상적 추이를 가장 잘 보여주는 전형을 이루고 있다. 양웅의 사상을 평가할 때 관건이 되는 것은 바로 한대적 사유의 전형이라는 사실로 인한 사상적 성취와 그 한계라고 할 수 있다. 이제 그 내용을 한 가지씩 정리해보고자 한다.

1. 우주론적 지식에 근거한 유학

자끄 제르네(Jacques Gernet)는 한대의 문화를 설명하면서, 한대의 지배적인 전형적 사상은 우주에 관하여 총괄적인 설명을 제공한 시간과 공간의 조화에 근거를 두고 있던 일종의 스콜라적인 철학이며 일반적으로 이러한 학설을 음양오행설이라고 한다고 말한 바 있다. 그가 말하는 스콜라적 철학이라는 의미를 필자는 우주의 만물 만사가 모두 신이라는 커다란 우산으로 덮여 감싸지고 그 안에서 의미를 획득했던 것과 마찬가지로 한대의 사상계는 음양오행설이라고 하는 커다란 우산 안에 있었다는 의미로 이해해도 좋을 것이라고 본다. 이 세계관을 한 마디로 표현하자면 음양오행적 우주도식 혹은 우주관이라고 말할 수 있을 것이다. 리쩌허우(李澤厚)는 이 음양오행적 우주관이 일종의 신앙 내지 종교적 기능을 가지고 있고, 공자로 대표되는 선진 유학은 한대에 이 음양오행적 우주관에 의하여 더욱 강화되었으며 새로운 단계로 들어가게 되었다고 말한다. 중국에는 불교를 비롯한 이슬람, 기독교 등 수 차례 외래의 종교가 들어왔지만 근본적으로는 중국의 정치와 문화·사상을 변화시키지 못했고 오히려 중국 문화에 동화되었는데 이는 진한시대에 이미 확립된 관료정치의 체제와 그에 조응하는 체계론적 우주도식의 관념과 관계가 있다는 것이다. 우주 만물, 만사가 모두 이 우주도식 안에서는 서로 연관관계로 규정이 되며 이 체계 자체는 천, 천도, 천의라고 하는 근거를 가지고 있는데 바로 그런 이유로 어떠한 외래적인 종교도 관념적으로나 현실적으로 기존의 이 우주도식을 전복시키거나 능가할 수가 없었다는 것이다. 이러한 주장은 다소 선언적이기도 하고 시비의 논란이 있을 여지가 있지만 여기에서 필자가 주목하는 것은 음양오행적 우주도식 그 자체가 종교는 아니지만 종교적 성격을 띠고 있었다는 지적이다. 다만 종교라는 용어 대신 세계관(worldview)이라는 용어를 사용한다면 보다 적절할 것이다. 진한시기에 형성되었던 음양오행적 우주도식이 중국인들에게 하나의 세계관으로 깊숙이 자리 잡으면서 이 우주의 모든 것을 그 세계관 속에서 이해하고 수용했다는 것만은 부정할 수 없는 사실이라고 생각한다. 이러한 우주도식은 전한 시기를 통하여 보다 포괄적이고 보편적인 것으로 완비되어 가는 과정에 있었고 양웅은 전한 말이라는 시점에서 기존의 음양오행적인 우주도식에 삼진법적으로 전개되는 우주 생성론과 구조론을 결합시킴으로써 가장 종합적인 스케일의 우주 교향곡을 보여주었다.

전한시대에 유학이 현실적인 정치이념으로 기능하게 되어가는 과정에서 역법과 예악의 제정이라는 실제적인 측면에까지 영향력을 미치게 된 자취가 바로 음률과 역법의 기본적인 수리가 일치한다고 하는 율력사상인데 이는 전한 말에 최고조에 달한 후 점차 후한시대가 되면서 쇠퇴해간다. 양웅의 『태현경』은 당시의 율력사상에 입각하여 제정된 역법인 삼통력의 역수(曆數)를 근간으로 하여 개조된 양웅의 『주역』이라

고 할 수 있다. 이렇게 『주역』의 체계 자체를 바꾸어보고자 했던 시도
는 전한 중후기의 주역 상수학의 추세에 힘입은 것이다. 『주역』의 괘와
효가 그대로 우주와 인사를 반영하고 있는 것이므로 그 규율을 찾아서
그에 따라 천사와 인사에 걸친 질서와 운행의 양상을 수리적으로 파악
하고자 했던 한대 상수학의 괘기설을 응용한 것이 바로 『태현경』인 셈
이다. 만일 양웅이 『주역』의 형식을 모방하지 않고 『태현경』에 담긴
사고를 서술체의 문장으로 풀어냈다면 양웅이 가지고 있었던 사고의
스케일과 프레임이 보다 선명하게 드러났을 것이다. 그랬다면 『주역』
이라는 형식과 문체를 모방했던 『태현경』의 배후를 이루는 사유의 근
본바탕은 음양오행적인 우주도식이며 양웅으로 하여금 삼진법적인 새
로운 요소를 도입하게 만들었던 것은 한대의 율력사상이었다는 것을
그 자신의 목소리로 듣게 되었을지도 모른다. 6율과 6려의 12율로 이루
어진 완벽한 순환의 수리적 체계와 12달로 이루어진 완벽한 시간적 리
듬의 조응을 주축으로 하는 율력사상에서 음악과 우주의 생성 및 운행
은 완전히 평행선을 이루며 대응하고 있다. 삼분손익법(三分損益法)에
의한 음률의 수리적 배열과 조응하기 위하여 역법의 수리 역시 숫자 3
을 축으로 하여 만들었던 태초력, 또 그것을 보다 정밀하게 보수했던
삼통력이라는 역법을 수용하여 양웅은 그러한 수리적 체계를 『주역』의
개조에 이용했던 것이다. 그러나 이렇게 3과 삼진법이라는 수리 체계를
가지고 표현하려 했던 것은 음양의 소식에 다름아니고 음양의 소식과
정은 또 오행의 분류틀에 의한 다양한 요소들과 조화를 이루는 하나의
순환 사이클을 형성한다. 그런 점에서 『태현경』은 한대적인 유가의 사

고를 응축한 결실임엔 틀림없지만 그 본질이 점서라는 점을 생각해본다면 분명 오랜 세월에 걸쳐 수많은 사람들의 상식과 희구와 신념이 응축된『주역』이 다양한 독자층을 확보하는 것에는 결코 미치지 못한다. 한제국의 우주론적인 청사진과 그 안에서 예악전장 제도조차 삼분법적인 우주의 리듬을 반영하며 질서 있고 조화롭게 운영되는 완벽한 우주와 완벽한 제국의 밑그림에 바탕을 두고 구성한『태현경』은 바로 그러한 이유로 보편적인 설득력을 갖춘 초시대적인 점서의 역할을 하지는 못했던 것이라 생각된다.

『태현경』이『주역』과 같은 보편적인 영향력과 지속성을 가지지 못한 이유를 생각해보자면 첫째, 앞에서 지적했듯이『태현경』이 전요(典要)를 이루었기 때문이라는 사실이다. 점서로서 기계적인 결과를 도식화할 수 있고 누가 점을 쳐도 같은 도식에 의하여 결과를 얻을 수 있다는 것은 일정한 수준의 질을 보장해주는 장점도 있지만 예상 못할 영역의 신비가 사라지면서 오히려 유가의 점서가 가지는 본질적인 도덕성을 퇴색시키는 결과를 가져왔을 것이다. 둘째는, 후한시대가 되면서 율력사상이 점차 쇠퇴하기 시작했던 것도 중요한 원인이 되었다고 생각한다. 후한의 개력(改曆)은 더 이상 삼통력이 보여주는 완벽한 율력사상의 유지에 연연해하지 않고 실제적인 생활의 요구에 의하여 다시 사분력이 채용되었다. 즉 장제 원화(元和) 2년 개력의 조칙이 내려지고 새로운 역법이 채용되었는데 이는 수명개제(受命改制)라는 사상에 의한 태초개력과는 달리 삼통력을 답습했던 후한 초의 역법이 오래 시행되면서 점차 천도(天度)와 어긋나게 되자 실질적인 필요에 의하여 개력한 것이다. 『후한서』의 「율력지」에는 후한의 역법들을 설명하면서, 특히 개력의 상황을 묘사할 때 형이상학적인 윤색을 통해 역법을 설명하기보다는 천문현상에 대한 직접적 묘사와 실질적인 기술로 일관하고 있다. 그러므로 태초력이나 삼통력의 경우와 같이 우주 안의 모든 천사와 인사가 리드미컬하게 대응하며 전개되는 인문적 캘린더에 의거한 점서는 점차 의미를 상실하게 된 것이 아니었을까?

사마광은 「태현경을 읽음(讀玄)」이라는 글에서 큰 산을 오르려면 낮은 곳을 밟고 바다에 이르려면 강의 물길을 따라가듯이 『주역』에 나아가려면 『태현경』을 먼저 공부해야 한다고 말했다. 아마 현대인뿐만이 아니라 과거의 많은 이들도 이 말을 긍정하기는 어려울 것이다. 그래서 유흠 역시 "지금 학자들은 이록(利祿)에 관심이 있을 뿐이고 『주역』조차 알지 못하는데 『태현』과 같은 것이야 어떻겠는가?"라고 말했던 것이다. 사마광과는 달리 『태현경』이 난해한 『주역』의 이해에 도움이 되기는커녕 그보다 훨씬 더 난해하다고 여겼던 것이다. 그러나 『주역』이 그물이라면 『태현경』은 주살이고, 『주역』이 하늘이라면 『태현경』은 하늘로 오르는 계단이라고 했던 것은, 난해한 글자와 문장으로 가득한 『태현경』의 표면을 걷어내고 보면 우주와 인사의 규칙적인 리듬을 구현하고 있는 『태현경』이 『주역』 이해에 하나의 발판이 되어줄 수 있다는 것을 지적하는 것이리라 필자는 추측한다. 한대의 유자로서 양웅의 사상적 성취는 분명 『태현경』에서 찾아낼 수 있지만 그 성취는 점서로서의 『태현경』을 성공적으로 만들어주지는 못했다고 봐야 할 것이다. 물론 지적인 호기심이 있는 이들에게는 더없이 흥미로운 흔적임에는 틀림없다. 왜냐하면 양웅은 전한 유가의 모든 특징을 보여주는 전형적인 사고를 『태현경』안에서 펼치고 있기 때문이다. 유흠은 『태현경』이 지나치게 난해하여 읽히지 않을 것이라고 하며 "후인들이 그저 간장 단지를 덮는 데에 쓸까 봐 걱정이다"라고 하였지만, 경학 자체가 그저 과거의 유물로 여겨지는 21세기에 『태현경』은 간장 단지를 덮는 데에 쓸 만큼도 눈에 띄지 않는 듯하며, 아마 앞으로도 가독성은 그리 크지 않을 것 같다. 『태현경』은 지극히 한대적인 우주론을 반영하고 있으며, 그리하여 한대적이기만 한 사상을 담고 있는 것이다.

2. 제국 시대의 유학

　많은 연구자들이 이미 지적했듯이 한대의 유학자들은 표면적으로는 유가 이외의 사상에 대하여 배타성을 띠는 발언을 하곤 하지만 실제 그들의 사상에는 선진 제자의 다양한 사상적 흐름이 용해되어 있는 것이 사실이다. 제3장의 3절에서 이미 지적했듯이 육예에 속하지 않는 것과 공자의 학술이 아닌 것은 모두 그 길을 끊어버려야 비로소 국가의 기강이 하나로 통일되고 법도가 밝혀진다고 했던 동중서 자신의 사상에 이미 황로도가·법가·묵가적 사상뿐 아니라 음양오행설이 혼합되어 있는 것과 마찬가지로 양웅의 사상 역시 그러하다. 양주와 묵적의 이단사설을 물리치고 공자의 도를 드러내고자 했던 맹자의 뒤를 이어 양웅은 오직 그가 성인이라 여겼던 공자의 가르침만을 유일한 학문이라 여겼고 『태현경』을 저술한 것은 오직 인의를 위해서라고 하였다. 이것이야말로 제국의 유학이 보여주는 뚜렷한 특징 중의 하나이다. 다양한 사상적 조류를 표면적으로나마 통일적으로 내세워야 할 필요가 있었으므로 그 기치는 공자의 유학으로 하고 있지만 통일 제국은 더 이상 예악으로 다스려질 수 있는 이상적인 유가적 유토피아를 꿈꿀 수 있는 스케일을 넘어선 것이었다. 현실의 정치에서 뿐 아니라 바로 앞에서 살펴본 유학

내부의 이론적인 면에 있어서도 분명한 사실은 전한 초기의 황로사상가들이 이루어냈던 다양한 사상의 융합을 토대로 하여 우주론적인 유학을 구축해갈 수밖에 없었다. 양웅은 그 중에서도 특히 『노자』와 『주역』을 우주론적으로 결합하여 음양오행의 소식이라는 우주의 리듬에 따라 펼쳐지는 인사의 다양한 측면을 정합적으로 제시하였던 것이다. 중국 사상사에 있어서 하나의 근원이나 궁극적 실재에 관한 논의는 천(天)이나 도(道)의 범주 안에서 이루어질 수 있을 것이다. 그런 의미에서 『노자』의 비중은 무엇보다도 크다. 『노자』야말로 그 이전에 천(天)이라는 개념이 가지고 있던 모든 함의들을 도(道) 안으로 융합시키는 역할을 하기 때문이다. 그리하여 도는 서로 다른 범주라 여겨지는 우주 생성론의 근원, 우주 운행의 이법, 정치의 지향, 지식의 총체, 인류도덕의 법칙 등 모든 것을 아우르게 되었던 것이다. 양웅은 이 모두를 현이라고 하는 하나의 개념으로 부르고 있다.

양웅의 『태현경』은 현을 우주의 근원으로 제시하면서 동시에 수리에 의거한 율력적 세계관 안에서 우주와 인사가 조화를 이루며 조응하는 완벽한 질서를 가지고 운행된다는 신념을 보여주고 있다. 그러나 단지 율력사상을 기반으로 수리적 정합성만을 추구했었다면 양웅을 대표적인 한대 지식인이라고 말할 수는 있어도 대표적인 한대의 유자라고 말하기는 어려웠을 것이다. 그런데 양웅은 전한 말이라는 시점에서 당시까지의 유가사상에 대한 중요한 도전적인 주장에 대하여 단편적으로나마 언급하면서 반론을 제시하거나, 유가적 입장에서 자신의 견해를 전개했다. 바로 이런 면으로 인하여 마이클 닐런은 『태현경』을 종합적인 연구서, 혹은 전집이라는 의미의 숨마(Summa)라고 했던 것이다.

우선, 양웅은 만물이 제일(齊一)하다는 장자의 사상을 부정하면서 인간 세상에는 등급과 가치라는 면에서 차등화가 있을 수밖에 없으며 바로 이 차등화에 혼란이 있으면 안 되고 질서가 유지되어야 한다고 주장했음을 밝힌다. 또한 양웅은 군자가 스스로를 지켜나가는 데 사람들 사이의 교제가 굳이 필요한가 하는 물음에 대하여 하늘과 땅이 서로 교류하여 만물을 낳듯이 사람들도 서로 교재함이 없이는 위대한 업적을 이루어낼 수 없다고 한다. 바로 이런 점에서 인문 현상을 무한히 긍정하며 자연현상을 인문적으로 바라보는 유가의 성격을 보여준다. 도가적 사유를 흡수하면서도 유가가 제시하는 사회구조와 정치구조 안에서 그것을 녹여내고자 하는 것이지 상대주의적인 입장에서 모든 가치의 차별을 무화시키는 주장에 대하여는 반대했던 것이다. 『노자』의 사고방식이나 처세 태도는 받아들이면서도 『장자』의 만물제동 사상이나 장자가 그리고 있는 신선 세계는 부정하고 있다. 양웅은 『장자』의 만물제동의 세계는 유가적 사회질서와는 이질적인 것으로, 정치적 위계질서를 위협하는 것이라고 여겼을 것이며 『장자』에서 묘사되어 있는 신선의 세계는 건강한 유가의 현실적 윤리와 이상을 위협하는 것이라 보았을 것이다.

양웅 당시에 존재하던 흐름 가운데 양웅이 반론을 펼치는 두 번째는 불사를 추구하는 자들에 대한 것이다. 한 무제의 삼촌뻘이었던 회남자 유안은 문재가 매우 뛰어났을 뿐 아니라 신선술에도 일가견이 있었다고 한다. 일실된 『회남자』의 외편은 금단의 제조에 관한 내용이었고,

그는 『침중홍보원비서(枕中鴻寶苑秘書)』를 비장하고 있었는데 여기엔 신선술·연금술 및 추연의 연명술 등이 기록되어 있었다고 한다. 유향은 그의 부친 유덕(劉德)이 입수했던 이 책을 신선술에 관심이 있던 선제에게 헌상하며 황금을 주조할 수 있다고 하여 선제가 시도해보도록 명하였지만 결국 실패했던 일이 있었다. 이런 사정을 생각해보면, 아마 양웅의 시대에는 한편으로는 무제 이래 활발히 활동하던 방사들이 있었고, 다른 한편으로는 참위서가 성행하면서 신선불사에 대한 믿음을 가지고 있던 자들이 상당수에 달했던 것 같다. 후한의 위백양이 지었다고 전해지는 『주역참동계』의 경우 그 저자나 저술의 연대 모두 이론이 분분하긴 하지만 금단의 제조나 신선의 존재에 대한 한대인들의 열망을 보여주기엔 부족함이 없다. 양웅은 이에 대하여 단호하게 부정의 입장을 취하는 것이다.

셋째, 양웅은 예정설에 대하여도 반론을 펼쳤는데 이는 운명에 대하여 양웅이 일관되게 주장했던 시(時)라는 요소를 생각하면 알 수 있을 것이다. 시는 자연적 규율에 따르는 것이지만 예기치 못한 다양한 요소들에 의하여 초래되기도 한다. 따라서 인간의 운명이 태어나는 순간에 이미 정해진다거나 이미 결정된 운명은 절대 변하지 않는다는 식의 믿음에 대하여 양웅은 반대하는 셈이다. 비록 시라는 것 자체는 외재적인 것이지만 그것을 자신의 명으로 받아들이고 마땅히 취해야 할 군자의 태도를 유지함으로써 내재화하는 과정을 가치있는 것으로 여긴다는 점에서 「육가요지」나 『한서』 「예문지」가 지적한 음양가의 폐단을 벗어나고 있다. 이들이 지적하는 음양가의 폐단이란 수많은 금기로 사람들을 두렵게 하고, 쓸데없는 미신으로 흐르게 하여 인간사의 정의를 추구하기보다는 귀신을 두려워하고 의존하게 하는 것이었다. 이는 음양오행적인 우주도식의 우산 아래서 수리적인 정합성을 추구하던 양웅에게 충분히 나타날 수 있는 단점임에도 불구하고 양웅은 어디까지나 공자의 삶을 바람직한 본보기로 하며 유가로서의 정체성을 보여주고 있다.

마지막으로 양웅은 예언적 점술에 대하여 반대하였다. 성인도 하늘을 점치는가 하는 질문에 대하여 "한낱 사관들은 하늘을 가지고 사람의 일을 점치지만 성인은 사람의 하는 일을 보고 하늘(천명)을 점친다"라고 한 것이나, "하늘과 땅과 사람에 두루 통달하는 것을 유학의 도라고 하고, 하늘과 땅에는 통달했으나 사람에게는 통달하지 못하는 것을 기예라고 한다"는 『법언』의 내용을 보아도 양웅이 우주론에 대하여 전문적인 지식을 갖추고 우주의 리듬과 다양한 인문현상을 수리적으로 조화시키고자 했지만 기본적으로는 인간과 인사를 중심에 두고 있었다는 것을 충분히 이해할 수 있다. 그는 양웅 당시까지 논의되었던 모든 인문적·사회적·자연과학적 지식을 총괄하여 한대 유가의 '유학대전'을 만들었던 것이다. 이렇게 볼 때 양웅의 사상은 다양한 사상적 조류를 선택적으로 흡수하면서도 겉으로는 유가라는 하나의 사상을 통일제국의 정치이념으로 확립하고자 했던 전한 유가들의 오랜 노력을 응집하고 있다.

3. 제국 안에서의 사인(士人)

개인의 운명에 대한 사고는 중국사상사에 있어서 마치 기독교의 변신론(theodicy)과 같은 의미를 지닌다고 할 수 있다. 기독교 신학의 변신론에서는 전능하고 전적으로 선한 신이 창조하고 주관하는 이 세상에 악이 존재한다는 해결되지 않는 문제를 설명해야 한다. 창조주이신 하느님이 전능하며 전적으로 선한데도 불구하고 이 세상에 자연재해나 무죄한 유아들의 사망과 같은 수많은 자연적인 악과 도덕적인 악이 존재한다는 것을 어떻게 설명할 것인가? 고대 중국인들은 역시 분명히 선하고 재능있고 도덕적인 자가 반드시 좋은 운명을 맞이하는 것도 아니고 지고한 인격을 갖춘 자들이 오히려 고난에 처해지는 상황에 대하여 그럴 듯한 답을 해야만 했다. 더욱이 제국의 기틀이 짜여갈수록 재기 넘치는 사인의 창조적인 아이디어는 점차 필요하지 않게 되며 경서 해석에 있어서도 가법(家法)과 사법(師法)을 고수하며 권세와 이록에만 눈이 밝은 자들이 활개를 치고 있는 현실을 양웅은 목도하였다. 따라서 양웅도 운명에 대하여는 복잡한 심경을 드러낼 수밖에 없었다. 이렇게 완벽한 제국의 신하 양웅에게 인간의 운명이란 결코 이치에 부합하고 인지상정에 부합한다고 여겨지지 않았던 것이다.

양웅은 개인의 운명에 내하여 우불우(遇不遇), 시불시(時不時)라고 정의하긴 했지만 그 구체적인 내용을 설명하지는 않았다. 「반이소」에서 언급하고 있는 명은 개인적인 운명이고 이는 도덕적인 자질과는 무관하여, 선한 사람에게 좋은 운명이 주어지는 것도 아니고 선한 행위가 운명을 좋게 만들 수도 없다. 운명이 시(時)를 만나고 못 만나는 것과 관련된 이상, 시의 움직임에 따른 운명은 분명히 인간의 범위 밖에 있는 것이고 그런 의미에서 '외재적'이라고 말할 수 있다. 인간은 명을 바꿀 수도 없고 영향을 끼칠 수도 없지만 명을 알 수 있고 명의 흐름에 가장 적절하게 대응할 수는 있다. 아니, 그래야만 한다. 그러므로 외재적인 명을 인간은 주체적으로 수용하고 그에 순응하면서 자신의 삶을 전개해나가야 한다는 것이 「반이소」에서 나타난 양웅의 생각이며 이러한 생각은 그의 일생을 통해 일관성 있게 유지된다. 그렇다면 그는『태현경』을 가지고 시를 점치고자 했던 것이고 시를 통해 인사를 점치고자 했던 것이다. 그러나 인간의 명, 특히 양웅이 중시했던 사인으로서의 입신명달이란 이런 것과는 무관한 듯이 보였다. 명이란 바로 하늘(天)의 명이라고 했던 양웅에게 있어서 '천(天)'이라는 것은 인간의 노력이나 의지가 닿지 않는 영역을 의미하는 것이다. 그러나 천은 동시에 나름의 규율이나 이법을 가지고 움직이는 대우주의 영역이므로 의지나 인정을 통하여 접근할 수 있는 것이 아니라 지식이나 통찰력을 가지고 알 수 있는 것이다. 후자의 차원을 양웅은 수비학적으로 접근하고자 했고 전자의 차원에서 여의치 않는 경우에는 — 아무도 뜻대로만 전개되는 삶을 살지는 않을 것이다 — 소극적인 태도로 내면에 침잠하거나,

자신의 명을 수용하고 기꺼이 즐길 수 있는 내면적 태도를 함양하는 방식을 택했다.

양웅은 사부의 작가로서 여의치 않은 명을 노래하고 『태현경』에서 그 명을 점칠 수 있는 우주론적인 구조를 제시했으며, 『법언』에서는 유가적인 정체성을 가진 자로서 교훈적인 어투로 사람의 운명을 설명하고 있다. 그가 비록 지금의 용어로는 수비학의 영역에 발을 디뎠지만 그의 모델은 『사기』「일자열전」에 나오는 사마계주 같은 인물이 아니라 공자였다. 그 자신 늘 여의치 못한 삶의 마디마디를 살아나가면서도 가장 바람직하다고 여겼던 것은 공자의 낙천지명(樂天知命)이라는 태도였고 그러한 태도를 수용하게 했던 이론적 기반은 바로 노자의 물극필반(物極必反)이라는 지혜였다. 이렇게 제국의 제도적 틀이 갖추어지면서 사인 개인의 창조적인 역량이 현실적으로 영향력을 발휘하기 어려워졌으며 많은 한대의 사인들이 때를 만나지 못한 자신의 처지를 한탄하는 글을 남겼으니 양웅은 이러한 측면에서도 역시 한대 지식인의 전형적인 사고를 보여주고 있다.

공자는 자신을 성인은커녕 인자(仁者)로도 자처한 바가 없으며 오직 스스로를 호학하는 자라고 하였고, 양웅의 생애 역시 현실적으로 영달함에 있어서는 그리 성공적이지 못했으니 일생 호학하는 자로서 앎을 숭상하였다는 것은 의심의 여지가 없다. 그리하여 천도와 지도와 인도의 근원이 되는 현에 통달한 통현(通玄)의 유자, 그것이야말로 양웅의 이상이었다.

4. 더 읽을 것들

A. 원전 번역류

鈴木由次郎, 『太玄經の硏究』, 東京, 明德出版社, 1964.

Michael Nylon, *The Canon of Supreme Mystery*, State University of New York Press, Albany, 1993.

田中麻紗已, 『法言』, 東京, 講談社, 1988.

최형주, 『법언』, 서울, 자유문고, 1996.

韓敬, 『法言全譯』, 成都, 巴蜀出版社, 1999.

葉幼明 注譯, 周鳳五 校閱, 『新譯揚子雲集』, 臺北, 三民書局, 1997.

한대 사상가들을 연구하고자 할 때 필연적으로 부딪치는 것이 바로 원문 해석의 문제일 것이다. 양웅의 사부와 『태현경』에는 워낙 난해한 글자와 개념들이 많아 번역이 있다는 사실이 심리적으로 위안이 되긴 했으나 번역문을 보아도 무슨 뜻인지 이해할 수 없는 괴로움 또한 적지 않았다. 다행히 일본어로 된 번역서가 있으니 그것이 바로 스즈키 요시지로의 『太玄經の硏究』(明德出版社, 1964. 참고로, 1972년에 같은 출판사에서 『太玄經』이라는 제목으로 『주역』 경 부분에 해당되는 것만 보완을 하여 따로 출판한 것도 있다)다. 이 책은 역주(譯註) 부분보다 번역문 앞에 실린 제1부 「太玄經の硏究」라는 제목의 글에서 많은 도움을 받을 수 있다. 역대 판본의 문제라든지 한대 역학의 일반적인 상황, 또 『태현경』의 구조와 사상 및 태현점의 점서법 등을 설명하는 대목에서 한대 역학 전문가로서의 면모를 보여준다. 마이클 닐런의 『태현경』 영역인 The Canon of Supreme Mystery라는 제목의 책이 뉴욕 주립대학 출판부에서 1993년에 출간되었는데 다음해에 The Elemental Changes: Text and Commertaries라는 제목으로 같은 출판사에서 다시 출간되었다. 두 책의 어디에도 서로에 대한 언급이 없어 궁금하지만 아직 알지 못하고 있다. 다만 후자는 Introduction 부분도, 번역의 부분도 상당 부분 설명이 줄어들었다. 그렇다고 새로이 작성된 부분은 거의 없고 몇 단락씩이 빠지는 식으로 줄어든 셈이다. 마이클 닐런은 미국의 대표적인 중국과학사 연구자인 네이선 시빈(Nathan Sivin)과 함께 1987년에 The First Neo-Confucianism: an Introduction to Yang Hsiung's 'Canon of Supreme Mystery'(T'ai hsuan ching, c.4 B.C.) 라는 논문을 발표한 일이 있다. 이 글은 홍콩대학 출판사에서 나온 Chinese Ideas about Nature and Society 에 실려 있는데, 후에 네이선 시빈의 Medicine, Philosophy and Religion in Ancient China에 수정본이 다시 실렸다. 이 글 뒤에 실린 회고록 (Retrospect)에 보면 그녀는 1978년 시빈의 세미나에 참석하면서 『태현경』에 관심을 가지고 연구했던 것이니, 15년에 걸친 시일이 흘러 비로소 영역본을 내놓은 셈이다. 그러나 한자문화권의 독자들에게는 영역본이 주는 선명함이라는 장점이 별로 드러나질 않는 듯하고 따라서 본문의 이해에는 큰 도움을 받지 못했다. 그녀의 책 역시 본문보다는 상당히 장문의 Introduction이 오히려 더 유익하다. 아이러니하게도 중국어 번역본은 아직 나오질 않았다. 다만 정완경(鄭萬耕)의『太玄校釋』과 류샤오쥔(劉韶軍)의『太玄校注』가 이해를 돕는 정도이다. 두 주해본은 의미단락이나 구두점, 주어 설정에 있어 너무나 자주 불일치를 보였고, 그럴 때마다 일역본을 찾아보면 애초에 구두점 자체가 다르고, 영역본은 두루뭉술하게 대의만 전달하고 있어서 몇 대목 번역하면서도 마음 놓고 참고할 수가 없었다. 필자가 판단하기에 번역물은 때로 도움이 되기도 하였지만 토를 달거나 글자의 옮김에 불과한 경우가 많아 의미전달이라는 면에 있어서는 크게 도움이 되지 못했던 것 같다.『법언』의 경우, '또 하나의『논어』'라는 부제를 붙여 출간한 일본의 다나카 마사미(田中麻紗巳)의『법언』일역이 있는데 이는 단순히 번역 위주로서, 주해가 거의 없어서 전공자들에게는 별다른 도움이 되질 않는다. 한국어 번역으로는 최형주(崔亨柱)의 번역이 출판된 바 있다. 그는 원전을 구하지 못하여 일본 명덕출판사 발행을 저본으로 하였다고 밝히고 있는데 명덕출판사의 中國古典新書 시리즈의 하나였던 스즈키 요시가즈(鈴木喜一)의『법언』번역본(1972)을 가리키는 것 같다. 이 책은 보지 못했지만 이 책을 참고한 최형주의 번역 역시 판본 비교도 없고 다른 독해의 가능성에 대한 고려가 없기 때문에 역시 전공자들에게는 썩 적합한 것은 아니지만 유일한 한국어 번역이다. 현대 백화문으로는『評析本 法言・新語・申鑒』으로 합본, 출간되었던 한징(韓敬)의『법언』번역이 1992년에 북경 廣播學院出版社에서 나왔던 것이 최초였던 것 같고 후에 그의 번역은 『法言全譯』이라는 제목으로 巴蜀出版社에서 1999년에 출간되었다. 2002년 黑龍江人民出版社에서 二十二子 詳注全譯 시리즈의 하나로『揚子法言』(李守奎, 洪玉琴 공동역주)도 출간되었다. David R. Knechtges에 의하여『한서』「양웅전」이 영역되었고, 이는 *The Han Shu Biography of Yang Xiong*(B.C. 53~A.D. 18)이라는 제목으로 나온 바가 있다. 애리조나 주립대학의 아시아 연구센터의 부정기 간행물로 1982년에 출간되었는데 당시 그의 관심은 중국 문학 중에서도 한대의 사부에 관한 것이었다. 이에여우밍(葉幼明)이 주해하고 저우펑우(周鳳五)가 교열한『신역양자운집(新譯揚子雲集)』은 1장에서도 말했듯이『방언』·『태현경』·『법언』을 제외하고 양웅의 전해지는 모든 작품들을 수록하고 있어 매우 편리하다. 장전쩌(張震澤) 교주본의『양웅집교주(揚雄集校注)』(상해고적출판사, 1993)는 번역은 아니지만 주해가 상세하고 짤막한「전언(前言)」이 있어 참고할 만하다.

B. 연구서류

王靑,『揚雄評傳』, 南京, 南京大學出版社, 2000.
鈴木由次郎,『漢易硏究』, 東京, 明德出版社, 1963.
徐復觀,「揚雄論究」,『(增訂)兩漢思想史』卷二, 臺北, 學生書局, 1976, 初版:1985, 三版.
川原秀城,「揚雄と『太玄』」,『中國の科學思想』, 東京, 創文社, 1996.

양웅과 양웅의 사상에 대한 단행본 연구서는 그리 많지 않다. 중국 황카이궈(黃開國)의 『揚雄思想初探: 一位玄靜的倫理大師』, 정완경(鄭萬耕)의 『揚雄及其太玄』, 대만 학자 천푸빈(陳福濱)의 『揚雄』, 란슈룽(藍秀隆)의 『楊子法言硏究』, 비교적 최근에 나온 것으로 왕칭(王靑)의 『揚雄評傳』 이렇게 다섯 권밖에 찾아보질 못했고 아마 이것이 전부가 아닐까 싶다. 이들 연구서는 특별한 주장이나 견해를 개진하기보다는 양웅 사상의 전모를 소개하고 있다. 이러한 단행본 가운데 한 권을 꼽으라면 왕칭의 『양웅평전』을 들겠다. 이 책은 『중국사상가평전총서』의 하나로 상세한 사료를 통한 대담한 추측으로 이전의 양웅 연구서에서 일반적으로 받아들여졌던 몇 가지 의견에 대하여 의문을 제기하기도 하고 새로운 견해를 개진하기도 한다. 양웅과 왕망의 친밀한 관계를 다양한 사료를 통하여 밝히기도 하고, 제2장에서 살펴보았듯이 『태현경』의 우주 구조론에 대하여도 개천가였던 당시의 양웅이 쓴 것일 가능성이 높다고 하였는데 후자의 주장에 대하여 필자는 동의하지 않는다고 앞서 말했다. 비록 커다란 주장에 관한 것이 아니라 비교적 지엽적인 문제에 관한 것일지라도 젊은 학자의 도전적인 분위기가 있기 때문에 유쾌하게 읽어 내려가게 된다. 단행본은 아니지만 한대 사상사의 흐름에서 양웅 사상의 전모를 밝히고 있는 훌륭한 연구로는 쉬푸관의 『兩漢思想史』의 제2권에 실린 「揚雄論究」라는 글이다. 「양웅전」에서 역대로 문제가 되었던 사항을 일일이 상세히 다루었고, 이어서 양웅의 시대와 인물, 그리고 『태현경』, 『법언』을 각각 다른 장절로 나누어 다루고 있다. 양웅의 『태현경』에 대한 연구로는 스즈키 요시지로의 『태현경』 번역에 함께 실린 설명이나 그의 『漢易硏究』에 실린 양웅의 『태현경』에 대한 설명이 한대 역학의 흐름을 조명하면서 그 안에서 양웅의 『태현경』이 가진 의미를 이해하는 데 가장 도움을 준다. 한대의 역학에 관한 한 그는 단연 독보적인 연구자다. 최근 일본의 汲古書院에서 『漢易象數論硏究』라는 책을 펴낸 한국인 연구자 신현(辛賢)은 마왕퇴에서 발견된 백서 『주역』에서 전한 말 양웅의 『태현경』에 이르기까지 괘 배열의 순서에서 보이는 수리적 질서에 착목하여 그 사상사적 의미를 밝히고자 하였으며 『태현경』이 보여주는 종합적이고도 철저한 수리적 정합성에 대하여 높이 평가하고 있다. 중국의 과학사를 전문적으로 연구하는 가와하라 히데키(川原秀城)는 역법의 수리와 『태현경』의 구조와의 상관관계에 관심을 가지고 「『太玄』の構造的把握」이라는 논문을 발표하였고 이를 조금 더 보완하여 그의 저서 『中國の科學思想』에 「揚雄と『太玄』」이라는 비교적 장문의 글을 실었다. 자연과학적 지식 가운데 양웅이 『태현경』을 구성하는 데 가장 중요했던 것은 역법 분야였고, 이에 대한 연구 가운데 하나를 꼽으라면 가와하라 히데키의 연구가 가장 뛰어나다. 과문한 탓도 있겠지만 『태현경』의 이해를 돕는 연구는 이 정도인 것 같다. 양웅이라는 사상가와 그의 사상 전반에 대한 연구로는 마치다 사브로(町田三郎)의 『秦漢思想史の硏究』와 다나카 마사미(田中麻紗巳)의 『兩漢思想の硏究』・호리이케 노부오(堀池信夫)의 『漢魏思想史硏究』에 실린 양웅에 대한 문장들이 비교적 정밀하게 금고문의 문제, 양웅과 왕망의 신왕조와의 관계 및 율력사상의 완성이라는 문제 등에 대하여 의견을 개진하고 있다.

揚雄

부록

부록 1 : 太玄(擬卦)日星節侯圖

(宋·왕천 作)

	初一	次二	次三	次四	次五	次六	次七	次八	上九
1.中(陽)〈中孚〉	畫1일 冬至 11月中 牛1度 蚯蚓結	夜	畫2일 牛2度	夜	畫3일 牛3度	夜	畫4일 牛5度	夜	畫5일 牛5度
2.周(陰)〈復〉	夜	畫6일 牛6度	夜	畫7일 牛7度	夜	畫8일 牛8度	夜	畫9일 女1度	夜
3.礥(陽)〈屯〉	畫10일 女2度	夜	畫11일 女3度	夜	畫12일 女4度	夜	畫13일 女5度	夜	畫14일 女6度
4.閑(陰)〈屯〉	夜	畫15일 女7度	夜	畫16일 小寒12月 女8度 雁北鄉	夜	畫17일 女9度	夜	畫18일 女10度	夜
5.少(陽)〈謙〉	畫19일 女11度	夜	畫20일 女12度	夜	畫21일 虛1度 鵲始巢	夜	畫22일 虛2度	夜	畫23일 虛3度
6.戻(陰)〈睽〉	夜	畫24일 虛4度	夜	畫25일 虛5度	夜	畫26일 虛6度 雉始雛	夜	畫27일 虛7度	夜
7.上(陽)〈升〉	畫28일 虛8度	夜	畫29일 虛9度	夜	畫30일 虛10度	夜	畫31일 大寒 12月中 危1度 鷄始乳	夜	畫32일 危2度
8.干(陰)〈升〉	夜	畫33일 危3度	夜	畫34일 危4度	夜	畫35일 危5度	夜	畫36일 危6度 鷙鳥厲疾	夜
9.狩(陽)〈臨〉	畫37일 危7度	夜	畫38일 危8度	夜	畫39일 危9度	夜	畫40일 危10度	夜	畫41일 危11度 水澤腹堅
10.羨(陰)〈小過〉	夜	畫42일 危12度	夜	畫43일 危13度	夜	畫44일 危14度	夜	畫45일 危15度	夜

	初一	次二	次三	次四	次五	次六	次七	次八	上九
11.差(陽)〈小過〉	晝46일 立春正月 危16度 東風解氷	夜	晝47일 危17度	夜	晝48일 室1度	夜	晝49일 室2度	夜	晝50일 室3度
12.童(陰)〈蒙〉	夜	晝51일 室4度 蟄蟲始振	夜	晝52일 室5度	夜	晝53일 室6度	夜	晝54일 室7度	夜
13.增(陽)〈益〉	晝55일 室8度	夜	晝56일 室9度 魚上冰	夜	晝57일 室10度	夜	晝58일 室11度	夜	晝59일 室12度
14.銳(陰)〈漸〉	夜	晝60일 室13度	夜	晝61일 雨水 正月中 室14度 獺祭魚	夜	晝62일 室15度	夜	晝63일 室16度	夜
15.遠(陽)〈泰〉	晝64일 壁1度	夜	晝65일 壁2度	夜	晝66일 壁3度 鴻雁來	夜	晝67일 壁4度	夜	晝68일 壁5度
16.交(陰)〈泰〉	夜	晝69일 壁6度	夜	晝70일 壁7度	夜	晝71일 壁8度 草木萌動	夜	晝72일 壁9度	夜
17.奐(陽)〈需〉	晝73일 奎1度	夜	晝74일 奎2度	夜	晝75일 奎3度	夜	晝76일 奎4度	夜	晝77일 驚蟄3月 奎5度 桃始華
18.僕(陰)〈需〉	夜	晝78일 奎6度	夜	晝79일 奎7度	夜	晝80일 奎8度	夜	晝81일 奎9度	夜
19.從(陽)〈隨〉	晝82일 奎10度 倉庚鳴	夜	晝83일 奎11度	夜	晝84일 奎12度	夜	晝85일 奎13度	夜	晝86일 奎14度
20.進(陰)〈晉〉	夜	晝87일 奎15度 鷹化鳩	夜	晝88일 奎16度	夜	晝89일 婁1度	夜	晝90일 婁2度	夜
21.釋(陽)〈解〉	晝91일 婁3度	夜	晝92일 春分 2月中 婁4度 乙鳥至	夜	晝93일 婁5度	夜	晝94일 婁6度	夜	晝95일 婁7度

	初一	次二	次三	大四	次五	次六	次七	次八	上九
22.格(陰)〈大壯〉	夜	晝96일 婁8度	夜	晝97일 婁9度 雷乃發聲	夜	晝98일 婁10度	夜	晝99일 婁11度	夜
23.夷(陽)〈豫〉	晝100일 婁12度	夜	晝101일 胃1度	夜	晝102일 胃2度	夜	晝103일 胃3度	夜	晝104일 胃4度
24.樂(陰)〈豫〉	夜	晝105일 胃5度	夜	晝106일 胃6度	夜	晝107일 胃7度 清明三月	夜	晝108일 胃8度	夜
25.爭(陽)〈訟〉	晝109일 胃9度	夜	晝110일 胃10度	夜	晝111일 胃11度	夜	晝112일 胃12度 田鼠化駕	夜	晝113일 胃13度
26.務(陰)〈蠱〉	夜	晝114일 胃14度	夜	晝115일 昴1度	夜	晝116일 昴2度	夜	晝117일 昴3度 虹始見	夜
27.事(陽)〈蠱〉	晝118일 昴4度	夜	晝119일 昴5度	夜	晝120일 昴6度	夜	晝121일 昴7度	夜	晝122일 昴8度 萍始生
28.更(陰)〈革〉	夜	晝123일 昴9度	夜	晝124일 昴10度	夜	晝125일 昴11度	夜	晝126일 畢1度	夜
29.斷(陽)〈夬〉	晝127일 畢2度 鳴鳩拂羽	夜	晝128일 畢3度	夜	晝129일 畢4度	夜	晝130일 畢5度	夜	晝131일 畢6度
30.毅(陰)〈夬〉	夜	晝132일 畢7度 戴勝降桑	夜	晝133일 畢8度	夜	晝134일 畢9度	夜	晝135일 畢10度	夜
31.裝(陽)〈旅〉	晝136일 畢11度	夜	晝137일 畢12度 螻蟈鳴	夜	晝138일 畢13度	夜	晝139일 畢14度	夜	晝140일 畢15度
32.衆(陰)〈師〉	夜	晝141일 畢16度	夜	晝142일 觜1度 蚯蚓出	夜	晝143일 觜2度	夜	晝144일 參1度	夜
33.密(陽)〈比〉	晝145일 參2度	夜	晝146일 參3度	夜	晝147일 參4度 王瓜生	夜	晝148일 參5度	夜	晝149일 參6度

	初一	次二	次三	次四	次五	次六	次七	次八	上九
34.親(陰)〈比〉	夜	晝150일 參7度	夜	晝151일 參8度	夜	晝152일 參9度	夜	晝153일 小滿五月 井1度 苦菜生	夜
35.斂(陽)〈小畜〉	晝154일 井2度	夜	晝155일 井3度	夜	晝156일 井4度	夜	晝157일 井5度	夜	晝158일 井6度
36.彊(陰)〈乾〉	夜	晝159일 井7度	夜	晝160일 井8度	夜	晝161일 井9度	夜	晝162일 井10度	夜
37.睟(陽)〈乾〉	晝163일 井11度 小暑至	夜	晝164일 井12度	夜	晝165일 井13度	夜	晝166일 井14度	夜	晝167일 井15度
38.盛(陰)〈大有〉	夜	晝168일 井16度 堂郎生	夜	晝169일 井17度	夜	晝170일 井18度	夜	晝171일 井19度	夜
39.居(陽)〈家人〉	晝172일 井20度	夜	晝173일 井21度 鴯始鳴	夜	晝174일 井22度	夜	晝175일 井23度	夜	晝176일 井24度
40.法(陰)〈井〉	夜	晝177일 井25度	夜	晝178일 井26度 反舌無聲	夜	晝179일 井27度	夜	晝180일 井28度	夜
41.應(陽)〈咸〉	晝181일 井29度	夜	晝182일 井30度	夜	晝183일 夏至 五月中 井31度 鹿角解	夜	晝184일 井32度	夜	晝185일 井33度
42.迎(陰)〈咸〉	夜	晝186일 鬼1度	夜	晝187일 鬼2度	夜	晝188일 鬼3度 蜩始鳴	夜	晝189일 鬼4度	夜
43.遇(陽)〈姤〉	晝190일 柳1度	夜	晝191일 柳2度	夜	晝192일 柳3度	夜	晝193일 柳4度	夜	晝194일 柳5度
44.竈(陰)〈鼎〉	夜	晝195일 柳6度	夜	晝196일 柳7度	夜	晝197일 柳8度	夜	晝198일 柳9度 溫風至	夜
45.大(陽)〈豐〉	晝199일 柳10度	夜	晝200일 柳11度	夜	晝201일 柳12度	夜	晝202일 柳13度	夜	晝203일 柳14度 蟋蟀居壁

	初一	次二	次三	次四	次五	次六	次七	次八	上九
46.廓(陰)〈豐〉	夜	晝204일 柳15度	夜	晝205일 星1度	夜	晝206일 星2度	夜	晝207일 星3度	夜
47.文(陽)〈渙〉	晝208일 星4度 鷹學習	夜	晝209일 星5度	夜	晝210일 星6度	夜	晝211일 星7度	夜	晝212일 張1度
48.禮(陰)〈履〉	夜	晝213일 張2度	夜	晝214일 張3度 腐草化螢	夜	晝215일 張4度	夜	晝216일 張5度	夜
49.逃(陽)〈遯〉	晝217일 張6度	夜	晝218일 張7度	夜	晝219일 張8度 土潤溽暑	夜	晝220일 張9度	夜	晝221일 張10度
50.唐(陰)〈遯〉	夜	晝222일 張11度	夜	晝223일 張12度	夜	晝224일 張13度 大雨時行	夜	晝225일 張14度	夜
51.常(陽)〈恒〉	晝226일 張15度	夜	晝227일 張16度	夜	晝228일 張17度	夜	晝229일 立秋 張18度 涼風至	夜	晝230일 翼1度
52.度(陰)〈節〉	夜	晝231일 翼2度	夜	晝232일 翼3度	夜	晝233일 翼4度	夜	晝234일 翼5度 白露降	夜
53.永(陽)〈同人〉	晝235일 翼6度	夜	晝236일 翼7度	夜	晝237일 翼8度	夜	晝238일 翼9度	夜	晝239일 翼10度 寒蟬鳴
54.昆(陰)〈同人〉	夜	晝240일 翼11度	夜	晝241일 翼12度	夜	晝242일 翼13度	夜	晝243일 翼14度	夜
55.減(陽)〈損〉	晝244일 處暑 翼15度 鷹祭鳥	夜	晝245일 翼16度	夜	晝246일 翼17度	夜	晝247일 翼18度	夜	晝248일 軫1度
56.唫(陰)〈否〉	夜	晝249일 軫2度 天地始肅	夜	晝250일 軫3度	夜	晝251일 軫4度	夜	晝252일 軫5度	夜
57.守(陽)〈否〉	晝253일 軫6度	夜	晝254일 軫7度 禾乃登	夜	晝255일 軫8度	夜	晝256일 軫9度	夜	晝257일 軫10度

	初一	次二	次三	次四	次五	次六	次七	次八	上九
58.翕(陰)〈巽〉	夜	畫258일軫11度	夜	畫259일白露八月軫12度鴻雁來	夜	畫260일軫13度	夜	畫261일軫14度	夜
59.聚(陽)〈萃〉	畫262일軫15度	夜	畫263일軫16度乙鳥歸	夜	畫264일軫17度	夜	畫265일角1度	夜	畫266일角2度
60.積(陰)〈大畜〉	夜	畫267일角3度	夜	畫268일角4度羣鳥養羞	夜	畫269일角5度	夜	畫270일角6度	夜
61.師(陽)〈賁〉	畫271일角7度	夜	畫272일角8度	夜	畫273일角9度	夜	畫274일秋分角10度雷收聲	夜	畫275일角11度
62.疑(陰)〈賁〉	夜	畫276일角12度	夜	畫277일亢1度	夜	畫278일亢2度	夜	畫279일亢3度	夜
63.視(陽)〈觀〉	畫280일亢4度	夜	畫281일亢5度	夜	畫282일亢6度	夜	畫283일亢7度	夜	畫284일亢8度水始涸
64.沈(陰)〈觀〉	夜	畫285일亢9度	夜	畫286일氐1度	夜	畫287일氐2度	夜	畫288일氐3度	夜
65.內(陽)〈歸妹〉	畫289일氐4度	夜	畫290일寒露九月節氐5度鴻雁來賓	夜	畫291일氐6度	夜	畫292일氐7度	夜	畫293일氐8度
66.去(陰)〈无妄〉	夜	畫294일氐9度	夜	畫295일氐10度雀入大水化蛤	夜	畫296일氐11度	夜	畫297일氐12度	夜
67.晦(陽)〈明夷〉	畫298일氐13度	夜	畫299일氐14度	夜	畫300일氐15度菊有黃華	夜	畫301일房1度	夜	畫302일房2度
68.曹(憎)〈明夷〉	夜	畫303일房3度	夜	畫304일房4度	夜	畫305일霜降九月中房5度豺祭獸	夜	畫306일心1度	夜

	初一	次二	次三	次四	次五	次六	次七	次八	上九
69.窮(陽)〈困〉	晝307일 心2度	夜	晝308일 心3度	夜	晝309일 心4度	夜	晝310일 心5度 草木黃落	夜	晝311일 尾1度
70.割(陰)〈剝〉	夜	晝312일 尾2度	夜	晝313일 尾3度	夜	晝314일 尾4度	夜	晝315일 尾5度 蟄蟲咸俯	夜
71.止(陽)〈艮〉	晝316일 尾6度	夜	晝317일 尾7度	夜	晝318일 尾8度	夜	晝319일 尾9度	夜	晝320일 尾10度 立冬 水始冰
72.堅(陰)〈艮〉	夜	晝321일 尾11度	夜	晝322일 尾12度	夜	晝323일 尾13度	夜	晝324일 尾14度	夜
73.成(陽)〈旣濟〉	晝325일 尾15度 地始凍	夜	晝326일 尾16度	夜	晝327일 尾17度	夜	晝328일 尾18度	夜	晝329일 箕1度
74.闞(陰)〈噬嗑〉	夜	晝330일 箕2度 雉入大水化蜃	夜	晝331일 箕3度	夜	晝332일 箕4度	夜	晝333일 箕5度	夜
75.失(陽)〈大過〉	晝334일 箕6度	夜	晝335일 小雪 十月中 箕7度 虹藏不見	夜	晝336일 箕8度	夜	晝337일 箕9度	夜	晝338일 箕10度
76.劇(陰)〈大過〉	夜	晝339일 箕11度	夜	晝340일 斗1度 天氣騰地氣降	夜	晝341일 斗2度	夜	晝342일 斗3度	夜
77.馴(陽)〈坤〉	晝343일 斗4度	夜	晝344일 斗5度	夜	晝345일 斗6度 閉塞成冬	夜	晝346일 斗7度	夜	晝347일 斗8度
78.將(陰)〈未濟〉	夜	晝348일 斗9度	夜	晝349일 斗10度	夜	晝350일 斗11度 鶡鳥不鳴	夜	晝351일 大雪 十一月節 斗12度	夜
79.難(陽)〈蹇〉	晝352일 斗13度	夜	晝353일 斗14度	夜	晝354일 斗15度	夜	晝355일 斗16度 虎始交	夜	晝356일 斗17度

	初一	次二	次三	次四	次五	次六	次七	次八	上九
80.勤(陰) 〈寒〉	夜	晝357일 斗18度	夜	晝358일 斗19度	夜	晝359일 斗20度	夜	晝360일 斗21度	夜
81.養(陽) 〈頤〉	晝361일 斗22度 荔挺出	夜	晝362일 斗23度	夜	晝363일 斗24度	夜	晝364일 斗25度	夜	晝365일 斗26度半
	跨 半日之半日,	=四分度 之一	=즉, 1/4일						
	嬴 半日	=半度	=즉, 1/2일						

四正卦	中·節	24氣	八風	12辰	12消息卦	五等卦	60卦	72候
坎初六	十一月中	冬至	廣莫風	子	復六四	公	中孚	지렁이들이 얽혀있다.
					復六五	群	復	큰 사슴(麋鹿)의 뿔이 떨어진다.
坎九二	十二月節	小寒			復上六	侯	屯內	(물의) 샘(水泉)이 움직인다.
					臨初九	侯	屯外	기러기가 북으로 향한다.
					臨九二	大夫	謙	까치가 둥우리를 틀기 시작한다.
					臨六三	卿	睽	꿩이 울기 시작한다.
坎六三	十二月中	大寒		丑	臨六四	公	升	닭이 알을 품기 시작한다.
					臨六五	群	臨	매가 사나와진다.
坎六四	正月節	立春	條風		臨上六	侯	小過內	못의 중간부분이 단단해진다.
					泰初九	侯	小過外	봄바람이 얼어붙은 것을 녹인다.
					泰九二	大夫	蒙	칩거했던 벌레들이 나오기 시작한다.
					泰九三	卿	益	물고기가 얼음 위로 올라온다.
坎九五	正月中	雨水		寅	泰六四	公	漸	수달이 물고기로 세사를 지낸다.
					泰六五	群	泰	기러기가 북쪽으로 간다.
					泰上六	侯	需內	초목이 싹터 나온다.
坎上六	二月節	驚蟄			大壯初九	侯	需外	복숭아가 꽃을 피우기 시작한다.
					大壯九二	大夫	隨	꾀꼬리가 운다.
					大壯九三	卿	晉	매가 변하여 뻐꾸기가 된다.
震初九	二月中	春分	明庶風	卯	大壯九四	公	解	제비가 날아온다.
					大壯六五	群	大壯	우뢰가 소리를 낸다.
					大壯上六	侯	豫內	처음으로 번개가 친다.
震六二	三月節	淸明			夬初九	侯	豫外	오동이 꽃을 피우기 시작한다.
					夬九二	大夫	訟	다람쥐가 변하여 메추라기가 된다.
					夬九三	卿	蠱	무지개가 보이기 시작한다.
震六三	三月中	穀雨		辰	夬九四	公	革	부평초가 생겨나기 시작한다.
					夬九五	群	夬	산비둘기가 그 깃을 펄럭인다.
					夬上六	侯	旅內	대승(戴勝)이 뽕나무에 내려앉는다.
震九四	四月節	立夏	溫風		乾初九	侯	旅外	땅강아지가 운다.
					乾九二	大夫	師	지렁이가 나온다.

四正卦	中·節	24氣	八風	12辰	12消息卦	五等卦	60卦	72候
					乾九三	卿	比	쥐참외(王瓜)가 생긴다.
震六五	四月中	小滿		巳	乾九四	公	小畜	씀바귀(苦菜)에 꽃이 피어난다.
					乾九五	辟	乾	두루미냉이(靡草)가 죽는다.
					乾上九	侯	大有內	소서(小暑)가 다가온다.
震上六	五月節	芒種			姤初六	侯	大有外	사마귀(螳螂)가 생긴다.
					姤九二	大夫	家人	때까치(鵙)가 울기 시작한다.
					姤九三	卿	井	개고마리새(反舌)가 소리 내지 않는다.
離初九	五月中	夏至	景風	午	姤九四	公	咸	사슴의 뿔이 떨어진다.
					姤九五	辟	姤	매미(蜩)가 울기 시작한다.
					姤上九	侯	鼎內	반하(半夏, 약초이름?)가 생긴다.
離六二	六月節	小暑			遯初六	侯	鼎外	따뜻한 바람(八風의 하나)이 이른다.
					遯六二	大夫	豊	귀뚜라미가 벽에서 살게 된다.
					遯九三	卿	渙	매가 (공격하기를) 배운다.
離九三	六月中	大暑		未	遯九四	公	履	썩은 풀에서 반딧불이 생긴다.
					遯九五	辟	遯	흙이 기름지고 습하고 열기가 생긴다.
					遯上九	侯	恒內	큰 비가 때맞추어 내린다.
離九四	七月節	立秋	涼風		否初六	侯	恒外	서늘한 바람(八風의 하나)이 이른다.
					否六二	大夫	節	백로가 내린다.
					否六三	卿	同人	가을매미가 운다.
離六五	七月中	處暑		申	否九四	公	損	매가 새를 가지고 제사를 지낸다.
					否九五	辟	否	천지에 비로소 숙살의 기운이 생긴다.
					否上九	侯	巽內	벼가 무르익는다.
離上九	八月節	白露			觀初六	侯	巽外	기러기가 (북쪽에서) 남쪽으로 온다.
					觀六二	大夫	萃	제비가 돌아간다.
					觀六三	卿	大畜	여러 새들이 겨울나기를 준비한다.
兌初九	八月中	秋分	閶闔風	酉	觀六四	公	賁	우뢰가 비로소 소리를 거두어들인다.
					觀九五	辟	觀	칩거하는 벌레들이 문아래 들어간다.(?)
					觀上九	侯	歸妹內	물이 마르기 시작한다.
兌九二					剝初六	侯	歸妹外	때늦은 기러기들이 날아온다.
					剝六二	大夫	无妄	참새가 큰물에 들어가 조개가 된다.
					剝六三	卿	明夷	국화가 누렇게 핀다.
兌六三				戌	剝六四	公	困	승냥이가 짐승들로써 제사를 지낸다.

四正卦	中·節	24氣	八風	12辰	12消息卦	五等卦	60卦	72候
					剝六五	辟	剝	초목이 누렇게 바래면서 떨어진다.
					剝上九	侯	艮內	칩거하는 벌레들이 모두 기어들어간다.
兌九四	十月節	立冬	不周風		坤初六	侯	艮外	물이 얼기 시작한다.
					坤六二	大夫	旣濟	땅이 얼기 시작한다.
					坤六三	卿	噬嗑	꿩이 물에 들어가 대합이 된다.
兌九五	十月中	小雪		亥	坤六四	公	大過	무지개가 더 이상 보이지 않게 된다.
					坤六五	辟	坤	천기는 위로 오르고 지기는 내려온다.
					坤上六	侯	未濟內	천지가 모두 닫혀 겨울이 된다.
兌上六	十一月節	大雪			復初九	侯	未濟外	갈조(鶡鳥)가 더 이상 울지 않는다.
					復六二	大夫	蹇	호랑이가 교미하기 시작한다.
					復六三	卿	頤	여정(荔挺)이 생겨 나온다.

찾아보기